John Keay – Exzentriker auf Reisen um die Welt

John Keay ist Historiker, Schriftsteller und Rundfunkautor. Er hat zahlreiche Bücher u.a. über Indien verfaßt. Auf deutsch erschien 2002: »Expedition Great Arc. Die abenteuerliche Vermessung des indischen Subkontinents«. Seine historischen Bücher (»India«; »Last Post«; »The Honourable Company«; »The Explorers of the Western Himalayas«) sind inzwischen Standardwerke. Er gab die »History of World Exploration« der Royal Geographical Society heraus und ist zusammen mit Julia Keay Herausgeber von »Collins Encyclopaedia of Scotland«. Sie leben in Argyll, im schottischen Hochland.

Titel der Originalausgabe: »Eccentric Travellers«, John Murray (Publishers) Ltd., London 1982.

Edition
TIAMAT
Deutsche Erstveröffentlichung
Herausgeber:
Klaus Bittermann
1. Auflage: Berlin 2007

www.edition-tiamat.de
Druck: Fuldaer Verlagsanstalt
ISBN: 3-89320-109-2

John Keay

Exzentriker auf Reisen um die Welt

Sieben Porträts

Aus dem Englischen von
Norbert Hofmann

Critica
Diabolis
146

Edition
TIAMAT

Inhalt

Einführung

SELBST DIE USBEKEN HABEN EIN WORT DAFÜR. Nachdem er seinen unwillkommenen Besucher genau betrachtet hatte, rief der gefürchtete Emir von Buchara lachend aus: »Du Stern mit einem Schweif, du *exzentrischer* Mensch.« So jedenfalls glaubte der Angesprochene, Dr. Joseph Wolff, die merkwürdige Äußerung zu verstehen, und wagte damals nicht, ihr zu widersprechen. Er selbst nannte sich einen christlichen Derwisch und trug bei der Audienz seine anglikanische Amtstracht. Mit unglaublicher Hartnäckigkeit war es Wolff gerade gelungen, sich Zutritt zur heiligsten Stadt im islamischen Zentralasien zu verschaffen. Als er später die Geschichte niederschrieb, erschien ihm die Vorstellung, für exzentrisch gehalten zu werden, eher vergnüglich; das klang auf jeden Fall freundlicher als der Vorwurf, »verrückt« zu sein, oder das damals gleichermaßen verächtliche Etikett »schwärmerisch«.

Als Exzentriker zu gelten, war auch allemal erträglicher, als »Scharlatan«, »Erpresser« und »Narr« genannt zu werden. Captain Philip Thicknesse mußte sich so viele geringschätzige Bezeichnungen gefallen lassen, daß er das milde »exzentrisch« für ein Kompliment gehalten hätte. Wie kaum jemand sonst kultivierte er Exzentrik. Er schätzte ihren Unterhaltungswert, denn er wußte, daß demjenigen viel nachgesehen wird, der die Menschen zum Lachen bringt.

Aber Wolff und Thicknesse sind die Ausnahmen. Obwohl ich glaube, daß sich die Aufnahme der anderen Originale in dieses Buch als gerechtfertigt erweisen wird, so zweifle ich doch, ob sie selbst davon angetan gewesen wären. Charles Waterton, sicher der bizarrste von ihnen allen, machte seine Ansicht völlig klar. Als ein anderer Naturforscher ihn als leicht exzentrisch beschrieb, empörte er sich. Diese Anschuldigung sei eine unverdiente Stichelei, und sie wurde gebührend mit einer heftigen akademischen Attacke erwidert. Für den phänomenalen James Holman wäre es eher eine spöttische Bemerkung gewesen; niemand versuchte so angestrengt wie er, die gesellschaftlichen Konventionen einzuhalten. Und was die anderen drei genialen Männer betrifft, Thomas Manning, Gifford Palgrave und Gottlieb Leitner, sie hätten gewiß jede derartige Anspielung als närrisch ignoriert. Für sie war Exzentrik bloß ein ausgedachtes Trostwort armseliger Köpfe, die etwas jenseits ihrer Fassungskraft zu verstehen versuchten.

Andersartigkeit wird meist von außen zugeschrieben. Die sieben hier versammelten Charaktere verdanken sich meiner persönlichen Vorliebe, und wenn auch jeder einzigartig ist, hoffe ich doch, daß bestimmte wesentliche Gemeinsamkeiten sie verbinden. Erst einmal sind sie alle Männer von ungewöhnlichem Format. Exzentrisches Verhalten entspringt nicht der Leugnung der Logik, sondern ihrer Befolgung bis zu ungeahnten Extremen. Exzessive Unbeirrbarkeit muß kein Handikap, kann vielmehr äußerst erfolgreich sein. Thomas Manning war der erste Engländer, der die tibetische Hauptstadt Lhasa erreichte, Gifford Palgrave gelang das gleiche für die arabische Kapitale Riad, und Gottlieb Leitner gab als erster Bericht von der historischen Landschaft Gilgit im hohen Hindukusch. Seine Zeitgenossen hielten die seltsamen Darden für eine Erfindung; Leitner dagegen betrachtete sich als die größte, in der Tat einzige wissenschaftliche Autorität auf diesem Gebiet. Auch Palgrave wurde allzu phantasievoller Beschreibungen der Araber bezichtigt, und gleiche Vorwürfe trafen Mannings Schilderung von Begegnungen mit Chinesen. Beide hatten sich angeblich Reiseberichte ausgedacht. Doch heute ist Palgrave als einer der größten Arabisten anerkannt, und Manning gilt als ein hervorragender Sinologe. Selbst Leitner erscheint rückblickend als ein Linguist und Ethnologe, der seiner Zeit Jahrzehnte voraus war.

Auch Waterton glaubte niemand. So hatte er etwa beobachtet, daß der südamerikanische Ameisenbär den Boden nicht mit den Fußsohlen berührt und daß das Faultier überhaupt nie auf seinen Füßen läuft. Die damaligen Naturkundler hielten das für absurd – so grotesk wie die Vorstellung, auf einem Alligator zu reiten oder mit einer Boa Constrictor zu kämpfen. Doch beides hatte Waterton gewagt und davon berichtet. Nun wird er als ein bedeutender Feldforscher aus der Zeit vor Darwin und als ein Pionier des Naturschutzes verehrt.

Es sind nicht nur wissenschaftliche und akademische Leistungen, die Anspruch auf Berühmtheit erheben können. Für einen weltneugierigen Reisenden gab es andere Wege, sich einen Namen zu machen. Wolff bedauerte immer wieder seine Unfähigkeit, Karten oder den Kompaß zu lesen; so auch Holman, wenn auch aus anderen Gründen; Thicknesse scheint nicht einmal von solchen Dingen gehört zu haben. Und doch erfreuten sich diese drei in ihrer Zeit einer beträchtlichen Reputation. Wolffs zahlreiche Missionsreisen erregten so große Begeisterung, daß er zu einem Vorbild für Entschlossenheit wurde; was ihm an Witz und Weisheit fehlte, machte er durch seinen unwiderstehlichen Glauben wett. Bei dem streitsüchtigen Thicknesse handelte es sich mehr um traurige Berühmtheit als Ruhm; er schockierte zwei Generationen. Doch auf seinen Reisen zeigte sich der Captain in einem viel freundlicheren Licht. Wer ihn zu Hause für ein unsägliches Ekel hielt, entdeckte plötzlich, daß sich unter der abweisenden Schale Originalität, Humor und Aufrichtigkeit verbargen.

Holman war ganz einfach »der größte Reisende aller Zeiten«. Sein Gebrechen mag zu seinem Ruhm beigetragen haben und auch erklären, warum er später vergessen wurde. Aber das trifft nicht das Entscheidende. Wäre er nicht völlig blind gewesen, hätte er nie das Bedürfnis verspürt, zu seinen unmöglichen Reisen aufzubrechen. Für ihn war, wie bei Thicknesse, Reisen die Rechtfertigung des eigenen Lebens. Sie mußten bis zum Äußersten gehen, um zu wissen, wer sie sind.

Das läßt sich natürlich auch von vielen anderen Welt- und Forschungsreisenden sagen. Exzentrik und Reisen waren beides Formen, um den Konventionen einer rigiden Gesellschaft zu entfliehen. Ihre Verbindung kommt im 18. und 19. Jahrhundert so häufig vor, daß der exzentrische Reisende genauso eine vertraute Figur wurde wie der schrullige Professor oder der dandyhafte Aristokrat. Aus jener Zeit muß es Dutzende geben, die der Bezeichnung entsprechen. Zum Beispiel der vielschichtige und grüblerische Richard Burton, der ganz in die orientalische Gesellschaft eintauchte. Oder Ludwig Leichhardt, dessen seltsame Obsession mit dem australischen Hinterland Patrick White zu seinem ersten Erfolgsroman *Voss* inspirierte. Oder Lady Hester Stanhope, die Nichte von William Pitt, die ihren eigenen levantinischen Hof führte und es schaffte, sogar Joseph Wolff zur Weißglut zu bringen. Sie und viele mehr waren Exzentriker, deren Ruhm sie zu den Größten dieser eigenartigen Klasse macht.

Aber sie findet man nicht auf diesen Seiten. Zum einen, weil der Platz nicht reicht, zum anderen, weil sie bereits bekannt sind, aber auch, weil ich sie einfach nicht für besonders reizvoll halte. Zu starke Überspanntheit oder quälerische Launenhaftigkeit bereiten dem Betrachter nicht lange Vergnügen. Exzentrik braucht erkennbar humane Züge. Zugegeben, sieben Charaktere, die sich nur durch enorme Unfähigkeit auszeichneten, wären eine fade literarische Kost. Aber das gilt auch für die verbissene Perfektionssucht von Männern wie Richard Burton. Wieviel liebenswerter sind da ein stümperhaftes Genie wie Manning oder ein geschäftiger Griesgram wie Thicknesse. Und wir Leser können von Glück sagen, daß Berühmtheit und Rang Waterton nicht von seiner Lust am Unfug oder Wolff nicht von seinen messianischen Ausbrüchen abhielten.

Uneins mit seiner eigenen Gesellschaft, näherte sich der exzentrische Reisende typischerweise der fremden Umgebung mit größerer Aufgeschlossenheit als seine puritanischen Kollegen. Nicht nur seine besonderen Eigenheiten machten ihn interessant, sondern auch seine zumeist verständnisvolle Einstellung gegenüber allem, was neu und merkwürdig war. Leitner setzte sich für den Schutz und die Erhaltung seiner Darden ein, so wie Waterton für die von ihm beschriebene Fauna und Flora Südamerikas. Manning lernte die Chinesen und Tibeter schätzen, Palgrave hätte beinahe alles aufgegeben, um bei den Arabern zu leben, und der christliche Eiferer Wolff fand bei Muslimen, Juden und Brahmanen Güte, die an Heiligkeit grenzte. Selbst Thicknesse, der mit den Worten Edith Sitwells »das besondere und befriedigende Wissen von der eigenen Unfehlbarkeit besaß, die das Kennzeichen und Geburtsrecht der englischen Nation ist«, bildete keine Ausnahme. Er verteidigte unerschrocken die bei seinen Landsleuten unbeliebten Franzosen, legte ein gutes Wort für die Negersklaven ein und war einer der führenden Verteidiger der amerikanischen Indianer. Solche öffentlichen Äußerungen zielten damals nicht darauf ab, Bewunderer zu gewinnen. Um so mehr verdienen diese wunderbaren Charaktere unsere Aufmerksamkeit und Anerkennung.

Kapitel 1

»Ein freier Weltbürger«

Captain Philip Thicknesse
(1719 - 1792)

DIE GRAND TOUR, DIE KAVALIERSREISE des 18. Jahrhunderts, entsprach nicht jedermanns Vorstellung von Vergnügen. Für jeden aristokratischen englischen Kopf, der durch die Erfahrung des kontinentalen *savoir faire* verfeinert wurde, fanden sich ein angesehener Name, der durch eine schmollende Verführerin ruiniert worden war, und ein Familienvermögen, das beim Glücksspiel verloren ging. Jene Nachsicht, die 100 Jahre später dem in Tweed gekleideten britischen Touristen mit seiner Boxkamera und seinem grauenhaften Französisch gezeigt wurde, erfuhr der Dandy mit Perücke nicht. Der junge und beherzte Aristokrat von der Insel war leichte Beute. Reich, arrogant, protestantisch und unbeliebt, wurde er oft gnadenlos verfolgt, und man schmeichelte ihm nur, um ihn leichter schröpfen zu können. Darüber hinaus war er den gewöhnlichen Gefahren des Reisens ausgesetzt. Verglichen mit Zuhause waren die Straßen auf dem Kontinent gefährlicher, die Städte schmutziger, die Krankheiten häufiger. Und bevor der Reisende irgendeine dieser Herausforderungen bestehen konnte, mußte er den Schrecken einer Kanalüberquerung trotzen.

Zwischen Dover und Calais wetteiferte eine Unmenge kleiner Boote um die Kundschaft. Sie waren übervoll, unbequem und auf Gedeih und Verderb den Winden ausgeliefert. Wer mit dem eigenen Gefährt reiste, brauchte ein ganzes Boot für sich selbst. Taue sicherten die Kutsche, und die Passagiere wurden auf ihren Sitzen festgebunden oder in eine kleine Kabine gezwängt. Auf dem Deck schlugen die Pferde panisch aus, während die Wellen über das Dollbord schwappten. Die Überfahrt konnte damals Tage dauern.

Capt. Philip Thicknesse

Wenn die Tide günstig und der Kapitän gefällig war, erreichte man vielleicht den Hafen von Calais. Es konnte einem auch passieren, daß man schon vorher in kleinere Boote verfrachtet wurde oder einfach am Strand landete – Pferde, Kutsche und Insassen mußten sich dann in die Wellen stürzen und durchnäßt die Dünen erklimmen. Trost versprach immerhin die Aussicht auf Erholung in Monsieur Desseins exzellentem Hôtel d'Angleterre, wo man auch den neuesten Klatsch über die im Ausland lebenden Landsleute hören würde. Calais – und Boulogne, von wo die Postkutsche nach Paris abfuhr – beherbergte eine lebhafte Gesellschaft von ständig Ankommenden und

Abreisenden. Zwischen London und Versailles, Bath und Baden-Baden reisten die Berühmten und Eleganten hin und her. Und ebenso machten es die Verrufenen – Abenteurer und Außenseiter, die oft auf der Flucht vor der britischen Gesellschaft und Justiz waren.

Als Captain Philip Thicknesse 1775 in Calais ankam, hätte er sich liebend gern als einen der Vornehmen betrachtet. Für seine Feinde, von denen es viele gab, gehörte er zu den flüchtigen Rechtsbrechern. Und er selbst gab zu, auf der Flucht zu sein. Aber er sah sich auch als einen wißbegierigen Mann, der zu seinem Vergnügen reiste oder, wie er es ausdrückte, »um zu sehen, was sehenswert ist«. Im Gegensatz zu den meisten seiner Zeitgenossen gefiel ihm Frankreich ausnehmend gut. Zehn Jahre zuvor hatte Tobias Smollett eine Reise nach Italien unternommen und dort eine Tirade gegen französische Sitten und Bräuche geschrieben. Smolletts Darstellung erregte Thicknesses heftigen Widerspruch, und er war entschlossen, die Dinge zurechtzurücken. Zwar stimmte es, daß das Land für unbesonnene Jünglinge alle möglichen Gefahren bereithielt, aber für jemanden im Herbst seines Lebens gab es dort nur kleinere Irritationen. So neigten französische Gastwirte dazu, einen übers Ohr zu hauen, die Wäscherinnen trennten ausnahmslos die Spitzen von den Taschentüchern, um daraus Borten für ihre Nachthauben zu machen, und jeder *monsieur*, gleich welchen Alters oder welcher Klasse, machte es zu einer Ehrensache, die Frau eines Gastes zu verführen. Auf der Habenseite war die vorzügliche Küche zu vermerken, der Wein war billig, die Oberschicht war die zivilisierteste und gastfreundlichste auf der Welt, und wenn auch Ehefrauen auf der Hut sein mußten, Jungfrauen wurden selten belästigt.

Der Captain wußte, wovon er redete, denn er reiste mit seinen zwei jungen Töchtern. Mrs. Thicknesse war auch dabei – vermutlich glaubte er, sie sei für den gallischen Charme nicht empfänglich. Es war nicht nur ein fluchtartiger Aufbruch, sondern auch ein richtiger Familienurlaub, und wie viele solcher längeren Ausflüge mußte er »nach einem haushälterischen Plan« durchgeführt werden. Der forderte sogleich nach der Ankunft einen Wechsel des Gefährts. Für zweiundzwanzig Guineas verkaufte Thicknesse seine Kutsche samt Pferden an den Besitzer des Hôtel d'Angleterre und kaufte zum halben Preis einen zweirädrigen Einspänner und ein schönes Pferd, das wohl »bei Wind ein wenig unberechenbar« war, aber bald zum Liebling der Familie und unvermeidlich »Callee« getauft wurde. Es war wie der Tausch einer Familienlimousine gegen ein bescheidenes kleines Kabriolett. Mit großem Stolz stattete Thicknesse seine Neuerwerbung »mit jeder Bequemlichkeit, die ich ersinnen konnte«, aus. Callee kam in die Deichsel, die Damen mußten sich auf einem sofaähnlichen Sitz unter dem Klappdach zusammendrängen, dann bestieg der Captain mit seiner Marineuniform den Bock, nahm die Zügel und schlug den Weg Richtung Spanien ein, der Sonne entgegen.

Die Famlie Thicknesse auf Reisen mit dem Affen Jocko.

Es war Juni, das Getreide stand schon hoch, und bei Saint-Omer wuchs eine feine Sorte Tabak. Das erinnerte den Captain an seine frühen Reisen in Amerika. Verloren in Träumereien nahm er eine falsche Abbiegung, rumpelte über die Felder statt umzukehren (»ein Umstand, den ich sehr hasse«) und stieß zufällig auf ein Dorf, dessen Einwohner »nie zuvor einen Engländer gesehen hatten!«

»Einer dieser Dörfler fand sich bereit, für das Frühstück unseren Teekessel aufzustellen und Butter, Milch etc zu besorgen. Und während der Vorbereitung kamen, glaube ich, jeder Mann, jede Frau und jedes Kind des Weilers herbei, um uns anzuschauen... Alle Gesichter zeigten allgemeine Freude, und uns wurde soviel Höflichkeit erwiesen, daß mich an diesem Ort eine zeitweilige Vergnügtheit ergriff, die ich seit Monaten nicht mehr gefühlt hatte und die ich gerne mit mir nehmen will. Ich holte meine Gitarre hervor und spielte, bis sich die ganze Versammlung zu bewegen begann. Und einige, trotz ihrer Holzschuhe, andere hatten überhaupt kein Schuhwerk, tanzten auf eine Weise, die man bei englischen Bauern nicht sieht.«

Man muß annehmen, daß die Familie Thicknesse mit leichtem Gepäck und wenig persönlichen Gegenständen reiste. Der Einspänner hatte hinten einen geräumigen Schrankkoffer, der Vorläufer des Kofferraums; doch der war reserviert für Callees große Trinkschüssel – und für die Musikinstrumente. Als sie noch Miss Ann Ford hieß, war Mrs Thicknesse eine bekannte Sängerin gewesen. Sie hatte sich selbst auf der Viola da gamba, der Gitarre und der Glasharfe begleitet und beträchtliches Aufsehen erregt; daran nicht ganz unschuldig war allerdings auch die Tatsache, daß jede ihrer Vorstellungen von ihrem zornigen Vater beendet wurde.

Die Viola da gamba, ein Instrument so groß wie ein Cello, mußte zu Hause bleiben. Aber dabei waren des Hauptmanns Gitarre und Fiedel, die Baßgeige und Gitarre seiner Frau und »andere Musikinstrumente«, bei denen es sich wohl um Glasharfen handelte. Beim Anblick dieser unerwarteten Gegenstände kam ein spanischer Zollbeamter zu dem Schluß, daß er es mit einer Gesellschaft von Wanderschauspielern zu tun haben müsse.

Kein Wunder, daß in der Normandie die Bauern in Scharen herbeieilten, als die Thicknesses nach dem Frühstück auf ihren Instrumenten klimperten. Aber lange bevor die Tanzerei begann, hatte eine andere Besonderheit die Aufmerksamkeit der Dorfbewohner erregt. Außer den mit Bändern geschmückten Frauen hatte das Kabriolett drei weitere Mitreisende. Der Spaniel des Captains rannte oft nebenher. Mrs Thicknesses zahmer Papagei flog manchmal ein Stück, aber meistens fuhr er in der Kutsche mit. Aus irgendeinem Grund, der nach der Überzeugung ihres Ehemannes darin bestand, daß in dem Vogel die

Seele eines früheren Liebhabers seiner Frau wohnte, saß das Tier am liebsten auf dem Busen seiner Herrin oder hing mit dem Schnabel an ihrem Schal. Der eifersüchtige Captain konnte den Papagei nicht ausstehen; aber in Jocko, seinem Hausaffen und unstrittigen Star der Show, fand er ein williges Wesen, dem er den Stempel seiner ungewöhnlichen Persönlichkeit aufdrücken konnte. Jocko liebte es, den Postillion zu spielen, und da Callee keine Einwände hatte, thronte er auf dessen Rücken. Um die allgemeine Aufmerksamkeit zu erhöhen, trug er eine besondere Livree. In roter Jacke mit Silberstreifen, mit einer Melone und abnehmbarem Haarzopf, saß der Affe rittlings auf dem Pferd, hielt eine Peitsche in der Hand und führte stolz die Gesellschaft an. Sein ungewöhnlicher Auftritt brachte ganze Ortschaften zum Erliegen, und nur im Interesse öffentlicher Ordnung konnte Jocko überredet werden, abzusitzen.

Was Thicknesse am stärksten beeindruckte, war die Tatsache, daß die Franzosen, anders als seine Landsleute, sich nie über ihn lustig machten. Ihre neugierigen Fragen über Jocko waren unerschöpflich, ihre Freude an dem Tier grenzenlos, aber nie gab es auch nur den leisesten Spott. Das stimmte selbst für die einfachen Dorfleute nahe Saint-Omer. Sie waren die ärmsten der Armen, aber sie zeigten keine Feindseligkeit gegen die plötzlich auftauchenden Fremden und machten auch keine Versuche, an ihnen zu verdienen. »Ich könnte an dieser Stelle ein wenig moralisieren«, schrieb der Captain und tat eben das. »Das Verhalten der Einwohner dieses kleinen Dorfes hinterließ einen sehr starken Eindruck bei mir, weil es mich in meine Vergangenheit zurück versetzte und mich an die Aufnahme erinnerte, die ich in Amerika bei denen erfuhr, die wir die *wilden* Indianer zu nennen belieben.« Es lag fünfunddreißig Jahre zurück, daß er das letzte mal den Atlantik überquert hatte. Aber nun, da er wieder unterwegs war, kehrte die Erinnerung an jene ferne Zeit mit Macht zurück.

Philip Thicknesse wurde 1719 als der siebte Sohn eines Pfarrers in Northampton geboren, erhielt dort seinen ersten Unterricht und kam dann mit einem Stipendium nach Westminster. Die Schule war gut, aber der Aufenthalt des jungen Thicknesse nur kurz. Um seinen ständigen Mangel an Taschengeld zu beheben, erlaubte er einem Mitschüler – und Erben einer Grafschaft –, ihn für eine bestimmte Summe pro Schlag mit einer großen dicken Wachskerze zu züchtigen. »Ich kann noch heute«, schrieb er in hohem Alter, »auf meinen Handrücken die Spuren der Gefälligkeiten zeigen, die mir von jenem wahrlich feinen Edelmann erwiesen wurden.« Auch mit den Lehrern erging es dem jungen Thicknesse nicht besser. Sein Vater war gestorben, als er sechs Jahre alt war; die Familie geriet in finanzielle Schwierigkeiten, und daher konnte sie den Lehrern nicht die kleinen Schenkungen zukommen lassen, die damals als ein unverzichtbares Zeichen elterlicher Anteilnahme angesehen wurden. Also behandelten sie den unglücklichen Thicknesse wie ein Kind ohne Zukunft. Verängstigt und todunglücklich brannte er schließlich durch und wurde – »ein bejubeltes Urteil« – von der Schule verwiesen.

Seine Mutter verzieh ihm und gab ihn bei einem Londoner Apotheker in die Lehre. Wie Thicknesse später erklärte, kannte er damals ein wenig Latein und hatte bereits »mehrere Geschwulste und andere Erkrankungen, die sich ohne Medizin beseitigen ließen, erfolgreich behandelt«. Lag es da nicht nahe, den Beruf des Arztes zu ergreifen? Das Interesse an Medizin blieb jedenfalls ein lebenslanges Hobby. Wie viele Gentlemen des 18. Jahrhunderts zögerte Thicknesse nie, seine Ansichten zu körperlichen Vorgängen zu äußern; begeistert nahm er an den Streitigkeiten der medizinischen Schulen teil, und früh schon kam er zu der Überzeugung, daß die meisten anerkannten Medikamente nicht mehr als Placebos waren. Für den Apotheker stellte das eine gefährliche Meinung dar, die seinen Lebensunterhalt bedrohte. Thicknesse gab ihm Recht und seine Lehre auf und emigrierte 1735 als 16jähriger nach Amerika.

Seine Phantasie war von Anzeigen für die jüngste (und letzte) der amerikanischen Kolonien namens Georgia entzündet worden, die wenige Jahre zuvor an einem Abschnitt der Ostküste gegründet worden war. Hier winkte eine Chance, unter vielversprechenden Bedingungen etwas Neues zu beginnen. Denn Georgia war nicht bloß eine weitere Kolonie, sondern ein einzigartiges Experiment. Anstatt wahllos Siedler zu rekrutieren, suchten die Gründer rechtschaffene Leute, deren einziges Unglück es war, ohne eigene Schuld ihr Hab und Gut verloren zu haben (wie die einhundertdreißig Hochländer aus Inverness, die mit ihm den Atlantik überquerten) oder in finanzielle Not geraten zu sein. Genau das, meinte Thicknesse, traf auf ihn zu. Der junge Mann schwelgte in der Vorstellung von einer Gesellschaft, in der Zahlungsunfähigkeit kein Stigma sein würde, und der Altruismus der Gründer versetzte ihn in Begeisterung. Er erhoffte sich zuviel.

> »Bei unserer Ankunft in Georgia fand ich zu meiner großen Überraschung, daß die Stadt Savannah – oder vielmehr der Ort, wo die Stadt nun steht – auf einem hohen kahlen Felsvorsprung gelegen war und direkt gegenüber einer flachen sumpfigen Insel, an deren Ufer ich (in kleinem Umkreis) mindestens zwanzig in der Sonne liegende Alligatoren zählte.«

Die Kolonie kämpfte noch mit den Schwierigkeiten des Anfangs, aber die Mitbegründer in England schienen hauptsächlich um das geistige Wohl besorgt. Um die Gläubigen zu stärken und die Eingeborenen zu bekehren, hatten sie zwei Brüder hinübergeschickt, die gerade ihr Studium in Oxford beendet hatten und von ungewöhnlichem Eifer beflügelt waren. Sie hießen John und Charles Wesley, und trotz ihrer späteren Berühmtheit war ihr Aufenthalt in Savannah kein Erfolg. Wie die anderen Siedler nahm auch Thicknesse Anstoß an ihrem hochmütigen Verhalten. Zuerst störte es ihn, *einfach so* zu den Auserwählten gerechnet zu werden, und als er bei den Brüdern rasch in Ungnade fiel, ärgerte er sich darüber, daß er *nicht mehr* zu den Auserwählten gehörte. Er hatte nichts gegen den Methodismus als solchen, nur etwas gegen seine Methoden. Die beiden so selbstsicheren Wesleys konzentrierten ihre missionarischen Anstrengungen auf die wenigen Frauen der Kolonie und nahmen ihre Aufmerksamkeit ganz in Anspruch. Zuerst gab es einen Streit über einen kompromittierenden Brief, den John Wesley an eine Miss Sophie Hopkins geschrieben hatte. Charles Wesleys angeblicher Versuch, »eine schöne, aber *schwache* Dame« zu retten, endete mit einem körperlichen Angriff auf seine Person. Thicknesse zufolge »legte sie erzürnt Hand an ihn, warf ihn auf das Bett und drohte ihm mit dem sofortigen Verlust des Lebens – oder dessen, was Männer für so teuer wie das Leben halten; sie ließ ihn nicht eher gehen, als bis sie ihn all der Adonislocken beraubt hatte, die damals die Rückseite seines sanften und frommen Antlitzes zierten.«

Thicknesse liebte solche Skandale und verbreitete die für die Betroffenen wenig schmeichelhaften Geschichten in England.

Mit der Zeit erlangte er dadurch eine traurige Berühmtheit. »Dr. Viper« wurde er genannt, der Mann mit der bösen Zunge und der vergifteten Feder. Aber man sollte nicht vergessen, daß die Verleumdungen gewöhnlich einen wahren Kern hatten. Die Wesleys beispielsweise erwarben sich in Georgia einen äußerst zweideutigen Ruf; einige dieser Geschichten – und es gab viele mehr – könnten sicher bewiesen werden. Und mochten die glaubenseifrigen Brüder auch ein unwürdiges Ziel für derartigen Klatsch sein, so muß man wissen, daß Thicknesse nicht nur seine heuchlerischen Landsleute verachtete, sondern sich bereits auf die Seite der Indianer geschlagen hatte.

Welche Position er anfänglich in Georgia bekleidete, ist nicht bekannt. Er bezog vermutlich ein kleines Gehalt als Büroschreiber oder Fähnrich bei der Miliz. Bald nach seiner Ankunft wurde Thicknesse mit irgendeinem Auftrag nach Yamacra geschickt, dem Hauptlager der örtlichen Indianer. Als er dort eintraf, waren der Häuptling und seine Squaw – oder vielmehr »König« Tomo Chaci und »Königin« Cenauke – gerade vom Austernsammeln zurückgekehrt. Großzügig baten sie ihn, an ihrem Mahl teilzunehmen, und »ich hatte die Ehre, mit ihnen ein *repas* zu teilen, zu dem sie sich mit einem Appetit niedersetzten, wie es je europäische Prinzen angesichts eines Berges englischer Austern taten.« Weitere Besuche überzeugten ihn davon, daß die Indianer trotz ihrer Erscheinung – »grobe Kleidung, bemalte Gesichter, geschlitzte Ohren, Nasenpflöcke und tätowierte Haut« – ein so ehrliches Volk waren wie jedes andere in der christlichen Welt. Überdies, »Tomo Chaci, das Oberhaupt der Creek-Indianer, war nicht nur ein Menschenfreund, sondern auch ein sehr gebildeter Mann.«

Der König hatte Savannah, das zuvor sein eigener Hauptsitz war, großmütig an die Neuankömmlinge abgegeben. Er bat um Milde für Siedler, die wegen unsittlicher Belästigung von Indianerinnen mit Birkenruten gezüchtigt wurden. Und, höchst erstaunlich, er hatte sich zu einer Reise nach London bereit gefunden. Dort wurden er und Königin Cenauke mit entsprechender Bemalung und Federschmuck zum Kensington Palace gefahren, um George II und Königin Caroline ihre Freundschaft zu versichern.

Von der kurzen Begegnung mit der Zivilisation kehrten der Indianer-König und sein Gefolge unbeschadet zurück. Die wirkliche Gefahr drohte seinem Stamm von den Kolonisten.

»Unter dem Namen zivilisierter Christen«, bemerkte Thicknesse, »berauben sie die Indianer ihrer natürlichen Rechte und, was ich noch für weitaus schlimmer halte, der Einfachheit ihrer Sitten und ihrer genügsamen Lebensweise... statt dessen bekommen die Indianer Krankheiten, die ihnen zuvor unbekannt waren, Spirituosen, die sie zur Raserei treiben, und das Christentum ist ihnen so fremd wie zuvor.«

Selbst die schärfste Feder konnte die Unmenschlichkeit der Weißen kaum wiedergeben. Lange bevor es Mode wurde, trat Thicknesse nicht nur für die Rechte der Indianer ein, sondern auch für ihre Art zu leben. Er lernte etwas von ihrer Sprache, studierte ihre Jagdmethoden und ihre Ernährung, und schließlich ließ er sich auf einer Insel im Fluß Savannah nieder. Von der Kolonie kaufte er nur Reis »im Tausch gegen Brot«. Die Indianer versorgten ihn mit Wild, das vor dem Braten in Honig getunkt wurde, und sein Gewehr sicherte ihm einen unerschöpflichen Vorrat an Enten und Eichhörnchen, die gekocht gegessen wurden.

> »Das war wahrlich ein Leben nach Art des Robinson Crusoe, aber damals entsprach es ganz meiner inneren Umkehr. In dieser Situation fehlte mir nichts als eine Gefährtin, und ich hatte schon fast entschieden, eine der Ehrendamen der Königin Cenauke zur Frau zu nehmen. Ich machte ihr ernsthaft den Hof, und sie ihrerseits ehrte mich mit dem Namen Auche (Freund). Ich schenkte ihr ein Paar Indianerstiefel, etwas Farbe, einen Spiegel, einen Kamm und eine Schere als Zeichen meiner Liebe.«

Nun mußte das junge Paar die Sache nur noch zum Abschluß bringen. Und, wie der verliebte *auche* es so anschaulich ausdrückte, »eine Büffelhaut hätte uns sicher gemeinsam umhüllt, wäre nicht ein außerordentliches Ereignis eingetreten.« Während er Flöte spielend am Strand seiner Insel entlangschlenderte (»derart war die Wirkung der Liebe auf eine empfindsame und erhitzte Einbildungskraft«), hatte er plötzlich eine Vision seiner Mutter, »als ob sie tatsächlich *in propria persona* vor mir gestanden hätte«.

> »Meine Squaw, meine Insel, mein Robinson Crusoe-Plan, alles verlor seinen Zauber. ... Ich entschied, das Schattenda-

sein zu verlassen und zur Wirklichkeit zurückzukehren. Ich brach sogleich nach Savannah auf.«

Das war das Ende seines amerikanischen Abenteuers. Sohnespflicht und das seltsame Verlangen des Außenseiters nach der Gesellschaft, die ihn nie akzeptieren sollte, zogen ihn auf die Insel zurück. Er erreichte England 1737. Bald beschloß er, wieder nach Georgia zurückzugehen, und bewarb sich um ein Offizierspatent in dem neuen Regiment, das zur Verteidigung der Kolonie aufgestellt wurde. Gönner ließen auf die übliche Weise ihre Beziehungen spielen, aber irgend etwas ging schief. Anstatt als Leutnant nach Georgia geschickt zu werden, bekam er einen Hauptmannsposten auf Jamaika. Dort gab es weniger Spielraum für einen mit »romantischen Neigungen«. Auf der Insel wimmelte es von Ratten, und immer wieder entliefen Sklaven von den Plantagen. Um diese beiden Bedrohungen zu bekämpfen, war von der Kolonialmacht ein System der Fangprämien eingeführt worden: eine Flasche Rum für jedes Dutzend Rattenschwänze und »70£ für jedes Paar Ohren eines wilden Negers«. Der junge Captain wurde zur Sklavenjagd ins Landesinnere entsandt. »Ich danke Gott, daß dieses Geschäft für mich glücklich abging, denn ich beschaffte nie auch nur ein Paar [Ohren].... Für wie ehrenwert es auch gehalten werden mag, Menschen ferner Gegenden zu überfallen, zu verfolgen und zu ermorden, das entsprach nicht meinen Vorstellungen von Gerechtigkeit.«

Rückblickend konnte Thicknesse zu Recht stolz auf das sein, was er bei der Verteidigung der Verfolgten geleistet hatte. Zwar gewannen die Sklaven Jamaikas nicht sein Herz so wie die amerikanischen Indianer, aber er war entschieden dafür eingetreten, daß sie so viel Recht auf die Insel hatten wie die weißen Plantagenbesitzer. Die gleiche liberale und humane Haltung bestimmte auch seine Begegnungen mit den Armen und Rechtlosen der englischen Gesellschaft. »Ein Mann von Redlichkeit und Ehre«, so beschrieb ihn ein Zeitgenosse; »sein Herz und seine Geldbörse waren stets offen für die Unglücklichen«.

Ein anderer Landsmann äußerte sich weniger schmeichelhaft. Thicknesse »hatte in bemerkenswertem Maße die Fähigkeit, die Zahl seiner Freunde zu verringern und die seiner Feinde zu vergrößern.« Leider war auch dies eine zutreffende Beschreibung. Nach den Zwischenspielen in Georgia und Jamaika erreichte die Karriere des Captains ihren langen und stürmischen Höhepunkt in England. Im Ausland ließen sein Wohlwollen und seine Menschlichkeit ihn als das wahre Ideal des englischen Gentlemans erscheinen. Wieder zu Hause, inmitten einer Menge vornehmer und reicher Sprößlinge, stellte Thicknesse ein extravagantes Verhalten zur Schau, das zu Mißbilligung geradezu einlud, und dabei war er äußerst empfindlich gegenüber Kritik. Nur die vornehmsten Kreise zogen ihn an; da ihm jedoch jene Selbstsicherheit fehlte, die von Herkunft, Vermögen oder Ruhm herrührt, fand er nie die richtige Balance zwischen forschem Auftritt und vornehmer Zurückhaltung.

Er vermählte sich vorteilhaft – tatsächlich heiratete er dreimal; seine erste Frau war die Erbin eines beträchtlichen Vermögens, die zweite hatte einen Adelstitel (beide starben früh, und so kam es zu seiner Heirat mit der musikalischen Miss Ford). Sein Privatleben war untadelig, und seine Finanzen verbesserten sich kurzzeitig, so daß er in der Lage war, sich eine militärische Sinekure zu kaufen – das Gouverneursamt von Landguard Fort nahe Harwich. Aber das von den Ehefrauen mitgebrachte Geld reichte nie für seine Ansprüche, und bei den angeheirateten Verwandten war er nicht willkommen. Er blieb ein Außenseiter. Die englische Gesellschaft des 18. Jahrhunderts war dynamisch, zielstrebig und rücksichtslos. Nur durch die schiere Macht ihres Intellekts und sprühenden Witz zeigten sich Einzelgänger wie Dr. Johnson ihr gewachsen. Thicknesse konnte genauso unangenehm und sogar noch garstiger sein als der Doktor, aber er hatte nicht dessen geistige Statur. Er sehnte sich danach, der gefeierte Star der Stadt zu sein, aber endete als ein Opfer der Gesellschaft.

Die Aufeinanderfolge von erbitterten Fehden, Verleumdungsklagen und Scheinduellen, die diese lange Periode seines Lebens überschattete, brachte ihm nur Spott und Verachtung ein und einmal sogar einen Aufenthalt im Gefängnis. Stets waren die Anlässe trivial – einer wurde etwa durch einen Streit über den besten Jahrgang eines Champagners ausgelöst –, doch Thicknesse konnte sich einfach nicht zurückhalten. Es gab lange, ermüdende und verwickelte Streitigkeiten, die keinem der Beteiligten Ehre machten. Selbstredend schlossen seine Prozeßgegner Mitoffiziere, Ärzte und Geistliche ein. Unter ihnen waren der Earl von Coventry, der Lordkanzler und der

Erzbischof von Canterbury. Sogar mit seinen beiden Söhnen und seinem besten Freund stritt er vor Gericht. Schließlich legte sich Thicknesse mit dem House of Lords an: In einer Reihe von Briefen kritisierte er eine Entscheidung des Oberhauses in eigener Sache und veröffentlichte sie in der Presse, was dann 1775 zu seiner überstürzten Abreise nach Calais führte. Nach fünfunddreißig Jahren des Streitens in den Salons und vor Gerichten war es kein Wunder, daß er die warmherzige Aufnahme unter den normanischen Bauern als wohltuend empfand und in sich eine Fröhlichkeit wiederentdeckte, die ihm so lange gefehlt hatte. Diese unverhoffte Veränderung seines Gemüts erfüllte ihn mit großer Freude. Wenn doch nur alle Menschen so unbeschwert und leicht zu erfreuen wären!

Auf ihrer Reise machten der Captain und sein Anhang gelegentlich einen Abstecher zu einem Weinkeller, schauten sich die Landwirtschaft an und kamen so nach Reims, wo gerade die Krönungsfeiern für Ludwig XVI. zu Ende gegangen waren. Das war Absicht. »Nachdem ich schon einmal zwei Guinea bezahlt hatte, um die Krönung George III. zu sehen, beschloß ich, mich nie wieder zu außerordentlichen Ausgaben zugunsten gekrönter Häupter verleiten zu lassen.« Mrs Thicknesse und die Mädchen müssen schwer enttäuscht gewesen sein. Statt einer Krönung in Reims bot sich ihnen eine öffentliche Hinrichtung in Dijon. Der Captain hatte zuvor gehört, daß der fragliche Verbrecher seine Strafe verdiente, und da er neugierig war, wie die Franzosen so eine Sache handhabten, ging er hin. Während des Spektakels wünschte er, daß er lieber in seinem Gasthaus geblieben wäre. Der Verurteilte wurden nicht einfach gehängt, sondern zuvor »gebrochen«: nacheinander wurden ihm alle Glieder mit einem stumpfen Hackbeil zerschmettert. Dieser abscheuliche Anblick rief seine Empörung hervor, obwohl er einräumte, daß möglicherweise die Gesetzlosigkeit auf dem Lande nach so drastischer Abschreckung verlangte. Weitere Beweise für die Gefahren der Landstraße folgten. Nahe Chalons mußte ihr Einspänner an einer Reihe von neun Galgen vorbeifahren, an denen eine ganze Familie von Banditen baumelte – »ein Mann, sein Weib und ihre sieben Kinder, die über viele Jahre von Raub und Mord gelebt hatten«. Doch es gelang der Reisegesellschaft rasch, jegliches Gefühl des Unbehagens zu zerstreuen. Die Damen begrüßten das hügelige Panorama von Burgund mit Freudenschreien, und als sich ihr Weg durch die Weinberge schlängelte, wurde auch der Captain sichtbar heiterer.

> »Der Ausblick von dem höchsten Punkt der Straße einige Meilen vor Lyon ist so weitreichend, so malerisch, so bezaubernd schön, daß ich trotz meiner Ungeduld, die Stadt zu betreten, es nicht unterlassen konnte, bei einer schäbigen kleinen Weinschenke anzuhalten und unter einem Maulbeerbaum Kaffee zu trinken. Ich genoß den warmen Tag, die kühle Brise und die herrliche Aussicht, die sich uns rundum bot.«

Auch Lyon war die reine Freude. Hier war Thicknesse besonders von den kleinen Booten beeindruckt, die einen über die Saône und die Rhône brachten. Sie wurden alle von weiblichen *patronnes* gerudert; »ja, werter Herr, nur Frauen!«, schrieb der Captain in einem seiner Briefe.

> »Viele von ihnen sind jung, einige sehr hübsch, und alle sind adrett gekleidet. Ich fühlte mich mehr als einmal erröten, wenn ich eine hübsche Frau mir gegenüber sitzen und sich mit einer Arbeit abmühen sah, die, dachte ich, mehr für mich schicklich gewesen wäre. Ich fragte eine dieser weiblichen Ruderinnen, wie sie ihr Brot im Winter verdiente.
> ›Ach Sir‹, sagte sie und warf mir einen vielsagenden Blick zu – einen solchen, den Sie sich besser vorstellen können, als ich ihn zu beschreiben vermag, ›dans l`hiver j`ai un autre talent.‹
> Und ich versichere Ihnen, ich war froh, daß sie nicht beide Talente zur selben Jahreszeit ausübte. Doch ich gab ihr trotzdem die doppelte Summe, da ich meinte, daß ich sowohl ihren winterlichen als auch ihren sommerlichen Fähigkeiten etwas schuldete.«

In der Stadt erregte auch das Geschäft eines Kunsthändler seine Aufmerksamkeit, »das schräg gegenüber dem Hauptpostamt lag, wohin ich jeden Tag wegen meiner Briefe ging«. Thicknesse hielt sich für einen guten Kenner von Gemälden, und eine seiner jüngsten Fehden hatte er mit Thomas Gainsborough ausgefochten. Dieser öffentlich ausgetragene Streit drohte von der Tatsache abzulenken, daß er, Thicknesse, den Maler

Gainsborough entdeckt hatte. Zwanzig Jahre zuvor war er in der finsteren Provinz von Ipswich dem jungen Künstler zufällig begegnet. Sogleich erkannte er dessen Ausnahmetalent, führte seinen Protegé in den besten Kreisen von London und Bath ein und startete so seine glänzende Laufbahn.

In der Hoffnung, einen französischen Gainsborough zu finden, sah sich der Captain in der Galerie von Lyon um. Der Besitzer schien ihm helfen zu wollen und bat seine hübsche Assistentin, dem Monsieur »die kleine Miniatur« zu zeigen.

> »Sie öffnete eine Schublade, nahm ein Buch heraus (ich glaube, es war ihr Meßbuch) und brachte mir ein so unanständiges Bild, daß nach meiner Überzeugung selbst die verderbteste Phantasie sich nicht mehr ausdenken könnte; sie jedoch gab es mir mit einem anscheinend ehrbaren Gesicht und bemerkte nur, daß es »bien fait« sei.«

Darauf folgte die Einladung, einen anderen Laden zu besuchen, wo, einige Treppen höher, dieselbe schöne Assistentin ihn in einem schmucken Boudoir mit pornographischen Gemälden herumführte. Thicknesse erkundigte sich nach den Preisen, dann fühlte er sich verpflichtet, die junge Dame nach ihrem Preis zu fragen. Sie sei nichts wert, antwortete sie ihm, und ohne ein Zeichen der Verlegenheit fuhr sie fort, ihn auf die Qualität der Bilder hinzuweisen. »Ich glaube wahrhaftig, daß der Frau jede Gefühlsregung oder Schicklichkeit so fremd waren, daß sie sich selbst für eine ganz gewöhnliche Verkäuferin ansah – die ihre Waren zeigt und verkauft.«

Seine entwaffnende Offenheit, ein scharfes Auge für Ereignisse und Einzelheiten und sein großes erzählerisches Talent machten Thicknesse zu einem außergewöhnlichen Reiseschriftsteller. Als der bissige Dr. Johnson seinen Bericht von dieser Reise* las, war sogar er beeindruckt; er finde ihn ehrlich und unterhaltsam, teilte er James Boswell mit. Anerkennung und Ansehen, die Thicknesse so lange versagt geblieben waren, lagen nun in greifbarer Nähe. Aber was vielleicht dem heutigen Leser noch stärker auffällt, das ist Thicknesses schiere Freude an jeder Neuigkeit. Man mag kaum glauben, daß das derselbe

* Philip Thicknesse, *A Year's Journey through France and Part of Spain*, Dublin 1777.

verbitterte Mann war, der die letzten fünfunddreißig Jahre seines Lebens mit Streit verbracht hatte. Angeregt durch das Reisen entdeckte er sein altes und liebenswertes Selbst wieder.

In Lyon wurde die Kutsche für die Weiterfahrt auf das Deck eines Flußbootes geladen. Callee blieb angeschirrt, die Familie behielt ihre Sitze und Jocko seinen Platz auf dem Pferd. So trieben sie über das sonnenbeschienene Wasser der Rhône stromabwärts nach Avignon. Zu ihrer Rechten lag das Languedoc, »eine Provinz«, notierte Thicknesse, »in der vor kurzem von dem *klugen* Schatzkanzler von England 10000 £ unter einhundert französischen Bauern verteilt wurden«. Das spielte auf eine unangenehme Erinnerung an, nämlich an das verlorene Erbe der Mutter seiner ersten Frau, einer Hugenottin. Thicknesse hatte das Geld als Teil der Mitgift der Tochter gefordert und seine Sache vor das Gericht des Lordkanzlers und dann vor das Oberhaus gebracht. Die ehrenwerten Lords befanden gegen ihn, die Summe ging an Cousins der Verstorbenen im Languedoc, und Thicknesse schickte törichterweise eine Reihe von Schmähbriefen an die Presse, in denen er das Urteil kritisierte. Es war diese Affäre, die ihn gezwungen hatte, Zuflucht jenseits des Machtbereichs der britischen Justiz zu suchen.

Sicher hätte noch wenige Wochen zuvor die Nähe dieser französischen Nutznießer bei Thicknesse zu einem weiteren Ausbruch von gekränktem Stolz geführt. Doch nun gab er sich ausgesprochen versöhnlich. »Wenn die Entscheidung der Lords auch einen Mann elend gemacht hat, so machte sie doch die Herzen vieler glücklich; und es würde mich freuen, mit einem meiner beschenkten Cousins eine Flasche Wein zu trinken – und ich werde es tun, wenn ich herausfinde, wo sie leben.« Dazu kam es nicht. Statt dessen brach Thicknesse mit einer Gruppe französischer Offiziere zu einer gastronomischen Wallfahrt nach Pont St Esprit auf. Der *maître cuisenier* war wenig einnehmend, aber das Mahl erwies sich als das beste, das der Captain je gegessen hatte.

»Zuerst erschienen auf dem Tisch eine schöne große Wassermelone, ein Salat, ein Korb reifer Feigen und Berge von schwarzen und weißen oder vielmehr dunkelroten und hellgelben Trauben, zwischen denen eine gekochte und eine frikassierte, mit sechs Spießen Bries höchst exquisit dekorierte Poularde waren. Dann folgten ein gespickter Hase, eine gebratene Poularde, geschmorte Tauben, gebratene becca fica [offensichtlich eine Sorte Schnepfen, die mit Feigen gemästet worden waren], Vanillepudding, geröstete Trüffeln und Kaffee.«

Ihr nächster Halt war Nîmes. Hier verbrachte die Familie ein paar glückliche Tage mit Streifzügen durch die römischen Altertümer. Dann ging es weiter nach Montpellier, das wegen seiner Herstellung von Patina berühmt war. Dieses ungewöhnliche Gewerbe studierte der Captain gründlich. Aber von der Stadt war er enttäuscht. Er hielt sie für einen äußerst ungesunden Ort; die »musquitos« waren sogar schlimmer als auf Jamaika. »Trotz aller Feindseligkeiten, die wir gegen sie ausführten, ließen sie unsere Gesichter, Hände und Beine so aussehen wie bei Leuten, die sich gerade von den Pocken erholen – und noch viel schlimmer.« Die reichliche Anwendung von Eibischsalbe brachte etwas Erleichterung.

Die Stechmücken blieben eine Plage, bis endlich die Pyrenäen – »diese diamantenen Hügel« – in Sicht kamen. Rauschende Wasserfälle, schroffe Klippen, die Ziegenherden – die ganze Familie war entzückt. Aber wie jeder Reisende weiß, Begeisterung schwindet schnell. Der Captain regte sich maßlos über die Frechheit der spanischen Grenzwächter auf, die sich erdreisteten, die Reisegruppe nach ihrer Nationalität zu fragen.

»Wir sind Hottentotten«, erklärte der Captain, als er seinen Paß überreichte, »ich wußte ja, daß darin keinerlei Mitteilung von der Art geben wurde«. (Für ihn war es offensichtlich der Gipfel der Vulgarität, einen Paß zu haben, der etwas so Persönliches wie die Nationalität seines Trägers preisgab.) Und er hielt den erstaunten Spaniern ex tempore einen Vortrag über die hottentottische Verfassung; etwaige Zweifel der Zollbeamten müssen durch die unbestreitbar afrikanische Herkunft von Jocko und dem Papagei zerstreut worden sein. »Aber bald sah ich, daß ihre Fragen zu einer bedeutenderen führen mußten, nämlich der, *aus welchem Land* mein Pferd stamme. Da sie vermuteten, daß es englisch sei, hätten sie mich, wenn ich es denn zugegeben hätte, für seinen Einlaß nach Spanien eine beträchtliche Zollgebühr zahlen lassen.«

Thicknesse zog es schließlich vor, ein kleines Geldgeschenk zu machen, und danach durfte der Einspänner bergabwärts nach Katalonien hineinrollen. Die Landschaft blieb weiterhin schön, aber war nun ganz anders. »Die Schweine zum Beispiel, die auf der französischen Seite alle weiß sind, sind hier alle schwarz – und genauso ist es bei den Männern und den Frauen.« Die Gasthäuser waren teurer, die Felder weniger ertragreich. Aber es gab Lebensmittel genug, und das Mittagspicknick blieb eine stets willkommene Unterbrechung. Essen in einem schattigem Wäldchen mit Ausblick auf das Mittelmeer war der Höhepunkt des Reisetages. Callee bekam Wasser und Heu zum Mampfen, die Mädchen legten sich in den Schatten, Jocko konnte die Olivenbäume erkunden, und Mrs. Thicknesse hatte Muße, auf der Viola zu üben. Dem Captain bot sich die Möglichkeit, die einheimischen Bauern kennenzulernen. Die Spanier waren reservierter als die Franzosen, und er führte diesen Umstand auf ihre noch geringe Erfahrung mit der Freiheit zurück. »Oh Freiheit, süße Freiheit«, schrieb er, »ohne dich kann das Leben nicht genossen werden, du Mutter des Wohlergehens, dessen Kinder dich lobpreisen, selbst wenn sie auf kahlen Felsen oder in der rauhesten Region der Erde wohnen.« Die unausgesprochene Folgerung dieses Gefühlsausbruchs war, daß sich Freiheit vor allem in England fand. Offensichtlich war die Erinnerung an die letzten bitteren Jahre bereits getrübt, und eine erste Regung von Heimweh zeigte sich.

Thicknesses Bericht gibt keine Daten, aber die Familie muß nun etwa vier Monate unterwegs gewesen sein, und es war Anfang Oktober, als sie Barcelona erreichte. Hier ereignete sich ein höchst unglücklicher Vorfall, der beinahe das ganze Spanien-Erlebnis verdarb. Der Captain ging zum britischen Konsul, um etwas Geld zu wechseln, und war »wie vor den Kopf geschlagen«, als dieses Individuum eine genaue Prüfung der Geldscheine vornahm. Das war schon schlimm genug, aber als der Stellvertreter des Konsuls sich erdreistete, auch seine Identität in Frage zu stellen, stürmte er aus dem Haus und schwor, lieber von Brot und Wasser zu leben als sich einer derart unverschämten Untersuchung zu unterwerfen.

Unwissend hatten der Konsul und sein Vertrauter Thicknesse zutiefst verletzt. Seine Kreditwürdigkeit in Zweifel zu ziehen bedeutete soviel wie die Legitimität seiner Geburt in Frage zu stellen. Auf nichts reagierte er so empfindlich wie auf Geldangelegenheiten. Er hatte seine Lektion als junger Mann gelernt, als er unerwartet den Posten auf Jamaika bekam. Die Nachricht von der Ernennung zum Hauptmann, der damit verbundene höhere Sold und eine dreimonatige Vorauszahlung, von der er Gebrauch machen konnte, bevor er abreiste, hatten ihn »ziemlich berauscht« gemacht. Er war sogleich in eine elegante Wohnung umgezogen, verbrachte seine Abende »in einem gewissen, *von Frauen geführten* Kaffeehaus« und führte sich wilder auf als Hogarths Wüstling. Aber eines Nachts, als er sich bei strömendem Regen in einer Sänfte nach Hause bringen ließ, gab er den Trägern aus Versehen zwölf Guineen statt der beabsichtigten vier Pence. Im kalten Licht des folgenden Morgens entdeckte er seinen schweren Irrtum: Als er nach seiner Hose griff, rollten die acht Halbpennystücke über den Boden, und schlagartig wurde ihm bewußt, daß er praktisch bankrott war.

> »Seit diesem frühen Desaster bin ich bei Geldangelegenheiten stets auf der Hut; andernfalls hätte ich damit wahrscheinlich bis heute so unbedacht weitergemacht, wie ich es in allen anderen Dingen getan habe, denn vor keiner anderen Narrheit habe ich mich in Acht genommen.«

Von Barcelona machte sich Thicknesse landeinwärts auf den Weg zu der großartigen Klosteranlage von Montserrat, wo »ich gewiß mehr Freundlichkeit finden werde, als ich Menschlichkeit oder Höflichkeit in Barcelona fand.« Er wurde nicht enttäuscht. Montserrat war der landschaftliche und emotionale Höhepunkt der ganzen Reise.

Wie der Vogel Strauß hatte Thicknesse zwei Arten der Flucht: entweder das Weglaufen – reisen oder emigrieren, oder der Rückzug in ländliche Einsamkeit. Das zeigte sich in seiner Leidenschaft für Einsiedeleien, aufgegebene Scheunen und verfallene Cottages. Wenn er irgendwann einmal einen dieser Orte bewohnbar gemacht hatte, wollte er mit der Errichtung von Grotten, Lauben und Gartenhäusern in den benachbarten Wäldern anfangen. Vielleicht war das nur ein weiterer Beweis für jene »romantische Neigung«, die ihn dazu gebracht hatte, sich eine Hütte auf einer Insel im Savannah River zu bauen. Oder es mag eine Form von Platzangst gewesen sein. Jedenfalls zog ihn der Berg von Montserrat mit seinen Eremiten stark an. In einem Gasthaus am Fuß des Berges wurde der Einspänner entladen. Callee wurde zum Grasen ausgespannt, und die Familie machte sich zu Fuß auf den Weg. Mehrere

Wochen hielten sie sich dort auf und liefen die in den Fels geschlagenen Stufen rauf und runter. Sie sammelten Wildblumen, entdeckten immer großartigere Panoramen und störten die Einsiedler auf. Der Captain war in seinem Element. Nicht nur war dies der bezauberndste Ort, den er je gesehen hatte, sondern er hielt auch die Mönche von Montserrat für die heiligste Gemeinschaft auf der Welt. Er versuchte, dort ein Stück Land zu kaufen, er war fast bereit, zum Katholizismus überzutreten, und er erstellte den sicher detailliertesten Reiseführer für die Gegend. Montserrat war keineswegs seine persönliche Entdekkung, aber für seine Zeitgenossen war der Berg so fern und exotisch, wie es heute die Klöster von Lhasa sind.

Mit dem Einsetzen des Winters zogen die Reisenden widerwillig ab und kehrten nach Frankreich zurück, wobei sie einen großen Bogen um Barcelona machten. Weihnachten verbrachten sie in Perpignan und den Neujahrstag in Montpellier, wo sie nach Einbruch der Dunkelheit und inmitten eines Wolkenbruchs ankamen. Der Captain mußte das Pferd führen und gleichzeitig mit einem Stock den Straßenrand suchen. Rückblickend waren das die gefährlichsten Stunden der Reise. »Nein, nicht einmal vor dem Gericht des Oberhauses fürchtete ich solche Gefahr wie hier auf dieser steilen Straße. Jeden Moment konnte meine Familie samt der Kutsche einen Steilhang hinabstürzen, ich hätte ihnen nicht helfen können, und wenn sie *dahin* gewesen wären, hätte ich nicht einmal mehr die Entschlossenheit gehabt, *ihnen zu folgen.*«

Den restlichen Winter brachten sie mit weiteren archäologischen Wanderungen in der Provence zu; Thicknesse war besonders erpicht, Inschriften zu sammeln – ein guter Vorwand, um seine Lateinkenntnisse anzubringen. In Marseille verlief das heikle Geschäft des Geldwechselns so reibungslos, wie er es sich nur hätte wünschen können, aber in Nîmes brach wieder eine alte Schwäche durch: Er forderte seinen Gastgeber zum Duell auf. Der Anlaß war nicht die Geliebte des Mannes, ein achtzehnjähriges Mädchen von außerordentlicher Schönheit, das als *garçon* gekleidet und sicher einen Kampf wert war, sondern vielmehr ging es um das Recht, die Küche des Hauses benutzen zu dürfen. Es war ein absurder Streit, und der Captain war verblüfft, als der Franzose tatsächlich seine Herausforderung annahm. Unter beträchtlichem Gesichtsverlust trat er schnell den Rückzug an.

Frühling lag in der Luft, die Straßen wurden trockner, und es war möglich, wieder gen Norden aufzubrechen. Nahe Avignon sahen sie einen Tanzbären, der wie Callee von einem Affen geritten wurde – eine größere Version von Jocko. Der Captain hielt an und stieg ab, um sich die Szene genauer anzuschauen.

»Da wir uns auf der Hauptstraße befanden, nahm ich mir die Freiheit, Jocko seinem Großvater (denn so sah er nach Alter und Größe aus) vorzustellen. Die Begegnung war, obwohl beide Männchen waren, sehr rührend. Nie empfing ein Vater sein lange verlorenes Kind mit mehr Zuneigung als der alte Gentleman meinen Jocko, er umarmte ihn mit größter Zärtlichkeit, während der junge Gentleman (wie andere Herren des gegenwärtigen Zeitalters) eine völlige Gleichgültigkeit zur Schau stellte. Fürwahr, es muß eine Blutsverwandtschaft zwischen beiden bestanden haben, denn sonst wäre die Herzlichkeit gegenseitig gewesen.«

Das war eine Anspielung auf des Captains eigene, alles andere als liebevolle Söhne. George und Philip Touchet – bezeichnenderweise hatten sie den Namen ihrer Mutter angenommen – war ihr exzentrischer Vater zweifellos peinlich. George hatte, ebenfalls durch seine Mutter einen Baronetstitel geerbt, und das verschlimmerte für den Captain das Verhältnis. Aber wie so oft war die eigentliche Ursache ihres Streits Geld. Eine bestimmte Summe hatte zwischen ihnen den Besitzer gewechselt. Die Jungen glaubten, sie sei Teil ihres Erbes, der Vater sah sie als ein Darlehen an. Als er es von ihnen zurückforderte, blieben seine Briefe unbeantwortet. Schließlich griff Thicknesse zu dem einzigen Mittel, das ihm vertraut war, und veröffentlichte eine Streitschrift über die Angelegenheit. Einen weiteren Beleg seines Mißfallens enthielt eine Klausel in seinem Testament, in der er bestimmte, daß nach seinem Tod seine rechte Hand abgeschnitten und George gegeben werden sollte, »um ihn an seine Pflicht Gott gegenüber zu erinnern, nachdem er die Pflichten, die er seinem Vater schuldete, so lange vernachlässigt hatte.«

Anfang Juni war die Familie wieder in Lyon, und von dort ging es auf der alten Route weiter nordwärts. Der Captain war zum Verzweifeln nachlässig mit den Daten, aber wenn es der Anlaß gebot, konnte er bei Ortsangaben ziemlich präzise sein.

»Poststation St. George, sechs League von Lyon.
Ich nenne bei diesem Brief ausdrücklich den Ort, von dem aus ich schreibe, in der Hoffnung, daß jeder Reisende aus England ihn meiden möge oder nur kurz hält, denn es ist der schlimmste, den ich auf meiner ganzen Reise kennengelernt habe. Wir trafen früh am Nachmittag ein, und während ich im Hofe war, sah ich dort einen flachen Korb stehen, dessen Boden mit gekochtem Spinat bedeckt war. Da mein Hund und mehrere andere auf dem Hof mehrfach daran herumgeschnüffelt hatten, schloß ich, daß es als ihr Futter dort hingestellt worden und nicht für uns bestimmt war, bis ich sah, wie ein schmutziges Mädchen den Spinat zu Bällen rollte und zwei Kinder damit spielten. Eines von ihnen, *um keine Zeit zu verlieren*, verrichtete direkt darüber *ein Geschäft*, das niemand sonst *für sie hätte erledigen können*.
Ich fragte die Maid, was sie vorbereite. Sie antwortete, das sei Spinat. ›Hoffentlich nicht für mich‹, sagte ich. ›Oui, pour vous et le monde.‹ Daraufhin verbot ich ihr, davon etwas auf den Tisch zu bringen, und stieß verärgert das kleine Mädchen *vom Korb*. ... Trotzdem kam als Entrée eine Schüssel mit diesem *delikaten Spinat*; ich nahm sie und machte dem Mädchen einen sehr hübschen *Chapeau Anglais*, denn ich drehte die Schüssel um und drückte sie ihr auf den Kopf.«

Das war eine gute Geschichte, und Thicknesse war ziemlich sicher, daß, auch wenn die französische Nation wegen einer so unreinlichen *auberge* erröten würde, »die Wahrheit sie rechtfertigt, und ich hoffe, daß die Veröffentlichung Abhilfe schafft.« Unveränderlich hielt er an seiner Maxime fest: Eine gute Nachricht muß immer mit einer schlechten ausbalanciert werden. Wenn es Orte gab, die eine Empfehlung verdienten, dann mußte es andere geben, die zu verdammen zur Pflicht des Reisenden gehörte. Auxerre zum Beispiel, wo die beiden Töchter in einem Konvent untergebracht wurden, war herrlich; Paris dagegen nicht. »Für eine Person von Vermögen in der Blüte ihres Lebens mag Paris London vorzuziehen sein. Aber für jemanden meines Alters und Standes ist es der am wenigsten angenehme Ort, den ich in Frankreich gesehen habe.« Die Straßen waren gefährlich, die Läden teuer, und es war unmöglich, »unter die erstrangigen Leute zu kommen und zu ihren Abendessen eingeladen zu werden.«

Der Captain hatte Paris bereits 1766 kurz besucht, aber die scheinbar einzige Veränderung in zehn Jahren war, daß die Kopfsteine der Straßen glatter geworden waren. Seinen alten Knochen tat das gut, aber er hielt es nicht wirklich für eine Verbesserung. Die Verbindung von ungefederter Kutsche und holprigen Straßen war seiner Überzeugung nach eine Garantie für gute Gesundheit. Es war eine Art körperlicher Übung, es half der Verdauung, und vor allem war es ein sicheres Heilmittel gegen Gallensteine.

Gallensteine waren ein Thema, das den Captain sehr beschäftigte – er sprach so viel und so oft darüber, daß er einmal den Spitznamen »Governor Gallstone« bekam. Seit seinen Zwanzigern wurde er von diesem äußerst schmerzhaften Leiden geplagt, und bei einem qualvollen Vorfall schied er insgesamt siebenundzwanzig Steine aus, »der kleinste hatte die Größe einer Kaffeebohne, und einige waren doppelt so groß«. Er glaubte, daß der Gallenstein in seinem natürlichen Zustand ein knubbeliger Klumpen wie eine Maulbeere war. Um ihn glatt zu machen und leicht abgehen zu lassen, bedurfte es einer starken Erschütterung entweder durch eine Kutsche oder besser noch auf einem Pferderücken. Ein ausgedehnter und peinigender Ritt im Trab war ideal. Als Lord Thurlow, Lordkanzler im Kabinett von Lord North, an ähnlichen Symptomen litt, empfahl ihm Thicknesse nachdrücklich diese drastische Selbstbehandlung und konnte bald schon erfreut von ihrem vollen Erfolg berichten. »Seine Lordschaft ... ritt nach meinem Rat jeden Tag aus und hatte sich nach wenigen Wochen so gut erholt, daß er wünschte, meine ganze Familie zu einem Abschiedsessen einzuladen, bevor er Bath verließ.«

Selbst wenn die Steine durch viel Bewegung so glatt und klein wie Erbsen geworden waren, so gingen sie doch am besten nach der Einnahme von Opium ab. Aus seiner Zeit als Apothekerlehrling wußte Thicknesse, daß die meisten Medikamente nutzlos waren. Die unerträglichen Schmerzen durch Gallensteine erforderten etwas wirklich Starkes, und das konnte damals nur Opium sein, eingenommen in unglaublichen Mengen. Die Tatsache, daß es süchtig machte, gab keinen Anlaß zur Beunruhigung. »Da ich bereits in meiner Jugend gezwungen war, von Opium Gebrauch zu machen, ist es mir jetzt in meinem Alter unverzichtbar geworden, und ich nehme es fast jeden Tag. ... Tagsüber hebt es meine Stimmung, und in der Nacht gibt es mir eher eine Art friedlicher Ruhe als der Schlaf.«

Das »beste Stärkungsmittel in der Natur« muß zusammen mit den kräftigen Dosen Abführmitteln, die er für gleichermaßen unentbehrlich hielt, doch einige Wirkung auf sein unberechenbares Temperament gehabt haben. Das eine Jahr auf Reisen, das glücklichste seines Lebens, hatte den Captain in einem sympathischen Licht gezeigt und ihm vermeintlich »jenen Seelenfrieden gegeben, den keine irdische Macht mir rauben kann.« Aber geändert hatte es ihn nicht. Schon bald nach der Rückkehr in die englische Gesellschaft erwachte auch seine alte Streitsucht wieder.

Von Paris brachen die Thicknesses nach Calais auf, und nachdem er die Versicherung erhalten hatte, daß kein Verfahren gegen anhängig war, kehrte der Captain Ende 1776 nach England zurück. Der Plan, im folgenden Jahr Italien zu besuchen, wurde aufgegeben, und die nächsten sechs Jahre lebte er in der »St Catherine‘s Hermitage« in den Hügeln über Bath. Die Einsiedelei, sein Stolz und seine Freude, war wenig mehr als eine wacklige Hütte; ein riesiger Eichenbaum wuchs durch die Küche, und sein Einspänner, »fest angebracht und nie mehr zu bewegen«, stützte eine der Wände. Aber die Behausung lag nicht weit von den Kaffeehäusern von Bath, sie hatte eine »prächtige Aussicht«, die ihn an Montserrat erinnerte, und wenn Mrs Thicknesse es auch vorzog, komfortabler in der Stadt zu wohnen, so gefiel Callee und Jocko der Ort sehr. (Der Papagei hatte leider ein unglückliches Ende in Calais gefunden. Im Hôtel d‘Angleterre war er in einem Schrank untergebracht worden, und irgendwann – dem Captain zufolge aus Versehen – wurde auch ein lebhafter Terrier dort eingesperrt. Wenig später holte man ihn wieder heraus, aber von dem Papagei fanden sich nur noch ein paar Federn.)

In der Klause schrieb Thicknesse die Geschichte seiner Reise; sie wurde 1777 veröffentlicht und war sogleich ein Erfolg. Eine zweite und dritte Auflage folgten rasch aufeinander, und zu der Zeit, da die Familie wieder im Ausland umherzog, war das Buch bereits ins Französische und Deutsche übersetzt. Diese zweite Tour fand 1782 und 83 statt und führte sie durch die Pays-bas (das heutige Belgien) nach Aix-la-Chapelle und zurück. Das war ein viel bescheideneres Unternehmen; die Strecke war wohlbekannt, und ohne Jocko und Callee fielen die

Thicknesses weniger auf. Es kam dabei aber ein weiteres sehr erfolgreiches Buch heraus, und wieder war der Captain überzeugt, daß Reisen die Lösung all seiner Probleme war.

1791 besuchte er Paris erneut. Er war nun ein bemerkenswerter Mann von zweiundsiebzig Jahren, und die Stadt hatte sich endlich geändert. Stets auf der Seite der Unterdrückten, mit besonderer Sympathie für die französischen Bauern, begrüßte er die Revolution und beschloß, im Jahr darauf, als er endlich auf dem Weg nach Italien war, wieder zurückzukehren.

> »Wenn Gott so große Freude an der Vielfalt hat, was all die belebten und unbelebten Dinge genügend beweisen, da ist es nur natürlich, daß der Mensch es ebenso tun sollte; und ich habe mich nun so daran gewöhnt, in Bewegung zu sein, wenn auch langsam, daß ich beabsichtige, bis zum Ende meiner Reise weiterzuschleichen, und so mag ich es noch erleben, in fast jeder Stadt Europas gewohnt zu haben. Seit einiger Zeit lebe ich als ein freier Bürger der ganzen Welt (und wünschte, ich hätte es immer schon getan), nicht als Sklave einer Sekte oder Untertan eines Königs.«

Im November 1792 starb er passenderweise in einer Pariser Postkutsche ein wenig südlich von Boulogne; seine Frau saß neben ihm.

Es wäre freundlich, diese Lebensgeschichte hier enden zu lassen; aber wie der Captain selbst immer forderte, wenn eine besonders belastende Anschuldigung vorgebracht wurde, die Wahrheit verlangt, daß die ganze Geschichte erzählt wird. In den fünfzehn Jahren zwischen der Reise nach Spanien und seinem Tod war er in mehr Streitigkeiten verwickelt als je zuvor. Der gute Ruf, den ihm seine Reiseberichte einbrachten, besänftigte sein reizbares Naturell nicht, sondern verlieh seinen Polemiken nur mehr Gewicht. Die Reisebücher blieben nicht seine einzigen Publikationen. Er verfaßte eine Flut von Verleumdungsschriften und, das wichtigste Werk von allen, seine dreibändigen *Memoirs and Anecdotes* von 1788.

Dieses außergewöhnliche Buch des fast Siebzigjährigen war angeblich geplant, um einige verleumderische Beschuldigungen zweier seiner Todfeinde zu widerlegen; der eine, ein Arzt, behauptete, daß sich der Captain während seiner Zeit auf Jamaica vor fünfzig Jahren der Feigheit schuldig gemacht hatte, und der andere, ein Hauptmann der Marine und Komplize des Doktors, erdreistete sich, Thicknesse zu einem Duell herauszufordern, obwohl er bereits einundachtzig Jahre alt und taub und lahm war. Thicknesse zog es vor, sich in Druckwerken mit ihnen auseinanderzusetzen, und füllte Seite um Seite mit Invektiven und dick kursiven Andeutungen, wobei er weder ihr Alter noch ihre Moral unerwähnt ließ. Nachdem er erkannt hatte, daß Verleumdung und Beschimpfung Bücher verkaufen, erweiterte er den Rahmen des Werkes und schloß andere Feinde, vergangene und gegenwärtige, mit ein. Auch wenn es wie eine Autobiographie angelegt ist, so liest sich das Buch doch mehr wie ein Sammelband des Satiremagazins *Private Eye*. Der Captain konnte sowohl scharfsinnig als auch banal sein, komisch und dann wieder grausam.

Zum Glück zeigt er auch einen Anflug von Reue. Am Ende von Band Drei seiner Erinnerungen, weniger als ein Jahr vor seinem Tod, schaut er zurück auf »eine lange und bewegte Karriere« und »kann mich nur über meine Torheit wundern, daß ich es der Mühe wert hielt, mich mit Schuften und Narren zu streiten.« Mehr als ein halbes Jahrhundert hatte er sich über die Trivialität der Beschäftigungen anderer Menschen gewundert. Nun war er plötzlich erstaunt über sein eigenes kindisches Gehabe und beschloß, sich an seine alten Freunde, die amerikanischen Indianer, erinnernd, seine literarische Laufbahn mit einem einzigartigen, aber nicht untypischen Bekenntnis.

> »Hätte sich jenes unfaßbare Wesen, das mich ins Leben rief, herabgelassen, meinen Geist zu fragen, in welche menschliche Rasse ich hätte hineingeboren werden wollen, hätte ich die indianische Form der Existenz jeder anderen vorgezogen, die ich bis jetzt in der zivilisierten Gesellschaft kennengelernt habe.«

Kapitel 2

»Ich bin in Sorge«

Thomas Manning
(1772 - 1840)

ENDE MÄRZ 1808 NÄHERTE SICH die *Discovery*, ein Erkundungsschiff der »Ehrenwerten Ostindischen Gesellschaft«, den unerforschten Paracel-Inseln mitten im Südchinesischen Meer. An Bord müssen Leutnant Ross und seine Männer mit wachsender Begeisterung auf die Küste geschaut haben; dieses Inselparadies war genau der richtige Ort, um ein paar Wochen mit Gewehr und Kompaß zu verbringen. Ganz anders dachte ihr einziger Passagier. Thomas Manning, Gelehrter, geistreicher Kopf und nun mißgelaunter Reisender, lief in langen chinesischen Gewändern auf dem Deck hin und her und strich sich über seinen mächtigen Bart. Er verlor kostbare Zeit. Die Inseln würden so öde sein wie alle diese Erkundungstrips. Die Korallenriffe, die langen Sandbänke, die Sturzwellen – für ihn waren das nur »häßliche Zumutungen«. Schildkröten suhlten sich in den seichten Stellen, und die Seevögel waren so widerlich zahm, daß sie nicht einmal ihre Nester verließen.

Damit nicht genug, es zeigte sich bald, daß die Inseln keineswegs unbewohnt waren. Auf dem ersten Eiland fanden sie eine gestrandete Dschunke mit einer Mannschaft von nicht weniger als 561 Personen, die in großem Elend am Strand lagerten. »Wir retteten sie alle«, notierte Manning knapp. »Ihre Dankbarkeit war unbeschreiblich.« Aber so war dann auch das Gedränge auf der *Discovery*. Leutnant Ross mußte seine unerwartete Fracht möglichst rasch loswerden; danach konnte er zu den Inseln zurückkehren. Folglich segelte er zu dem nächst gelegenen Festlandhafen, Turon an der Küste von Cochinchina (im heutigen Süd-Vietnam). Mannings Stimmung hob sich. Er hätte es nicht besser planen können. Seine vietnamesische

Tracht lag bereit, seine Schrankkoffer waren gepackt, und mit Glück würde er bald schon auf dem Weg zu dem richtigen China sein.

»Bald schon werde ich den Kaiser sehen und vielleicht seinen Puls fühlen! Was für Geschichten werde ich zu erzählen zu haben! Und wer weiß aber – ja, ja – in Kürze – wie auch immer. Wenn sie einen meiner Freunde treffen, sagen Sie ihm, ich bin auf dem Weg und guten Mutes.«

Er schrieb diese Worte an seinen besten Freund, den Essayisten Charles Lamb. Die beiden Männer hatten sich zehn Jahre zuvor in Cambridge kennengelernt, als sie beide Mitte Zwanzig waren. Lamb, der schon zu dem literarischen Zirkel um Wordsworth, Coleridge und Southey gehörte, war sogleich beeindruckt. Ein brillanter Akademiker, groß gewachsen und melancholisch aussehend, weigerte Manning sich, irgend etwas, am wenigsten sein Genie, ernst zu nehmen. Wie ein Narr aus einem Stück von Shakespeare redete er unaufhörlich in Wortspielen und Parodien, machte witzige Bemerkungen auf Latein, stieß befremdliche Laute aus und hielt Zwiegespräche mit sich selbst. »Einen solchen Menschen gibt es nur einmal unter tausend«, erklärte Lamb, »ein Zauberer fast, und weitaus beeindruckender als Coleridge.« Aber er war auch chronisch faul und übte die Macht seiner Vorstellungskraft selten aus. »Wenn er es täte, dann gäbe es meines Wissens kein Genie, das ihm vergleichbar wäre.« Fraglos war Lamb der Schüler und Manning der Meister.

Zu der Zeit lehrte Manning Mathematik. Seine maßgebende Einführung in die Algebra war vor kurzem veröffentlicht worden, und bald darauf folgte eine erstaunliche Abhandlung über eine neue Methode, Logarithmen zu berechnen. Angefangen hatte er mit dem Studium der klassischen Sprachen, aber nachdem Griechisch und Latein und danach Algebra und Arithmetik erschöpfend behandelt waren, suchte seine überragende Intelligenz eine neue und noch mehr herausfordernde Disziplin. Chinesisch – nicht nur die Sprache, sondern die gesamte Literatur und Zivilisation Chinas – war genau das Richtige.

Allerdings gab es da ein Problem. Im Jahr 1800 war die Orientalistik noch in ihren Anfängen. Acht Jahre zuvor, als die erste britische Mission nach Peking aufbrach, fand sich nicht ein einziger Europäer, der fähig gewesen wäre, als Dolmetscher zu agieren; schließlich wurde in Rom ein chinesischer Christ rekrutiert, der sich auf das Priesteramt vorbereitete und deshalb vom Chinesischen ins Lateinische übersetzen konnte. Diese Gesandtschaftsreise und die Menge mannigfaltiger Informationen, die sie zurückbrachte, erregten wahrscheinlich zuerst Mannings Interesse. Aber 1800 konnte man in Cambridge noch nicht Chinesisch studieren. Paris war das Zentrum für orientalische Studien; also machte sich Manning nach dem Frankreich Napoleons auf. Drei Jahre später brach der Krieg zwischen beiden Ländern aus. Alle englischen Einwohner und Reisenden wurden auf der Stelle interniert – bis auf Manning. So groß war sein Ruf bei den französischen Orientalisten und Mathematikern, daß sie in seinem Namen eine Petition an Napoleon sandten. Der Kaiser persönlich unterzeichnete den Paß – das einzige Beispiel einer derartigen Gunst gegenüber einem feindlichen Ausländer –, und Manning konnte ungehindert das Land verlassen.

Der Paß sollte es ihm ermöglichen, geradewegs nach China weiterzureisen. Er war nun hinausgewachsen über die sinologische Schule von Paris und entschlossen, seine Studien an der Quelle zu betreiben. Lamb war entsetzt; verzweifelt versuchte er, ihn davon abzubringen. »Bitte versuch, dich zu kurieren. Nimm Nieswurz. Bete, daß du nicht in Versuchung geführt wirst. Lies keine Bücher über Reisen mehr; sie sind nichts als Lügen.« Bis zu einem gewissen Grad mag diese Beschwörung Erfolg gehabt haben, denn Manning gab seinen Plan auf, direkt auf dem Landweg, also durch Rußland, zu seinem Ziel zu gelangen. Aber er pflegte nicht auf Rat zu hören. Sein Herz hing an China, und für die nächsten zwölf Jahre konnte ihn niemand, sei er Kaiser oder Mandarin, Generalgouverneur oder Busenfreund, davon ablenken. »Meine Gedanken sperren sich gegen alles andere... in dem Augenblick, in dem ich mich mit irgend etwas ruhig beschäftigen will, herein kommt die Unabhängige Tatarei [China].«

Manning kehrte nach London zurück. Die Ostindische Gesellschaft unterhielt mit vielen Einschränkungen ein Handelshaus in Kanton, und darauf hatte er ein Auge geworfen. Er studierte Medizin am Westminster Hospital, gewann die Unterstützung von Sir Joseph Banks, jenem großen Entrepreneur der Welterforschung, und erreichte es, offiziell zum Arzt für die kantonesischen Kaufleute ernannt zu werden. Im Mai 1806 segelte er von Portsmouth ab.

»Um Gottes willen, denk nicht mehr an die Unabhängige Taterei«, hatte Lamb ihn oft beschworen. Nun war er zu Tränen gerührt. Es war wie eine Trennung auf dem Schafott. Würden sie sich je wiedersehen? »Ach Manning, ich glaube, fast den Verstand zu verlieren...« Der Freund dagegen nahm den Abschied gelassener.

> »Ich bin nicht tot oder liege im Sterben – manche Leute gehen vier Jahre nach Yorkshire und lassen sich die ganze Zeit nicht einmal in London blicken! Ich fahre nach China. Was ist für unsere Londoner Freunde der Unterschied?
> Ich bin überzeugt, daß ich zurückkommen und dich dann häufiger treffen werde, als ich vorher je dazu in der Lage war. Wer weiß, vielleicht mache ich ein Vermögen und kann dich und Mary [Lambs Schwester] in einer eigenen Kutsche ausführen... Natürlich mußt du etwas Platz für mein kleines chinesisches Weib lassen, denn die arme Betsy hat so kleine Füße, daß sie nicht laufen kann.
> Vergißt und vernachlässigt denn ein Mann meines Alters seine liebsten Freunde? Nein. Nun denn, ich weiß dich und Mary in Sicherheit – Gott beschütze euch beide.
> Schreiben strengt mich im Moment an. Ich bekomme Halsschmerzen, und an Bord gibt es kein Johannisbeergelee.«

1806 war das chinesische Kaiserreich für Fremde so wenig zugänglich wie das kommunistische China der sechziger Jahre. Zuerst hoffte Manning, als Mann der Medizin und Wissenschaft (die Chinesen hatten, so glaubte man im Westen, eine Leidenschaft für technische Spielereien) Einlaß zu finden. Deshalb setzte er, sobald er angekommen war, eine Bittschrift an den Kaiser auf und bot seine Dienste als Astronom und Arzt an. Das Schreiben kam wahrscheinlich nie aus Kanton heraus. Bediensteten der Ostindischen Gesellschaft war es nicht nur verboten, ins Inland zu reisen, sie durften nicht einmal die Stadt betreten. Sie hatten es nur mit den örtlichen Mandarinen zu tun, die eifersüchtig ihre lukrativen Posten hüteten und alle Verbindungen mit Peking behinderten.

Einem Untertan des *Reichs des Himmels* war es sogar strikt untersagt, den barbarischen Fremdlingen die Geheimnisse seiner Muttersprache zu enthüllen. Manning umging dieses Verbot, indem er einen Chinesen aus Macao als seinen Lehrer gewann. Aber er machte nur langsam Fortschritte. Hatte ihn zuerst die Struktur der Sprache fasziniert, so war es nun das gelehrte Wissen, das er dahinter erahnte. Als Sir Joseph Banks »diesen sehr liebenswürdigen jungen Mann« der Ostindischen Gesellschaft empfahl, beschrieb er ihn als einen energischen Kopf mit sanftmütigem Charakter. Gleich, ob er nun sanft, reserviert oder einfach nur faul war, Manning entdeckte in der chinesischen Kultur eine vornehme Höflichkeit und weltläufige Weisheit, die seinen eigenen Neigungen entsprachen. Zur Bestürzung seiner werten Landsleute trug er nun chinesische Kleidung und ließ sich einen langen und damals schon altmodischen Bart wachsen. Das war keine Frage der Anpassung. Er wollte die chinesische Lebensweise nicht nur studieren, sondern sie wirklich erfahren und in sich aufnehmen.

Nachdem er ein Jahr lang erfolglos versucht hatte, die kantonesischen Mandarine für sich zu gewinnen, sah Manning in Leutnant Ross‘ Expedition zu den Paracel-Inseln eine unverhoffte Möglichkeit, an sein Ziel zu gelangen. Selbst ohne die Evakuierung gestrandeter Dschunken mußte das Schiff für neuen Proviant die Küste von Cochinchina anlaufen. Dort würde er einfach von Bord gehen und sich Richtung Norden zur chinesischen Provinz Yunnan durchschlagen. Das Gelingen hing natürlich davon ab, daß er – mit Bart und allem Drum und Dran – als ein Chinese oder zumindest als ein Cochinchinese durchgehen würde. Seine feinen Gesichtszüge und vollen Lippen erinnerten eher an einen spanischen Granden, und einem Zeitgenossen zufolge sah er »einem Tatar so wenig ähnlich wie irgendein Sohn Adams, dem man in den Straßen Londons begegnet.«

Am Ende wurde seine Verkleidung nicht auf die Probe gestellt. In Sichtweite von Turon kehrte die *Discovery* plötzlich zu den Paracel-Inseln zurück – mit einem wütenden Manning immer noch an Bord. Leider ist der Brief, der berichtete, was schief ging, verloren. »Wir waren zu spät«, schrieb er anderswo. »Gemach, gemach, hieß es. Keine Zeit, Sachen an Land zu regeln und andere unglückliche Umstände... Ich sah ein wenig von den Dörfern an der Küste Cochinchinas, aber das war nicht mein Ziel. Wieviel Zeit habe ich verloren – immer noch kann ich es kaum ertragen, auch nur daran zu denken.«

Thomas Manning

Er war zurück in Kanton, kämpfte wieder mit »den verhüllten Mysterien der chinesischen Sprache« und las Lambs gerade erschienene *Tales from* Shakespeare. Außerdem fesselte ihn ein gewichtigeres Werk mit dem Titel *An Account of an Embassy to the Court of the Teshoo Lama*. Der »Teshoo Lama« war der Pantschen Lama von Tashilunpo in Südtibet, und die Gesandtschaft unter Führung Samuel Turners, einem Neffen von Warren Hastings, dem ersten Generalgouverneur in Ostindien, war von Kalkutta durch Bhutan nach Tibet gereist. Das lag fünfundzwanzig Jahre zurück, und seitdem war es keiner der folgenden Tibetmissionen mehr gelungen, ihr Ziel zu erreichen. Aber Manning, angetrieben von dem grenzenlosen Optimismus eines Mannes, der seine Lieblingsobsession verfolgt, ließ sich nicht so leicht abschrecken.

1810 kam er in Kalkutta an, immer noch als Chinese gekleidet und mit noch längerem Bart. Ein Brief des »Auswahlkomitees« in Kanton empfahl ihn als einen Mann, der überaus geeignet sei, China zu erforschen, und bat um die Unterstützung des Generalgouverneurs. Leider war der aber nicht besonders an China interessiert. Und er wußte auch nicht, was er von Manning halten sollte. Bei den weniger reservierten Mitgliedern der Gesellschaft von Kalkutta machten sein fremdartiges Aussehen, die zur Schau getragene Überlegenheit und sein unaufhörliches Reden ziemlichen Eindruck. Aber man war sich doch einig, daß einem Mann, der darauf bestand, in Hindutempeln zu beten, nicht zu trauen war. Für die rechtschaffenen Sahibs, die in Schreibstuben hockten und vor allem um ihre Beförderung besorgt waren, schien der fremdartige Reisende nur Verachtung übrig zu haben; immer wieder belehrte er sie über die Unzweckmäßigkeit ihrer Kleidung. Mit solchen Einmischungen in Dinge, die ihn nichts angingen, nahm er sich jede Chance, einen diplomatischen Auftrag zu bekommen.

So hatte Thomas Manning kaum Geld und Geschenke bei sich, als er Kalkutta zu Pferde verließ und sich auf den Weg zum Himalaya machte; nur sein chinesischer Diener begleitete ihn, unbewaffnet, und er war in seliger Unwissenheit über das, was vor ihm lag. In der Luftlinie betrug die Strecke bis Peking etwa dreitausend Meilen. Turner und sein Vorgänger Bogle waren bis dahin die einzigen Europäer, die den Himalaya überquert und Tibet betreten hatten. Aber dieser Abschnitt machte nur 500 Meilen aus; und obwohl sie es versucht hatten, waren beide nicht bis zur tibetischen Hauptstadt gekommen.

Manning beabsichtigte, ihrer Route durch Bhutan zu folgen und sich dann über die Berge nach Lhasa durchzuschlagen. Dort hoffte er, sich einer der regelmäßig vorbeikommenden Karawanen anschließen zu können und so den Weg durch die Eiswüsten Zentraltibets zu schaffen. Und dann weiter nach China. Das war sicher einer der phantastischsten und am wenigsten durchdachten Pläne in der Geschichte der Entdeckungen. Zu allem Übel hatte Manning auch die Jahreszeiten gegen sich; er würde den östlichen Himalaya erreichen, während der Monsun noch die Berge überflutete, und in Lhasa rechtzeitig eintreffen, um die Härten eines tibetischen Winters zu kosten. Dazu war die politische Lage in Tibet äußerst ungünstig: Der chinesische Einfluß war stärker, durchdringender und gegen Fremde feindseliger als zu Turners Zeit.

Und schließlich war da Manning selbst, völlig unpraktisch, alles andere als robust, und er haßte Strapazen. Wohl selten gab es einen so widerwilligen und untauglichen Forschungsreisenden. Sein Tagebuch kann als ein Beispiel für den Anti-

Reisebericht genommen werden. Es enthält keine aufregenden Beschreibungen von Landschaften, keine detaillierten Beobachtungen zu den Menschen und Kulturen. Daten erscheinen sporadisch, Richtungs- und Entfernungsangaben nie. Von Abwechslungen und Herausforderungen – der eigentliche Reiz des Reisens – ist wenig die Rede. Statt dessen verweilt er bei der Eintönigkeit und den Beschwerlichkeiten; Mannings Bericht liest sich wie ein skurriles Verzeichnis alltäglicher Frustrationen.

Und doch ist diesem Mann nur schwer zu widerstehen. Das Tagebuch war nie zur Veröffentlichung bestimmt, und es enthält persönliche Passagen, die sehr anrühren, und eine Unmittelbarkeit, die sich in Reisenotizen des 19. Jahrhunderts nur selten findet. Er schreibt stets schonungslos über sich und ohne die gekünstelte Leichtigkeit seiner Briefe an Lamb. Das Ergebnis mag als Beitrag für die Erforschung unbekannter Länder nutzlos sein, aber es erzählt Bände über den ungewöhnlichen Charakter seines Verfassers.

»Bin im Begriff, von Kalkutta aufzubrechen – Gott weiß wohin«, schrieb er an Lamb. »Mir ist seltsam zumute – kann nicht schreiben.« Und tat es auch nicht mehr. Weder der Freund in London noch sonst jemand hörte ein Jahr lang etwas von Manning. Er verließ Kalkutta im Sommer 1811, erreichte Bhutan Anfang September und kletterte dann durch die dichte Vegetation des östlichen Himalajas. Nach drei Tagen endete der Pfad an einem reißenden Strom, und – »eine unerwartete Schwierigkeit« – die Führer erklärten ihm, daß die Pferde nicht mehr weitergehen konnten. Es folgte ein mühseliger Fußmarsch am Flußbett entlang, und dann der erste schwere Aufstieg. Manning war schnell wund an den Füßen und erschöpft, und »ich schleppte mich langsam und mit beträchtlichen Schwierigkeiten vorwärts«. Seinem chinesischen Gefährten erging es schlimmer, und als er die Spitze erreichte, litt er an »Herzrasen und Hautausschlag«. »Ich sagte ihm, daß das ein gutes Zeichen sei, und Fieber verhindere. Am nächsten Tag mietete ich Leute, die uns in unseren Stühlen trugen.«

Ob Bhutanesen sich dazu bereit fanden, ist nicht klar, jedenfalls waren die Reisenden innerhalb einer Woche wieder auf den eigenen Füßen. Nun war Manning derjenige, dessen Herz nicht mehr mitmachte; er kurierte sich selbst mit gedünsteten Rüben, ein einfaches Gericht, das er aber stets hoch schätzte.

Um Paro Dzong, die wichtigste bhutanesische Festung auf ihrer Route, zu erreichen, mußten sie wieder klettern. »Ich finde, daß Bergaufgehen mir überhaupt nicht bekommt, vielleicht deshalb, weil es natürlicherweise mit mir bergab geht.« Gewissermaßen als Entschädigung eröffneten sich nun großartige Ausblicke in alle Himmelsrichtungen. Aber Manning erwähnte sie mit keinem Wort. Bezeichnenderweise bekümmerte ihn das trostlose Wetter weitaus mehr. »Nässe, Nässe, ständig Regen«, und am nächsten Tag »Oben naß, unten naß, harte Steine den ganzen Weg.« Triefnaß watete er hinein in die weitläufige Anlage von Paro Dzong; als Unterkunft bekam er ein fensterloses und verqualmtes Wachhaus.

Hier wurde er, wenn man seinen vagen Angaben trauen darf, fast einen Monat festgehalten. Langwierige Unterhandlungen mit den Bhutanesen waren zu befürchten. Ständige Fehden zwischen ihnen, dazu ihre Ehrfurcht vor den Chinesen in Tibet und ihr Argwohn gegen die Briten in Indien, hatten die meisten früheren Versuche, die Berge zu überqueren, scheitern lassen. Mannings Verkleidung täuschte seine Bewacher keineswegs, und von späteren Andeutungen in seiner Geschichte wissen wir, daß er auch schikaniert und erpreßt wurde. Aber schließlich erhielt er doch die Erlaubnis, weiterzuziehen. Vielleicht überzeugten sein gebrochenes Kantonesisch und die unleugbar chinesischen Merkmale seines Dieners die Verantwortlichen davon, daß dieses merkwürdige Duo eher in die nördlichen Regionen der Berge gehörte als in den Süden.

Doch dann geschah etwas, was Manning alle bisherigen Schwierigkeiten und Erfolge vergessen ließ, und was er als eine weitaus härtere Herausforderung empfand – die Sache mit den Silberlöffeln. Dieser Vorfall entwickelte sich zu einem tragikomischen Drama und wurmte Manning so, daß es ihm noch die Freude über die Überquerung des Himalajas trübte. Als sie nach dem Aufbruch von Paro Dzong das erstemal rasteten, entdeckte Manning, daß den Platz seiner zwei Silberlöffel nun zwei Löffel aus Zinn einnahmen. Sogleich verdächtigte er seinen chinesischen Begleiter, der für diese Sachen verantwortlich war, und ihren bhutanesischen Führer. »Ich sagte ihnen, daß ich nicht weitergehe, bis ich meine Löffel zurückbekomme.« Die Beschuldigten machten Ausflüchte. Sie waren vier Meilen von Paro entfernt; die beiden schlugen vor, jemanden dorthin zu schicken, um die notwendigen Nachforschungen anzustellen, und derjenige würde sie später mühelos wieder einholen. Damit war Manning nicht einverstanden; »ich blieb hartnäckig«. Der Morgen verstrich, und schließlich trottete der Bhutanese zurück zur Festung. Er kehrte bald zurück und hielt triumphierend zwei Löffel in den Händen. Aber bei näherer Prüfung stellte sich heraus, daß nur einer aus Silber war. Manning explodierte. Wenn er nicht auch den anderen bekomme, werde er selbst zurückgehen und bei den Behörden Anzeige erstatten. Der Chinese, sichtlich erschüttert von diesem unerwarteten Ausbruch, überredete seinen Komplizen, sich noch einmal auf den Weg zu machen, und bei Einbruch der Dunkelheit hatte Manning seine kostbaren Löffel wieder. »Es ging nicht um den Wert«, erklärte er, »sondern ums Prinzip Ich befinde mich in sehr schlechten Händen.«

Die Beziehung zu seinen Begleitern blieb eine ständige Sorge Mannings. Die von Expeditionsleitern geforderten Führungsqualitäten besaß er offenkundig nicht. Sein chinesischer Gefährte, der gesehen hatte, wie Manning in Paro gnadenlos geschröpft wurde, mußte sich gedacht haben, daß das Verschwinden zweier Löffel nicht bemerkt werden würde. Er irrte sich, denn das war genau die Art von kleineren Irritationen, die Manning nicht ertragen konnte. Bei Sachen von Bedeutung konnte er nachgiebig sein bis zur Unterwürfigkeit; aber sobald seine Umgebung diese Einstellung als gegeben annahm, stürzte er sich plötzlich auf irgendeine Kleinigkeit und bestand, wider alle Vernunft, auf der Durchsetzung seines Willens.

Unglücklicherweise entsprach dieser Bockigkeit ein übellauniger Zug seines Begleiters. Am Tag nach der Löffel-Affäre »war der Chinamann so böse wie der Teufel« und weigerte sich zu sprechen. Manning versuchte, ihn zu ignorieren, und konzentrierte sich auf seine eigene mißliche Lage.

> »Schneefall in Sicht. Reizendes Wetter. Ein seltsames Gefühl stellt sich ein; warm und wohltuend. Das Pferd läuft auf einem Pfad zwischen zwei Steinwänden. Der Schnee! Wo bin ich? Wie bin ich nur hierher gekommen? Keine Seele, mit der ich sprechen kann. Ich weinte fast angesichts des übermächtigen Eindrucks, nicht aus Kummer.«

Aber die düstere Stimmung des Chinesen deprimierte ihn. »Ein Spaniel wäre bessere Gesellschaft.« Am Abend versuchte er, herauszufinden, was los war. Scheinbar war der Mann unterwegs vom Pferd gefallen, und, obwohl unverletzt, war er nun tödlich beleidigt, weil Manning unbekümmert weitergeritten war. »Ich hatte es nicht bemerkt.«

Zwei Tage später erreichten sie die triste Festung von Phari Dzong. Manning versäumt es zu erwähnen, daß sie nun auf tibetischem Boden waren; er war viel zu sehr mit seinem immer noch schmollenden Gefährten beschäftigt. Nach einer Vorstellung bei dem örtlichen Richter versuchte er, ihn aufzumuntern. »War das im Gericht ein Vogel, der so laut flatterte?« »Was hat es schon zu bedeuten, ob es ein Vogel war oder nicht?« antwortete der Chinese schnippisch.

> »Von dort, wo er saß, dachte ich, konnte er vielleicht etwas sehen; und ich war neugierig zu erfahren, ob sich so große Vögel in dem mehrstöckigen Gebäude aufhielten. Und das ist die Antwort, die ich bekomme. Er ist immer unzufrieden und mürrisch und nimmt mir keine Last ab. Er ist jünger als ich, und wie alle Asiaten kann er sich ohne Schmerz und Schwierigkeit bücken und ducken, er könnte mir bei so vielen Sachen helfen, ohne sich groß anzustrengen. Ein jüngerer Bruder, jeder junge englische Gentleman würde an seiner Stelle selbstverständlich den Tisch decken und andere kleine Dienste verrichten, wenn ich müde bin; aber seinem Naturell scheint der Edelmut zu fehlen, weder dient er mir auf irgendeine Weise noch zeigt er mir Zuneigung oder guten Willen; infolgedessen ist er mir nicht vertrauter als an dem Tag, da ich ihn zum erstenmal sah. Nie hätte ich es für möglich gehalten, so lange mit jemandem zusammenzuleben, ohne daß er mir entweder mißfiele oder ich ihm gegenüber völlig gleichgültig werde. Er hat auch gute Eigenschaften. Die Merkwürdigkeit seiner Lage mag ihn teilweise entschuldigen.«

Wie unklar die Position des Chinesen war, zeigt die Schwierigkeit, die Manning bei ihrer Benennung hatte. Manchmal bezieht er sich auf ihn als einen Diener oder Sklaven, dann wieder nennt er ihn *Munshi* (Lehrer oder Dolmetscher). Anscheinend war er derselbe Chinese, den er ursprünglich als Hauslehrer in Kanton eingestellt hatte. Daher war es kein Wunder, daß der arme Mann sich dagegen sträubte, den Diener zu spielen.

Und hinzu kam, daß Mannings Beherrschung chinesischer Etikette und Idiome immer noch unzureichend war. In Phari Dzong vermied er den Umgang mit zwei »faulen Kerlen«, die sich als die höchsten Würdenträger vor Ort herausstellten, und hielt irrtümlich ihren Diener für ein Mädchen. Die Aufgabe, solche faux pas auszubügeln, fiel dem Chinesen zu, und je mehr sie in den chinesischen Einflußbereich kamen, desto verantwortungsvoller und gefährlicher wurde diese Vermittlerrolle.

Europäische Niederlassungen in Canton, wo Manning neun Jahre verbrachte bei seinem Versuch, nach Cina zu reisen.

Am 27. Oktober traf die Nachricht ein, daß sich eine chinesische Grenzpatrouille auf dem Weg nach Phari Dzong befand. Manning wurde sogleich aus seinem Gastzimmer geholt und in einem noch unfreundlicheren Raum untergebracht. »Das neue Zimmer hatte einen schmutzigen Boden und war ziemlich kalt.« Außerdem mußte es auch als ihre Küche dienen. »Dreck überall, Fett, Rauch. Elend, aber gutes Hammelfleisch.« Vier Tage später traf die Patrouille wie erwartet ein. Sie wurde von einem Mandarin begleitet, zu dem Manning unverzüglich seinen Chinesen schickte. Am nächsten Tag machte er selbst seine Aufwartung und brachte zwei Flaschen Cherrybrandy und ein Weinglas mit. Wenn auch viel von dieser Begegnung mit einem so hohen Beamten des Kaiserreichs abhing, so war er doch entschlossen, sich nicht selbst zu erniedrigen. »Einige seiner [des Mandarins] Leute sagten, daß ich mich nicht vor ihm hinsetzen dürfte. In dem Fall wäre ich nicht hingegangen.«

Glücklicherweise erwies sich der Kirschlikör als so annehmbar, daß die Unkenntnis gewisser Rituale der Höflichkeit dem Gast nachgesehen wurde. Der Mandarin oder »General«, wie er nun genannt wurde, entpuppte sich als ein äußerst angenehmer Gesellschafter und hatte jene weltmännische Art, die Manning so bewunderte. Welch ein Gegensatz zu den schmutzigen und rohen Tibetern! »Alles ist nun viel angenehmer, seit die Chinesen hier sind.« Die Soldaten versorgten ihn reichlich mit Gemüse, der Mandarin erhob keine Einwände gegen Mannigs Idee, eine Praxis für ambulante Patienten einzurichten, und es gab sogar Gespräche darüber, wie der Handel über den Himalaya verbessert werden könnte. Es war ja das starke Interesse der Ostindischen Gesellschaft an diesem Handel, das die früheren Versuche, nach Tibet zu kommen, veranlaßt hatte. Aber in dieser Hinsicht waren alle Missionen kläglich gescheitert; hier nun war endlich ein Engländer ideal situiert, um etwas dafür zu tun. Außer, daß er völlig unvorbereitet war.

> »Ich kann immer nur wieder in Gedanken ausrufen, wie dumm doch die Gesellschaft war, daß sie mir keinen Auftrag, keine Vollmacht, keine Instruktionen mitgab. Was ist der Nutzen solcher Gesandtschaften, wenn ihre Gesandten mit keinem Menschen reden können... Keine Finesse, keine Tournure, keine Komplimente. Narren, Narren, nichts als Narren, eine Gelegenheit zu versäumen, die sie vielleicht nie wieder bekommen.«

Die angewandten Medikamente wirkten »erstaunlich gut«. Seine Patienten – meist chinesische Soldaten – baten darum, daß ihm erlaubt wurde, die Patrouille bis Gyantzê zu begleiten, und der General erklärte sich einverstanden. Gyantzê lag an der Straße nach Lhasa, und Manning würde als Mitglied des Gefolges in Sicherheit und sogar mit einem gewissen Komfort reisen. Alles ging so glatt vonstatten, wie er es sich in seinen unbegründetem Optimismus vorgestellt hatte. Er konnte den pedantischen Sahibs der Verwaltung in Kalkutta eine lange Nase drehen.

Am 5. November bereitete er sich auf den Abmarsch aus Phari Dzong vor. Überall lag Neuschnee, und ein scharfer Frost hatte den Wein des Generals in den Flaschen gefroren. Manning besann sich auf seine Schlittschuhe. Schlittschuhlaufen war eine der wenigen Vergnügungen, die er erwähnt, und nach seinen eigenen Angaben war er bemerkenswert gut darin. In weiser Voraussicht hatte er die Schlittschuhe mitgenommen und freute sich nun auf die Gelegenheit, sein Können zur Schau stellen.

Im Morgengrauen zogen sie alle zusammen über die Ebene davon. Nach einem guten Hammelmahl mit dem General ging es in einem gemächlichen Trab weiter, und am Ende des Tages stapften sie in einem eisigen Gegenwind voran. Manning hatte unüberlegt sein Schaffell weggepackt, und als er abends ins Lager wankte, hatte er hohes Fieber. Am nächsten Tag legte sich der Wind, aber bei der Zuteilung bekam Manning ein besonders wildes Pferd. Es biß, schlug aus und ging schließlich durch. Mit flatterndem Bart, die langen Beine in den nutzlosen Steigbügeln baumelnd, zerrte Manning am Zügel; eine Herde Yaks rettete ihn, die entgegenkommenderweise den Weg blokkierte. Arg mitgenommen von dem wilden Ritt, gab er für diesen Tag die Absicht, Schlittschuh zu laufen, auf und legte sich früh schlafen.

Das Quartier war ein einziger großer Raum, »niedrig, lang, dunkel, eng, schwarz, fensterlos und voller Rauch«.

> »Er schien mehreren Familien zu gehören, und am Abend kamen einige Frauen und Mädchen herein, die sich in den Nischen auszogen und ihr Strohlager ausbreiteten, lange nachdem ich mich hingelegt hatte und ruhig dalag. Ab und zu warf ich einen ungehörigen Blick auf sie, aber der Rauch war so dick und das Licht so schwach, daß ich nichts erkennen konnte.«

Er schlief wie gewöhnlich in seinen Kleidern; »es war mir äußerst lästig«, erklärte er, »mein Bettzeug auszupacken«. Aber er wußte, daß diese Nachlässigkeit nicht ungestraft blieb. Kleine Insekten, die er nicht benannte und deren Nähe er nicht gewohnt war, hatten seine Unbekümmertheit sich zunutze gemacht, und am nächsten Tag konnte er es nicht länger aushalten. Ohne Rücksicht auf den eisigen Wind zog er sich ganz aus und »entließ nacheinander so viele aus meinem Gefolge, wie ich zu Gesicht bekam.« »Ich werde nichts weiter über sie sagen, als daß ich sie erst einige Zeit nach meiner Ankunft in Lhasa ganz losgeworden bin.«

Er brauchte unbedingt noch einen Diener. Der General schien den scheinbar richtigen Mann zu haben; zumindest war unter seinen Leuten ein gewisser Sid, ein Chinese mit einem zweifellos ungewöhnlichen chinesischen Namen, dem er einen Gefallen schuldete. Zuerst wurde Sid als Koch empfohlen. Manning, der sich selbst einen feinen Gaumen zuschrieb und eine Vorliebe für die chinesische Küche hatte, war bereit, sein ziemlich hohes Gehalt zu bezahlen. Zum Frühstück am nächsten Morgen »brachte Sid mir eine Schale mit gedünsteter Schaflunge.« Er wollte sich einschmeicheln, um nach Lhasa mitgehen zu dürfen, glaubte Manning, der, wie fein auch sein Gaumen gewesen sein mag, außergewöhnlich gute Verdauungsorgane gehabt haben muß. Später räumte er ein, daß Sids Rührigkeit in der Küche nicht so lobenswert war; »er kennt nicht einmal die Grundlagen seines Berufs«. Auch war er »ein ziemlicher Spitzbube« mit einer gehörigen Portion Unverschämtheit. Aber er hatte einen versöhnenden Zug. Wie alle Chinesen war er ein Experte für kleine häusliche Aufgaben wie Wäsche waschen, nähen, Nägel einschlagen und Pakete einpacken. Solche Dinge müssen sie bereits in der Kindheit lernen, meinte Manning.

> »Ich für meinen Teil kann bis heute kein Hemd oder sonstige Kleidung zusammenlegen. Ein Taschen- oder Bettuch schaffe ich, aber nichts darüber hinaus; alles andere rolle ich zusammen, so daß ich nur ein sehr unhandliches Bündel zustande brächte, wenn ich meine chinesischen Kleider, nachdem sie getrocknet sind, einpacken sollte.«

Irgendwann Mitte November (in diesem Abschnitt des Tagebuchs verschwinden Daten völlig) erreichten der General und sein Gefolge Gyantzê. Wie die meisten tibetischen Städte sah es aus einiger Entfernung recht beeindruckend aus, aber hielt einer näheren Prüfung nicht stand. Die Straßen versanken im Schlamm, und die hohen weißen Häuser waren schmutziger und zugiger als Ställe. Manning, der *Munshi* und Sid wurden im Haus des örtlichen Mandarins untergebracht, das sich als eine Oase chinesischer Zivilisation und Bequemlichkeit erwies. Die Fenster waren mit Papier bespannt, die Falttüren mit Malereien verziert. Und die Küche des Hauses versorgte sie mit chinesischen Delikatessen.

Manning schrieb sofort einen Brief nach Lhasa, in dem er um die Erlaubnis bat, dorthin weiterreisen zu dürfen. Während er auf die Antwort wartete, eröffnete er eine Praxis und pflegte freundschaftlichen Verkehr mit seinen chinesischen Gastgebern. Ein Fall von »Wechselfieber« wurde mit einer Dosis von »Opium, Fowlers Arsenpulver und einigen Stückchen Chininrinde« geheilt. Ein anderer Patient war so dankbar für eine Behandlung mit Antimon, daß er vor dem Ausländer auf die Knie fiel und sich tief verbeugte. Manning hatte soviel zu tun, daß wieder keine Zeit blieb, um seine Gewandtheit auf dem Eis vorzuführen.

Nicht weniger befriedigend waren seine Auftritte in der chinesischen Gesellschaft. Der Stellvertreter des Mandarins erklärte, Mannings Bart sei der feinste, den er je gesehen habe, und der General lud ihn zu einem musikalischen Abend ein, an dem beide, Gastgeber und Gast, auf der Flöte spielten. »Ich versuchte ein paar ländliche Tänze, aber mußte einsehen, daß diese Art schneller Musik ihren Ohren nicht gefiel.« Nur an der häuslichen Front hörten die Spannungen nicht auf. Die Ankunft von Sid hatte den Lehrer nicht besänftigen können; er war so übellaunig und unberechenbar wie zuvor. Als ein Patient seine Symptome mehr als einmal beschrieb – und Manning zufolge beschrieben Patienten ihre Symptome immer mehr als einmal – bekam der *Munshi*, der als Dolmetscher fungierte, einen Wutanfall. Es stellte sich heraus, daß sein sensibles Naturell einfach keinerlei Wiederholung ertragen konnte. Zurückblickend auf ihre vergangenen Streitereien meinte Manning, daß dieser Umstand viel erklärte, und beschloß, in Zukunft besonders vorsichtig zu sein.

Aber der Chinese blieb gekränkt; und am folgenden Tag explodierte er wegen irgendeiner Kleinigkeit wieder »mit solcher Verbitterung und Heftigkeit, daß es kaum zu ertragen war«. Manning nahm all seinen Mut zusammen und beschloß, offen mit ihm zu sprechen.

> »Ich bat ihn, mich nicht aufzufressen... und beklagte mein Unglück, neben mir einen Menschen zu haben, den etwas zu fragen, ich mich so fürchte, daß ich dauernd davor zurückschrecke; also müsse ich immer erst weit ausholen und ihn

mit höflicher Rede und Einleitung in die Stimmung versetzen, daß er mir zuhört und antwortet.«

Der *Munshi* reagierte auf diesen Vorwurf »ohne allzuviel Schroffheit«, vielmehr mit der eher klagenden Frage, wenn das so sei, warum er ihn dann überhaupt mitgenommen habe. Der Chinese mag auch erwähnt haben – und Manning muß das klar gewesen sein –, daß sein Risiko auf dieser Reise beträchtlich größer war als das seines Herrn. Und das sollte sich auch bestätigen.

Jeder Untertan des Reichs des Himmels, der ohne Erlaubnis ins Ausland ging, mußte damit rechnen, bei seiner Rückkehr bestraft zu werden. Aber das war nichts im Vergleich zu den nicht näher bestimmten Strafen, die drohten, wenn er irgend jemanden mit sich zurückbrachte, der sich als ein unerwünschter Ausländer oder Spion herausstellte. Die Aussicht, für den unberechenbaren Manning die Verantwortung zu tragen, muß ihm sehr bedrohlich erschienen sein. Und als schließlich die Erlaubnis – oder war es ein Befehl? – eintraf, nach Lhasa weiterzuziehen, waren die Nervosität und düsteren Vorahnungen des *Munshi* allzu verständlich.

Mit aufrichtigem Bedauern verabschiedete sich Manning von dem General, bevor er mit seinen beiden Begleitern zu dem letzten und schwersten Teil der Reise nach Lhasa aufbrach. Nun waren sie allein mit ihren tibetischen Führern, es war bestimmt schon Ende November, und vor ihnen lagen einige der höchsten Pässe auf ihrem ganzen Weg. Nie zuvor war eine Mission von Indien weiter nach Tibet vorgedrungen als bis hierher. Manning war nun auf sich selbst gestellt, nicht nur ein Reisender, sondern auch ein Pionier. Vielleicht deshalb enthält sein Tagebuch nun auch ein paar topographische Details. Zwei Tage lang folgten sie dem Gyantzê-Fluß stromaufwärts und übernachteten in den chinesischen Poststationen. Das Gepäck wurde von Yaks getragen, und als sie immer höher kletterten, hatte Manning Grund, sich zu seiner neuen Winterkleidung zu gratulieren. Die war von dem Militärschneider in Gyantzê gemacht worden und bestand aus Schaffellstrümpfen und -stiefeln, einem langen, unglaublich schweren, mit Schaffell gefütterten Mantel, einem Pelzschal und einer gesteppten Mütze mit Ohrenschützern. Die Chinesen mochten lachen, aber zumindest war er vor Erfrierung geschützt.

Am dritten Tag wurde die Kälte extrem. Eine Nacht im Freien bedeutete nun den sicheren Tod. Der Wind heulte über die winterliche Wüste, und an Mannings Bart klirrten die Eiszapfen. Sie passierten einen Gletscher, »der bis zur Höhe der Straße abfiel«, und dann führten sie Serpentinen durch eine schneebedeckte Bergkette. Das muß, 5000 Meter über dem Meeresspiegel, der Karo La-Paß gewesen sein. Mit Höhenangaben gab sich Manning nie ab, aber man hätte doch die Erwähnung von Atemproblemen erwartet. Anderswo hatte er über Kurzatmigkeit geklagt, sie aber den verqualmten Innenräumen der tibetischen Häuser zugeschrieben.

Der nächste Tag führte sie hinab an einen ausgedehnten See, vermutlich der Yamdrok Tso, an dessen Ufer sie drei Tage entlangzogen. Neue Vorräte waren nicht verfügbar, aber sie hatten noch »ein vorzügliches Stück eingepökeltes Schwein, das der General uns als Wegzehrung mitgegeben hatte«. Manning hatte eine Vorliebe für Schweinefleisch. Sie brachte ihn dazu, eine der besten Lobreden auf das Schweineschlachten in der englischen Sprache zu schreiben, die Lamb zu seiner berühmten *Dissertation upon Roast Pig* inspirierte. Als sich die beiden Chinesen auf der Suche nach einem Verschlag für die Nacht machten, und die Sonne über dem See in einer eisigen Farbenpracht unterging, ließ sich Mannig nieder und kaute an einem köstlichen Stück Schinken.

> »Ich wandte mich um Richtung Westen und hatte einen erhebenden Blick auf eine Kette schneebedeckter Berge, gleichsam wie in einem Brennpunkt gesammelt; ihre Gipfel waren von der Abendsonne in Rot getaucht, und ihre anmutigen majestätischen Formen änderten sich mit jeder neuen Position, die ich einnahm. Obwohl ich sie lange sehnsüchtig betrachtete, wünschte ich doch von Herzen, daß ich sie nie wiedersehen möge. Beinahe unwillkürlich sprachen meine Lippen diesen Wunsch wiederholt aus, als ich sie in Gedanken feierlich anredete. Vergeblicher Wunsch!«

Hinter dem krittelnden Ästheten und dem launigen Gelehrten verbarg sich ein echter Romantiker. Charles Lamb hätte es kaum geglaubt, aber er, Mannings bester Freund, war weiter von ihm entfernt als jemals zuvor. Die mörderischen, leeren Landschaften Tibets begannen, Manning langsam zu verändern. Als etwa der glücklose Sid einige Porzellantassen zerbrach, reagierte Manning kaum; zwei Monate zuvor hätte das eine ähnliche Szene ausgelöst wie die wegen der Silberlöffel.

Er fand sich allmählich mit den Unannehmlichkeiten des Reisens und auch mit Tibet ab. Nicht weit von Yamdrok Tso hielten sie an »einem ansehnlichen Bauernhof, dessen Bewohner die ersten Tibeter waren, bei denen ich den Wunsch verspürte, sie näher kennenzulernen«.

Nach der Überquerung des Khamba La (»die Höhe war unbedeutend« – tatsächlich über 4000 Meter) stiegen sie langsam zum Tal des Tsangpo, wie der Brahmaputra in seinem Oberlauf heißt, hinab, »wo die Stadt Lhasa steht, etwa fünfzig oder sechzig Meilen entfernt«. Dies war das fruchtbarste, gemäßigtste und am dichtesten besiedelte Gebiet des ganzen Landes, und zum erstenmal reagierte Manning mit Begeisterung.

> »Kein Teil von Tibet, den ich gesehen habe, ist so angenehm... Das Tal war weit, ein lebhafter Strom durchfloß es, überall waren Häuser und Dörfer, und auf der gegenüberliegenden Seite, im Schutz der Berge, war eine große weiße Stadt, schön gelegen, und bot eine angenehme Aussicht. Hier gab es Bäume und urbares Land, und eine Art Heiterkeit lag über dem Ganzen und, wie mir schien, auch auf den Gesichtern der Leute.«

Die Pferde wechselten sie in einem »sauberen und hellen« Innenhof, wie der eines englischen Gasthauses, und ihnen wurden »mit Fröhlichkeit und Eilfertigkeit« *Suchi* [Tee] und Hammelfleisch serviert. In der nächsten Stadt fanden sie »ein großes und gutes Fährboot, das bereit war, uns über den Strom zu tragen«. Plötzlich war das Leben wunderbar, und Manning sprudelte vor Freude. Die Bewegung des Bootes entzückte ihn so, daß sie »einen Anfall europäischer Lebhaftigkeit auslöste«. Er konnte nicht still sitzen, sondern kletterte die Reling entlang zum Bug, kasperte herum und lehnte sich weit über die Bordwand, bis der Kapitän ihn zu seinem Platz zurückbeorderte. »Als das Boot sich dem Ufer näherte, erwog ich, hinauszuspringen, wurde aber von dem enormen Gewicht meiner Kleidung und der Schwerfälligkeit meiner Stiefel zurückgehalten. Ich fürchtete, nicht weit genug zu springen und ausgelacht zu werden.«

An dem Abend blieb Sid lange wach und bereitete eine Delikatesse für das Frühstück vor. Manning konnte ihn bis zum frühen Morgen in der Küche hantieren hören. Er erwachte in freudiger Erwartung. Aber alles, was auf dem Tisch erschien, war ein Teller mit etwas Hackfleisch und ein paar trockenen Keksen. Falls Sid sich – wie der gespannte Leser von Mannings Tagebuch – auf den üblichen Wutanfall gefaßt machte, so wurde er angenehm überrascht. Der neue Manning konnte sich nicht helfen, »ich mußte einfach lachen.«

Ihr letzter Tagesmarsch wurde von einer Reihe freundlicher Begegnungen belebt. Manning brachte ein quengeliges Baby zum Lächeln, indem er sich vor ihm hinsetzte und vor der grellen Sonne schützte. Bezeichnenderweise – Land und Leute gefielen ihm immer mehr – reiste er nun neben dem tibetischen Führer, und zusammen machten sie Rast an einem kleinen Nonnenkloster. Manning fragte sich, ob er die großen Gebetsmühlen drehen sollte, aber entschied sich dagegen; »denn obwohl ich mich in mancher Hinsicht leicht anpasse, so kann ich doch, versetzt in andere Verhältnisse, ein äußerst eigensinniger Nonkonformist sein und würde lieber auf der Stelle sterben als auch nur ein wenig nachgeben.«

Sie übernachteten in Litong und wurden am nächsten Morgen von einem Abgesandten aus der Hauptstadt begrüßt. Als sie den letzten Ort vor Lhasa verließen, kam der Potala, die gewaltige Palastburg des Dalai Lama, in Sicht. »Sie schien ganz nahe zu sein, aber während wir weiterritten, stellte ich einige Berechnungen an und konnte meinem *Munshi* scharfsinnig mitteilen, daß der Palast noch fünf oder sechs Meilen entfernt war.«

Dies war ein ganz besonderer Augenblick. Manning war nicht nur der erste Engländer, der Lhasa erreichte, sondern sollte auch für fast ein Jahrhundert der einzige bleiben. Abgesehen von den gelegentlichen Missionsvätern, war er auch der erste und einzige Nichtasiate. Wo wohl akkreditierte, reichlich ausgestattete und gut bewaffnete Gesandtschaften gescheitert waren, hatte ein einsamer, eher unwilliger Gelehrter gesiegt. Überdies, Lhasa war nicht irgendein Ziel. Es war die verbotene Stadt par excellence, ein Ort so hoch gelegen und umgeben von Bergen und Geheimnissen, daß er in der allgemeinen Phantasie als ein spirituelles Eldorado galt. Lhasa war auch der Wohnsitz eines lebenden Gottes. Der Dalai Lama – oder Grand Lama, wie Manning ihn nannte – war eine so sagenhafte Gestalt wie Prester John,* mit dem er einst identifiziert worden war.

Aber auch wenn Lhasa alles und mehr war, als ein romantischer Reisender sich wünschen konnte, es war nicht genug, um Manning zu blenden. Seine anfängliche Euphorie schwand schon nach wenigen Tagen. Neue und beklemmende Eindrücke veränderten sein Bild von der Stadt. Sowohl wie die Mönche, die sich in kastanienbraunen und safrangelben Gewändern durch die Straßen drängten, sah er auch die Bettler, die in jedem Winkel lungerten. Der Potala, der mit seinen vergoldeten Dächern und Galerien über den steilen Berghängen und mächtigen Mauern thronte, gab immer wieder Anlaß zum Staunen. Aber »während der Palast meine Erwartungen übertraf, erfüllte die Stadt sie ganz und gar nicht.«

»In ihrem Aussehen gibt es nichts Bemerkenswertes, nichts Erfreuliches. Die Behausungen sind besudelt mit Schmutz und Dreck. Die Straßen sind voller Hunde, manche knurren und nagen an Leder und Knochen, die überall herumliegen und einen Leichenhausgeruch verströmen; andere Hunde humpeln und sehen gefährlich aus; andere wiederum verhungern und sterben, Raben hacken nach ihnen; so viele verletzte und tote Tiere. Kurzum, alles macht einen schäbigen und trostlosen Eindruck und erweckt die Vorstellung von etwas Irrealem. Selbst die Fröhlichkeit und das Lachen der Einwohner erschienen mir traumhaft und gespenstisch. Die Traumhaftigkeit war zweifellos meine Einbildung, aber ich konnte über das Gefühl nie hinwegkommen, und später nahm es noch an Stärke zu.«

Die vier Monate, die er in Lhasa verbrachte, waren eher ein nicht endender Alptraum. Das Gerücht, das ihn bereits in eine gedrückte Stimmung versetzt hatte, bestätigte sich: Der oberste Mandarin in der Stadt war ein berüchtigter Schurke, der zuvor in Kanton als kaiserlicher Beamter tätig war. Dort hatte er sich den Ruf eines unversöhnlichen Gegners britischer Interessen erworben und wahrscheinlich seine Hand im Spiel, daß Man-

* Der Priester Johannes war der Legende nach ein geheimnisvoller Regent des Mittelalters, der über ein großes Reich im östlichen Asien geherrscht haben soll. AdÜ.

nings erstes Ersuchen einer Reise nach Peking abgelehnt wurde. Er muß bald nach dessen Ankunft von Manning gehört haben, von dem Mann mit dem langen Bart und der chinesischen Kleidung; er mochte ihn sogar wiedererkennen; und wenn nicht er, dann war es fast sicher, daß sich einer seiner Diener erinnern würde.

Was sollte Manning daher tun, wenn man ihn entdeckte? Der *Munshi*, der nun alle Verhandlungen übernahm und Manning verbot, während ihres ganzen Aufenthalts in Lhasa auch nur eine Silbe Chinesisch zu sprechen, schärfte ihm ein, daß er jede Verbindung zu Kanton oder den Briten leugnete; er sollte sich als den Vertreter einer obskuren indischen Kaste ausgeben. Und vor allem müsse er sein britisches Gefühl der Würde unterdrücken und sich den Bräuchen der Ehrerbietung fügen, also auch den Kotau machen. Unberechenbar wie immer, hatte der Mann, der sich sogar sträubte, eine Gebetsmühle zu drehen, nichts dagegen, vor einem bösartigen Mandarin auf die Knie zu fallen; »im Gegenteil, ich fragte bei jeder Gelegenheit, wann ich niederknien durfte.« Aber schwerer fiel es ihm, eine direkte Lüge zu erzählen. Auch wenn er hoffte, daß sein rauhes und windgegerbtes Gesicht kaum wiederzuerkennen war, setzte er sich sicherheitshalber eine Brille auf, und so kam er, wie es der Brauch war, mit tiefen Verbeugungen in die erhabene Gegenwart des Mandarins.

Er hatte Glück. »Der alte Hund war halb blind und konnte nicht viele Zoll jenseits seiner Nase sehen.« Es bestand also keine unmittelbare Gefahr der Wiedererkennung. Trotzdem hatte das seltsame Paar Verdacht erregt, und ein langer Bericht wurde an den Kaiser in Peking gesandt. Bis eine Antwort eintraf, durften Manning und der *Munshi* Lhasa nicht verlassen . Spione trieben sich vor ihrer Unterkunft herum, man beobachtete sie genau, und der Lehrer wurde immer wieder verhört. Es scheint, daß die Chinesen Manning verdächtigten, jener Doktor aus Kanton zu sein, aber tatsächlich bewiesen wurde es nicht, und als man es ihm auf den Kopf zusagte, wand er sich irgendwie heraus.

Doch diese Lüge machte ihm, der schon von genug Sorgen gequält wurde, noch zusätzlich ein schlechtes Gewissen. Was stand in dem Bericht an den Kaiser? Wann würde die Antwort kommen? Er wünschte sich, sein Schicksal zu wissen, aber fürchtete es zugleich. Alle Hoffnung, eine Erlaubnis zur Weiterreise nach Peking zu bekommen, mußte aufgegeben werden. Sie hatte davon abgehangen, daß er einen wohlgesinnten Beschützer wie den General von Phari Dzong treffen würde. Der kantonesische Mandarin war das genaue Gegenteil und würde niemals einen solchen Plan gutheißen. Mannings beste Aussicht war die Ausweisung, entweder über Kanton – oder dorthin zurück, woher er gekommen war.

Alles andere war zu trostlos, um darüber nachzudenken. Aber aus eben diesem Grund beschäftigte sich Mannings überspannter Kopf mit wenig sonst. Zwar versuchte er, sich abzulenken, indem er Unsinnsverse und lateinische Wortspiele verfaßte, aber es gelang nicht. Einmal konfrontiert mit der Notwendigkeit, die Wirklichkeit ernst zu nehmen, verfiel er ins entgegengesetzte Extrem und übertrieb die Schrecken.

Der mittlerweile von panischer Angst erfaßte *Munshi* hielt es für möglich, daß das Antwortschreiben des Kaisers das Todesurteil für sie beide brachte. Der Mandarin haßte die Briten; er hatte in Kanton seine Rivalen gefoltert und exekutiert; er würde nicht zögern, ein Paar verdächtiger Reisender umzubringen. Mit der ganzen Lebhaftigkeit einer Paranoia überließ sich Manning seinen Angstphantasien.

»Ich versetze mich in Gedanken in die Situation des angeklagten Gefangenen; ich halte mich für unschuldig; ich schaue mich um; ich habe keine Mittel, keine Zuflucht; Folterinstrumente, Geräte zur Hinrichtung werden von rotgesichtigen, hochwangigen, geschäftigen, grinsenden, abgestumpften Männern herangebracht; kein Flehen hilft; kein wohlwollender Richter, der mir beisteht... Ohne Freunde zu sein, diese Nichtigkeit des Gefangenen, das bedrückt mich am meisten. Lieber würde ich von einem Tiger aufgefressen werden als in eine solche Lage geraten und verurteilt werden. Ich gebe zu, ich treibe das Grauen zu weit. Tod ist Tod; das *Wie* sollte nicht einen so starken Eindruck machen; aber diese übertriebene Ängstlichkeit, zu der mein Denken vielleicht aufgrund seiner eigentümlichen Beschaffenheit neigt, ist in mir durch Lesen und Nachdenken gewachsen.«

Er versuchte, sich mit Argumenten aus der Angst herauszudenken, klammerte sich an jeden Strohhalm eines guten Omens und verschloß sich bösen Gerüchten. Alles vergebens. Er hatte gesehen, wie die Mandarine in Kanton ihre despotische Macht ausübten, und es hatte ihn krank gemacht. Er konnte nur hoffen, daß, wenn seine Zeit käme, »ich fähig sein werde, jedes Schicksal zu ertragen, ohne wie ein Feigling zu handeln.«

Die zwei Seiten lange Passage, in der er diese Obsession beschreibt, läßt den Leser nicht unberührt. Ist die Phantasie, mit der er seine Zwangslage beschreibt, schon bedrückend, schlimmer noch ist der Anblick von Manning selbst: ein willenloser, seines Geistes und seiner Gelehrsamkeit beraubter Mann, der einen grausamen Tod vor Augen hat. Ob er vor der völligen Zerrüttung stand, wissen wir nicht. Seine Nerven jedenfalls lagen blank. Dies war nicht mehr der Manning, der mit Lamb Wortspiele austauschte oder für seine Silberlöffel stritt. Lhasa veränderte ihn unwiderruflich.

Je mehr seine Angst vor den chinesischen Autoritäten wuchs, desto freundlicher erschien ihm ihr tibetisches Pendant. Der Dalai Lama war noch ein Kind, und Mannings erste Audienz bei ihm wurde allein von Höflichkeit und Neugier bestimmt. Aber auch dort verlief nicht alles so wie erhofft.

»Am Morgen des 17. Dezember 1811 erstieg ich den Berg, wie man hier sagt, um den Großen Lama zu begrüßen und meine Gaben darzubringen.« Das Geschenk fiel wider Willen recht bescheiden aus. Die Bhutanesen hatten das meiste seines feinen Baumwollstoffs gestohlen, und zwei mit künstlichen Blumen gefüllte Porzellankrüge waren in Gyantzê zurückgelassen worden. Stattdessen fand er ein Paar Kerzenständer, Eigentum der Ostindischen Gesellschaft, brachte sie auf Hochglanz und steckte Kerzen hinein, »um einen guten Eindruck zu machen«. Er hatte außerdem einige neue Silbermünzen, einen guten Vorrat an Nanking Tee und zwei große Flaschen, »gefüllt mit Smiths echtem Lavendelwasser«.

Mit dem Munshi ritt er zu dem Potala und erklomm die vierhundert Stufen und Leitersprossen, die zu dem Audienzzimmer führten. Davor warteten sie; so verlangte es die Etikette von Besuchern, und auf einer Höhe von über 3700 Meter brauchte man einige Zeit, um Atem zu holen.

Endlich vorgelassen zu Seiner Heiligkeit, machte Manning würdevoll einen Kotau, nahm seinen Hut ab und fühlte dann die Hände des jungen Lama auf seinem kahl geschorenen Kopf. Dann folgte die gleiche Zeremonie mit dem Regenten, allerdings wurde sie plötzlich durch einen penetranten Geruch in dem Raum gestört. Einer der Diener hatte die für den Regenten bestimmte Flasche Lavendelwasser fallen lassen, und »ein übelriechender Strom« breitete sich über den Boden aus. Die Gäste, die vorgaben, nichts zu bemerken, wurden um eine Schüssel mit Suchi plaziert. Das war der beste Tee, den Manning je gekostet hatte, und »ich wollte meine Schale gerne leeren, aber sie wurde plötzlich weggerissen, bevor ich es überhaupt bemerkte.« Seine Aufmerksamkeit war allzu sehr von der außerordentlichen Anziehungskraft des Lama beansprucht.

> »Er war zu der Zeit etwa sieben Jahre alt; hatte das einfache und ungezierte Benehmen eines fürstlichen Kindes. Sein Gesicht erschien mir poetisch und rührend schön. Er hatte eine freundliche und fröhliche Art; sein schöner Mund entspannte sich immer wieder zu einem anmutigen Lächeln, das sein ganzes Gesicht erleuchtete. Manchmal, besonders wenn er mich ansah, wurde sein Lächeln beinahe ein sanftes Lachen. Zweifellos erregten mein grimmiger Bart und die Brille seine Lachlust.«

Das Gespräch, das folgte, war wohl durch den Zwang zur Übersetzung beeinträchtigt. Um seine Kenntnis des Englischen zu verbergen, bestand der *Munshi* darauf, nur Latein zu benutzen. Der Dalai Lama stellte eine Frage auf tibetisch, sein eigener Dolmetscher übertrug sie ins Chinesische, der *Munshi* produzierte die lateinische Paraphrase, und Manning dechiffrierte sie rasch für sich ins Englische. Die Antwort erfolgte auf umgekehrtem Weg. Dennoch schreibt Manning, daß die Konversation flüssig und verständlich war; »es gab keine Ansicht oder Nuance, die wir nicht einander mitteilen konnten«. Allerdings ging diese erste Begegnung kaum über den Austausch von Freundlichkeiten hinaus. Doch »ich war so sehr gerührt..., daß ich wegen der Seltsamkeit der Empfindung hätte weinen können.« Vor allem das Gesicht des jungen Lama ließ ihn nicht mehr los. Obwohl »sehr unbeholfen mit dem Stift«, versuchte Manning zweimal, ihn zu zeichnen und »das selige Lächeln« einzufangen. Es gelang ihm nicht, und kurze Zeit später zog sich der Dalai Lama bis zum tibetischen Neujahr zurück. Aber wenn überhaupt ein einzelnes Bild half, ihn vor jenen »rotgesichtigen, hochwangigen, grinsenden Teufeln« zu beschützen, so war es sicher diese andere Vision von einem sanften und mitleidigen Wesen.

In Hinsicht auf seine Gefährten brachten die langen eintönigen Monate in Lhasa wenig Erfreuliches. Sid blieb eine Nervenplage, und der Dritte im Bunde war weiterhin niedergeschlagen, unberechenbar und abweisend. Manning selbst litt an schwerem Rheumatismus. Das Schlittschuhlaufen bereitete ihm keine Freude mehr; ja, er scheint dieses Vergnügen ganz vergessen zu haben. Der tibetische Buddhismus interessierte ihn sporadisch, aber er konnte weder Bücher noch einen zuverlässigen Mentor finden. So blieb ihm nur seine medizinische Praxis, die anfänglich gut ging. Dann starb ein Patient, und schließlich machte die Mißbilligung durch den obersten Mandarin der Sache ein Ende.

Manning müssen auch die Arzneimittel ausgegangen sein, aber, was schwerer wog, auch das Geld. Er hatte nach Kalkutta geschrieben, bevor er Lhasa erreichte; der Brief ging verloren. Nun mußte er anfangen, seine persönliche Habe zu verkaufen – Decken, Taschentücher, Kleider zum Wechseln, leere Flaschen und Schachteln und den Rest vom Cherrybrandy, »kurzum, alles, was ich entbehren konnte bis auf die nötigste Kleidung und ein paar Erinnerungsstücke«.

Die plötzliche Armut hatte allerdings auch ihre Vorteile; insbesondere lieferte sie einen guten Vorwand, um Sid loszuwerden. Sein Lohn schien sowieso immer übertrieben hoch, und Manning hatte endgültig genug, als er mit ihm die Klöster in Lhasa besuchen wollte. Aus irgendeinem Grund hatte Manning erwartet, daß dieser mohammedanische Chinese einiges über tibetischen Buddhismus wußte. Als Sid völliges Desinteresse bekundete, bekam Manning einen Koller, »erzürnt«, wie er es ausdrückte, »durch seine viehische Ignoranz und unverschämten Antworten«. Passenderweise war über Sid als nächstes zu hören, daß er nun als Schlachter arbeitete. Allerdings mit wenig Erfolg.

Als sollte noch das alles beherrschende Gefühl der Frustration und Auflösung betont werden, brach zu diesem Zeitpunkt – wahrscheinlich Februar 1812 – Mannings Tagebuch jäh ab. Für seine letzten zwei Monate in Lhasa, und die Reise aus Tibet heraus, haben wir nur einige kryptische Notate.

»Dekret traf ein.
Munshi geht wieder, um zu sehen, ob heute irgend etwas erreicht werden kann.
Kommt zurück in Ketten. Ich in Sorge.
Des Großlama Wohlwollen.
Froh, als Munshi geht. Warum? Weil er mir schreibt. Er kommt wieder, um mich zu sehen.«

Und so weiter. Einmal befürchtet er, vergiftet worden zu sein; dann wieder notiert er den Verkauf von weiteren leeren Flaschen. Die Hoffnung auf Freilassung wechselt mit der Angst, »etwas wird ans Licht kommen«. Intrigen werden angedeutet, die meistens den armen *Munshi* betreffen, dessen Not zweifellos viel größer als seine eigene ist. Die Haltung der chinesischen Behörden bleibt bestenfalls zweideutig. Aber die häufigen Einträge über Zusammenkünfte mit dem Dalai Lama und seinem Regenten deuten daraufhin, daß Manning weiterhin Trost und Hilfe bei den Tibetern suchte.

Seine Rückkehr nach Indien scheint Anfang April bewilligt worden zu sein. In der längsten dieser fragmentarischen Notizen hält er seinen letzten Besuch beim Dalai Lama fest.

»6. April. Mit traurigem Herzen nahm ich Abschied vom Großen Lama. Ich sagte ihm, ich werde meinem König (dem Gouverneur von Bengalen) erzählen, daß ich gut behandelt wurde. Er freute sich von Herzen. Ich dankte dem Großen Lama und versprach, daß, wenn irgendwann einmal ein Mann aus Lhasa nach Bengalen kommt, ihre Freundlichkeit nicht vergessen werden soll. Ich verabschiedete mich von Timu-fu [der Regent]. Betrübt.«

Daß er je dem Generalgouverneur von der Gastfreundschaft der Tibeter erzählte, ist unwahrscheinlich. Er verließ Lhasa am 19. April, erreichte Britisch-Indien nach einem kurzen Aufenthalt bei den Bhutanesen und passierte Kalkutta, scheinbar ohne irgend jemandem Bericht zu erstatten. Vielleicht nahm er der Ostindischen Gesellschaft ihre Gleichgültigkeit immer noch übel. Oder verletzter Stolz hielt ihn davon ab, denn wieder war es ihm nicht gelungen, Peking zu erreichen.

Von nun an mied Manning gesellschaftlichen Umgang. Seine überschwängliche Redelust verschwand nicht, aber der herausragende und spleenige Gelehrte schien Anerkennung nicht mehr nötig zu haben.

Er kehrte nach Kanton zurück, und 1815 durfte er endlich einen Blick auf Peking werfen. Er war einer der Dolmetscher auf der großen, aber mißlungenen Gesandtschaftsreise zum Kaiser, die von Lord Amherst geleitet wurde. Seine Lordschaft hatte ernste Bedenken, den exzentrischen Gelehrten mitzunehmen, und stimmte nur unter der Bedingung zu, daß Manning europäische Kleidung trug. Manning erklärte sich einverstanden, vorausgesetzt, daß er seinen Bart behalten durfte, der mittlerweile gewaltig war.

Im Laufe der Reise sah die Mission so gut wie nichts vom Landesinneren, und da Manning nicht einmal in dem offiziellen Bericht erwähnt wird, darf man vermuten, daß seine Gegenwart wenig geschätzt wurde. Sein Name fiel erst viele Jahre später in den Erinnerungen von Sir John Davis, einem der mitreisenden Dolmetscher. Er sprach von Mannings Exzentrizitäten mit einer Zuneigung, die wahrscheinlich vom Rest der Gesandtschaft nicht geteilt wurde. Seinem Naturell entsprechend, weigerte sich der Gelehrte, irgend etwas ernst zu nehmen, hatte seine Freude an »den wildesten Paradoxa« und führte kein Tagebuch.

> »Er machte alles auf seine eigene merkwürdige und exzentrische Art. Eines Morgens weckte mich ein seltsames Geschrei auf, ich trat hinaus und sah, daß es Manning war, der immer wieder heulte wie ein Hund und dazwischen Flüche in der chinesischen Landessprache ausstieß. Das führte die uns begleitenden Mandarine zu dem Schluß, daß er wahnsinnig geworden war, und sie beeilten sich, ihn über den Fluß zu bringen – das war alles, was er wollte.«

Als die Mission beendet war, kehrte Manning schließlich nach England zurück. Abgesehen von einem zweijährigen Aufenthalt in Italien reiste er nie wieder. Und außer einem Buch mit chinesischen Witzen, das eine sehr kleine Auflage gehabt haben muß, denn es gibt nur noch wenige Exemplare, publizierte er nichts. Er machte keine Anstrengung, das Tagebuch seines Aufenthalts in Lhasa herauszugeben, und es wurde erst nach seinem Tod entdeckt. Wenige wußten überhaupt, daß er dort gewesen war.

Er wurde jedoch von Zeitgenossen für einen bedeutenden Sinologen gehalten, »der erste Chinagelehrte in Europa« laut einem Nachrufverfasser. In einem Cottage in Kent fand er ein Zuhause; es hatte keine Möbel, aber die beste chinesische Bibliothek in Großbritannien. Hier studierte und meditierte er, das Idealbild eines morgenländischen Weisen – nur ähnelte sein Nachdenken mehr dem Tagträumen, und aberwitzige Wortspiele waren das einzige Ergebnis seiner Studien. Sein Bart, der ihm 1815 bis zur Hüfte reichte, mußte inzwischen so lang sein, daß er darauf sitzen konnte. Aber auch hier scheint das allgemein akzeptierte Bild den Tatsachen zu widersprechen. In einem Brief an Lamb von 1819 findet sich die ominöse Andeutung einer Bartrasur, und 1838 wird berichtet, daß er das ganze, nun weiß gewordene Gestrüpp mit den Wurzeln ausgezupft hatte. Das hielt Henry Crabb Robinson* 1840 nicht davon ab, »von Mannings schöner Erscheinung und besonders von seinem Bart bezaubert« zu sein.

In demselben Jahr starb Manning. Erst sechsundzwanzig Jahre später wurde sein Tagebuch veröffentlicht, und endlich erhielt er öffentlich die Anerkennung, als erster und bis dahin einziger Engländer in der tibetischen Hauptstadt gewesen zu sein.

* 1775-1867, englischer homme de lettres, berühmt für seine Tagebücher, Erinnerungen und Briefwechsel. AdÜ.

Kapitel 3

»Ein bescheidenes und leidendes Individuum«

James Holman
(1786 - 1857)

EXZENTRISCHES VERHALTEN IST NICHT notwendigerweise lächerlich. Wenn man das genaue Gegenteil zu dem unberechenbaren und chaotischen Manning wählen müßte, wäre sein Zeitgenosse James Holman gewiß keine schlechte Entscheidung. Nüchtern sachlich, gewissenhaft, unerschrocken, fast so etwas wie ein Alleskönner, stellte Holman jeden seiner Zeitgenossen in den Schatten. »Er durchquerte den großen Globus gründlicher als irgendein Reisender zuvor«, schrieb der Herausgeber der *Times*, »von Marco Polo bis Mungo Park« ließen sich kaum drei Männer finden, deren Entdeckungsfahrten denen des unbeugsamen Holman glichen.

Und keiner, hätte er hinzufügen können, schrieb so ausgiebig darüber. Im Gegensatz zu Manning war Holman sehr stolz auf seine Leistungen und hielt sie in zahlreichen Bänden und eigenwilliger Prosa fest. Bei einem ersten Blick auf diese wortreichen Auslassungen fragt man sich, was ihn dazu trieb, sie niederzuschreiben. Landschaften ignoriert er völlig, Gefahren erwähnt er beiläufig, und Beschwerlichkeiten spielt er herunter. Anstatt eigene Beobachtungen mitzuteilen, exzerpiert er, oft ohne Angabe seiner Quellen, große Abschnitte aus den Büchern anderer Autoren. Diese offensichtliche Geringschätzung des Copyrights macht er wett durch eine gewissenhafte, aber nicht weniger ärgerliche Sorgfalt bei der Verdeckung der Identität derjenigen, die er unterwegs trifft. Leute spielen eine große Rolle in Holmans Büchern, aber selten nur erfahren wir, wer sie sind. Allerdings muß man zu seinen Ehren sagen, daß er sich nie als Reiseschriftsteller verstand.

Er wurde als Sohn eines Apothekers in Exeter geboren, seine Ausbildung erhielt er bei der Kriegsmarine. Dorthin kam er als Dreizehnjähriger, diente zwölf Jahre auf dem Atlantik und schied 1810 im Rang eines Leutnants aus. Als Vorbereitung auf die Reisen – wenn auch nicht aufs Schreiben – war das keine schlechte Schulung. Holman war stolz auf seine Marinekarriere und nutzte sie gut.

Ein Beispiel dafür – und zugleich ein sich anbietender Ausgangspunkt, um seine Geschichte aufzunehmen – lieferte die mondlose Nacht des 22. Juni 1822. Holman war Stunden zuvor als Passagier an Bord eines Schoners mit dem Ziel St. Petersburg gegangen, der nun langsam die Themse stromabwärts segelte. Vernünftig wie immer in solchen Sachen, zog er sich früh zurück, um zu schlafen, solange die Fahrt noch ruhig war. Um Mitternacht wurde er unsanft geweckt. Es gab einen so gewaltigen Schlag, daß jeder an Bord glaubte, das Schiff sei in zwei Teile zerbrochen. In einem weißen langen Nachthemd ertastete sich Holman seinen Weg nach oben. »Ein großes und unförmiges Kohlenschiff hatte es fertiggebracht, mit uns zu kollidieren.« Die Ankerkette war gerissen, die Galionsfigur zersplittert, und Takelage lag über das ganze Deck verstreut. Überdies war das Steuer verlassen. Als er die erregten Kommandorufe des Kapitäns hörte, übernahm Holman selbst die Aufgabe, das Schiff in Sicherheit zu bringen. Der Kapitän sah die weiße untersetzte Gestalt am Steuerrad und dachte, es sei seine Frau. Er brüllte weiter seine Befehle, und Holman befolgte sie. Sehr langsam gelang es, die beiden Schiffe voneinander wegzubewegen. Erst als sie auf den Hafen von Gravesend zuhielten, wurde dem Kapitän klar, wer sein Steuermann war. Mit einer Mischung aus Entsetzen und Erstaunen, und genauso ergeht es dem Leser von Holmans Berichten, erkannte der Kapitän, daß sein Schiff von einem Mann ohne Sehvermögen in Sicherheit gesteuert worden war.

James Holman, das Reisewunder des 19. Jahrhunderts, war blind. Aufgrund des langsamen Erlöschens des Augenlichts war er gezwungen, jung aus der Marine auszuscheiden, und aus demselben Grund hatte er mit jener Mischung aus Mut und Halsstarrigkeit, die sich so oft bei Behinderten findet, beschlossen zu reisen. Es ging nicht einfach darum, sich über sein Gebrechen zu erheben. Er glaubte wirklich, daß die geschärften Sinne des Hörens, Riechens und Tastens mehr als genug das kompensierten, was die Augen nicht sehen konnten. Aber sie verlangten nach ständiger und vielfältiger Anregung; und die gab es nur auf Reisen. Außerdem meinte Holman, daß die nicht-visuelle Art der Wahrnehmung fremder Welten seine Berichte so einzigartig interessant machte; und aus dem Grund schrieb er so viel. In einem typischen Passus mit langen und verschachtelten Sätzen versuchte Holman, sein Vorhaben zu erklären.

> »Durch den Willen des Allmächtigen von jeglichem Verkehr mit der sichtbaren Welt ausgeschlossen, hat der Wunsch nach Fortbewegung für ihn [den blinden Reisenden, d.h. Holman] einen neuen Sinn bekommen, sie ist eine ausgleichende Kraft, die durch die Präsentation von aufeinanderfolgenden Objekten dazu dient, die Mängel wettzumachen, die er sonst durch den Verlust des Sehorgans empfinden würde. Es mag schwierig sein, korrekt die Eigenart der Wahrnehmungen zu erklären, welche derart kommuniziert werden; diese zahllosen und interessanten Eindrücke, die er empfängt, lassen sich leicht in Vorstellungen verwandeln, und sie geben, verbunden mit früher erworbenen Ideen, Anlaß zu mehr oder weniger angenehmen Operationen des Geistes. Dies ist noch nicht alles; das Neue, was sich ihm präsentiert, hängt von den Lebensgewohnheiten der Leute ab, denen er begegnet; von den Zufällen, denen er ausgesetzt wird und die oft aufgrund der Besonderheit seiner eigenen Umstände höchst eigenartig sein werden; und von der Mannigfaltigkeit allgemeiner Informationen, die zu sammeln er in der Lage sein wird; hinzufügen mag man noch seine beinah romantische Begeisterung, Schwierigkeiten zu überwinden; alles zusammen trägt dazu bei, seinen Reisen ein manchmal nahezu magisches Interesse zu verleihen.«

Man muß daran erinnern, daß Holman nicht von Geburt an blind war. Bis zu seinem fünfundzwanzigsten Lebensjahr hatte er ein normales Sehvermögen. Wie er es verlor, ist nicht klar, aber seine Erblindung war nicht die Folge eines Unfalls, sondern vielmehr einer Krankheit, vielleicht Skorbut. Anfänglich hoffte er noch auf Gesundung. Als Invalide aus der Royal Navy entlassen, ging er nach Edinburgh, um an der medizinischen Fakultät zu studieren – und studiert zu werden. Nach zwei Jahren ohne Besserung akzeptierte er sein Schicksal und zog sich bei halbem Sold in ein Heim der königlichen Marine in Windsor zurück. Dort wurde ihm das Schreckliche seiner Lage klar. Noch keine dreißig Jahre alt, tatkräftig und äußerst wißbegierig, sah er sich einem langen und nutzlosen Ruhestand ausgeliefert. Fünf Jahre lang hielt er aus. Dann, im Jahr 1819, machte er sich zur Bestürzung seiner Freunde auf den Weg nach Dover. An seinem zweiunddreißigsten Geburtstag setzte er über nach Calais und reiste weiter Richtung Süden.

Diese erste Reise dauerte drei Jahre, und Holman bereute sein Wagnis keinen Tag. Er war ganz auf die öffentlichen Verkehrsmittel angewiesen, er konnte keine Fremdsprache, und er hatte nicht einmal einen Diener bei sich. Doch weder Kriege, Erdbeben, Unfälle, Schiffbrüche noch Überfälle verlangsamten sein stetes Vorankommen. Eine nach der anderen hakte er die Sehenswürdigkeiten und Städte Westeuropas ab. In Marseilles versetzte er die Leute in helle Aufregung, als er von einem Badeboot sprang und geradewegs nach Afrika schwimmen wollte; er glaubte, daß die Zurufe von Badenden und Schiffern ihm unterwegs sagen würden, in welcher Richtung die Küste lag. In Rom kletterte er im Innern des Petersdoms herum und war entschlossen, auf das Dach zu kommen, um den Blitzableiter zu ersteigen. Bedenken wischte er mit der Bemerkung beiseite: Blinde sind gegen Schwindelanfälle gefeit. Den Beweis dafür trat er auf einer Exkursion zum Vesuv an, wo er, geführt von Trittsteinen, auf Zehenspitzen um den Krater ging. Das Ende seines Spazierstocks war verkohlt, und seine Schuhe waren voll mit vulkanischer Asche; aber das gehörte zu dem Erlebnis.

1821 kehrte Holman nach England zurück und hatte kaum sechs Monate Zeit, um sich zu erholen und seinen ersten Bericht zu verfassen, bevor er an Bord jenes Schoners ging, der ihn zur Ostsee bringen sollte. Sein Plan war, das russische Kaiserreich zu besuchen. Das zumindest erzählte er seinen Freunden. Holman war ein sensibler Mensch; er wollte weder zum Gespött werden noch Aufsehen erregen. Aber, wie er später gestand, sein wirkliches Ziel war, »sollten sich die Umstände günstig erweisen«, nichts Geringeres als »einmal die ganze Welt zu umrunden«.

Lieut. James Holman, kurz nachdem er blind wurde.

Nach achtundvierzig Stunden in einem Dock in Gravesend kehrte der Schoner zum Meer zurück. Der Wind war günstig, und der Kapitän freute sich so über den fähigen Steuermann, daß er ihm eine weitere Schicht gewährte. Am 2. Juli landeten sie in Elsinore, aber machten nur einen kurzen Stopp, um an Land zu frühstücken. Holman hätte gerne den Palast erkundet und Ophelias nasses Grab aufgesucht. Aber die Zeit war knapp; und außerdem, wenn je ein Autor berechtigt war, etwas zu beschreiben, was er nie gesehen hatte, dann war es Holman. An dem Abend ankerten sie vor Kopenhagen. Eine Woche später erreichten sie Kronstadt, den Hafen von St. Petersburg.

Hier ermöglichten es die üblichen Verzögerungen beim Zoll, daß er einen Tag mit »dem ehrwürdigen Mr. B---, ein englischer Geistlicher und Bewohner dieses Ortes« verbrachte. Bezeichnenderweise hatte Mr. B--- bereits »durch das Medium der Presse« von Holman gehört; noch war er in der Sphäre seiner mittlerweile beträchtlichen Bekanntheit und nicht ohne Freunde. Ein solcher erwartete ihn am Ende einer Droschkenfahrt durch die kaiserliche Hauptstadt, kein anderer als »mein alter und besonderer Freund, Mr. C---«.

Nicht zuletzt wegen Mr. C--- (in der Aufregung der Wiederbegegnung ließ sich Holman sogar zu der Beinahe-Enthüllung Mr. C-l-b-k hinreißen) war er nach St. Petersburg gekommen. Die beiden Männer hatten sich auf der anderen Seite des Atlantiks kennengelernt, als Holman noch bei der Marine diente. C--- war offensichtlich ein amerikanischer Bürger. In Neapel, auf seiner ersten Reise als Blinder, hatte er den Freund wiedergefunden. Beide teilten eine Leidenschaft für das Reisen, beide war eher arm, und beide machten gerne einen Scherz auf Kosten des anderen. Das war noch nicht alles. Denn während Holman blind geworden war, hatte der arme C--- sein Gehör verloren. Der Blinde und der Taube vereinten ihre Kräfte und reisten zusammen weiter; überall wurden sie herzlich aufgenommen. Natürlich war die Verständigung zwischen den beiden schwierig, aber das wurde mehr als wettgemacht durch die Vorteile, die sie im gemeinsamen Umgang mit der Außenwelt gewannen. C--- hatte sich die Fähigkeiten eines klugen Unterhändlers angeeignet, Holman war ein zuverlässiger und kenntnisreicher Lotse. Hier hatten sich zwei Freunde gefunden, deren Geduld und Findigkeit ebenbürtig waren. Auf ihrer gemeinsamen Reise von Neapel nach Amsterdam, über 1000 Meilen, teilten sie die Freuden und Mühen der Landstraße. In Rom wollten sie die Skulpturensammlung des Vatikans besuchen. C--- brachte ein männliches Aktmodell dazu, sich zwischen den Figuren aufzustellen. Wie gewöhnlich erkundete Holman die Formen durch Abtasten, und plötzlich folgte auf einen kalten Marmortorso ein behaartes weiches Knie; er war überaus verwirrt. Und was für einen bewegenden Anblick müssen die beiden abgegeben haben, als sie fasziniert vor der großen Uhr des Straßburger Münsters standen und C--- versuchte, sich den Klang ihrer Glocken vorzustellen, während sich Holman ihre Mechanik erklärte.

In St. Petersburg hegte Holman zweifellos große Hoffnungen, daß er C--- überreden konnte, wieder mit ihm auf Reisen zu gehen. Er zog in C---s Unterkunft, und während der sechs Monate, die er den Sehenswürdigkeiten und dem gesellschaftlichen Treiben der Stadt widmete, war C--- sein ständiger Cicerone. Zusammen besuchten sie die Akademien, Archive, Waisenhäuser und Kirchen und erkundeten alles genau. Sie trieben sich auf den Märkten herum und wanderten durch die Paläste und Galerien. In der Zeit vor Baedeker gab es keinen unersättlicheren Touristen als den blinden Holman und keinen eifrigeren Zuträger als den tauben C---. Als die Wintersaison losging, wendeten sie ihre Aufmerksamkeit der endlosen Kette von »Unterhaltungen« zu – Theater, Bälle, Konzerte und Abendessen. Besonders Holman fand Gefallen daran, mit den Mächtigen zu verkehren. Er lebte in einer Welt atmosphärischer Stimmungen, und nichts war für ihn beredter oder beruhigender als das Rascheln von Seide und der Duft von Zigarren. Und er war bei den Damen der Gesellschaft sehr beliebt. »Zu behaupten, daß es keine schönen Frauen in Rußland gibt, ist eine Verleumdung, der man keinen Glauben schenken sollte«, erklärte er, »bei allen Veranstaltungen sind die Ausnahmen höchst zahlreich.« Aber wie konnte er das wissen?

> »Meine Fähigkeit, weibliche Schönheit zu erkennen, ist oft in Frage gestellt worden, und ich habe so häufig hören mussen, es spiele doch für mich keine Rolle, ob eine Frau hübsch ist oder nicht, daß einige Worte der Erklärung nicht mal à propos sein mögen. Nach dem ersten Kennenlernen, wenn ich ihre Konversation vernünftig und kultiviert und ihre Stimme angenehm finde, nehme ich sogleich an, daß andere Qualitäten mehr oder weniger damit harmonisieren und daß auch ihre persönliche Ausstrahlung allgemein gefällt. Nun beginnt die Einbildungskraft ihr Werk und findet keine Schwierigkeit, das Bild zu verstärken und es sich sogar als schön auszumalen. Es stimmt, daß ich mich irren kann, wenn ich meine Meinung nur auf solche Einzelheiten gründe. Aber wenn sich mir außerdem die Gelegenheit bietet, die Hand der Dame zu fühlen und, ganz leicht nur, ihre Gesichtszüge zu ertasten, kann ich sehr wohl von ihrer Zartheit, Zierlichkeit oder Kontur zu so sicheren Schlüssen kommen, daß ich eitel genug bin, mir einzubilden, daß sie sich nicht oft als falsch erwiesen haben.«

Blind zu sein, hatte auch seine Vorteile. Die Leute, und besonders Frauen, waren geneigter, einem zu glauben und vertrauen. Die höfliche Bitte, die Hand einer Dame ergreifen oder ihr Gesicht berühren zu dürfen, wurde selten ausgeschlagen und oft als Auszeichnung empfunden. Auf seiner ersten Reise hatte eine Reihe ihm sehr zugeneigter Wirtinnen und Gastgeberinnen Holmans Vorankommen erleichtert, und wenn ein Gasthaus überfüllt war, hatte er stets das Privileg, einen Raum mit den Damen zu teilen. Nichts deutet darauf hin, daß er dieses Vertrauen mißbrauchte. Vor Genua verbrachte er drei Tage und drei Nächte allein mit einer verführerischen, aber verängstigten Signorina in der Kabine ihres aufgelaufenen Schiffes. Er fand großes Gefallen daran, sie zu trösten, blieb aber offensichtlich der perfekte Gentleman.

Insgesamt acht Kapitel seines Buches füllte Holman mit der Beschreibung der Sehenswürdigkeiten und Gesellschaft von St. Petersburg. Das zeigte, wie groß seine Zuneigung zu der Stadt war. Sie zu verlassen, bedeutete auch den Verzicht auf die Gelegenheit zu weiteren Bowlsspielen in dem renommierten Englischen Klub. (Er behauptete von sich, so gut zu spielen wie die Sehenden.) Es bedeutete den Abschied von dem lieben C---, der sich nicht überreden ließ, ihn zu begleiten. Und er mußte sich von nun an in die ungewisse Obhut der russischen Behörden begeben. Die Fahrt nach Moskau war noch unkompliziert; im März 1823 kam er dort in einer Schlittenkutsche an. Aber um die Erlaubnispapiere zu bekommen und um die nötigen Vorkehrungen für die Weiterreise gen Osten zu treffen, mußte er nun seine Pläne offenlegen.

> »Als meine Absicht [nach Sibirien aufzubrechen] in Moskau erstmals bekannt wurde, machte es jeder zu seiner Sache, mir den Wahnsinn und die Widersinnigkeit zu demonstrieren, die in dem Versuch einer so gefährlichen, uninteressanten und anstrengenden Reise in ein Land liegen, wo, was mich angehe, nichts zu sehen oder zu erfahren sei. [Er sprach natürlich kein Russisch.] Kurzum, der Name Sibirien schien in ihren Köpfen nur mit Grauen verbunden zu sein. Jeder Fremde, dem ich beiläufig vorgestellt wurde, machte es zu dem ersten Gegenstand seines Gesprächs, nach meinen Plänen zu fragen, und bemühte sich, mir von ihrer Ausführung abzuraten. Es war freundlich gemeint, aber meine Entschlossenheit war unbeugsam.«

Von allen, die ihn von seinem Entschluß abbringen wollten, war der namhafteste der britische Reisende, Captain John Dundas Cochrane. Er traf Anfang Mai in Moskau ein, und Holman war noch da, um ihn zu begrüßen. Tatsächlich hatte er auf ihn gewartet. Denn Cochrane kannte sich aus. Er kam nicht von

England, sondern aus Sibirien und hatte genau die Route genommen, der Holman zu folgen hoffte.

Es ist bezeichnend, daß Holman keinen Versuch macht, Cochranes Identität mit einer Initiale zu verbergen. Im Gegenteil, er wollte, daß seine Leser alles über den Captain wußten. Hier war ein anderer Ex-Marineoffizier und bemerkenswerter Exzentriker. Aber da hörte die Ähnlichkeit auch schon auf; die Extreme der exzentrischen Verhaltens ließen sich kaum besser veranschaulichen. Cochrane war der Enkel eines Grafen, dessen Familie sich rühmen konnte, mehr Admirale vorweisen zu können als jede andere im Königreich. 1805 befand er sich in der für einen Mann seiner Herkunft unerträglichen Lage, ohne eigenes Schiffskommando zu sein. Er ersuchte daher die Admiralität, ihm auf den Spuren von Mungo Park einen Auftrag zur Erforschung des Niger Flusses zu geben. Die Admiralität lehnte höflich ab, und Cochrane zog ohne fremde Hilfe los. Nach ein paar Probewanderungen durch Europa entwickelte er den Ehrgeiz, der erste Mann zu sein, der um die ganze Welt läuft. Als Route wählte er die nördliche Hemisphäre – Europa, Rußland, Sibirien, Alaska, Kanada. Das, meinte er, würde ausgezeichnet Kapitän Parrys Suche nach der Nordwestpassage ergänzen, wenn nicht übertreffen.

Niemand bezweifelte die Laufkraft des Kapitäns. Einmal hatte er 96 Meilen ohne Unterbrechung in 32 Stunden geschafft, und er galt zu seiner Zeit als »der Fußreisende«, so wie Holman »der blinde Reisende« war. Aber Cochrane hatte zuviel von einem Selbstdarsteller. Ihm fehlte Holmans »unbeugsame Entschlossenheit«, und er gab auch bald auf. Als Holman ihn in Moskau traf, war er auf dem Weg zurück nach Hause.

Cochrane hatte erfahren müssen, daß Sibirien kein Ort für Wanderer war, besonders im Winter. Widerwillig war er auf Schlitten umgestiegen. So kam er bis Kamtschatka, dem östlichsten Punkt Sibiriens. Alaska lag nicht mehr fern, aber Cochrane verliebte sich Hals über Kopf in die fünfzehnjährige Tochter eines Indianerhäuptlings. Achtlos gegenüber seinem grandiosen Vorhaben, heiratete er sie und brachte nun seine Braut nach England.

Die junge Frau hatte ihre heimatliche Halbinsel zuvor nie verlassen, und als Holman ihr vorgestellt wurde, schlug er sogleich vor, mit ihm die Sehenswürdigkeiten von Moskau zu besuchen. Er nahm sie mit ins Theater (»wir bemerkten bei ihr keinen Ausdruck des Erstaunens, wie wir es erwartet hatten«) und machte mit ihr seinen vierten Ausflug zum Kreml (»was sie sah, schien ihr zu gefallen, aber überrascht war sie nicht«). Zart und rehäugig, wurde sie von allen als eine große Schönheit beschrieben, aber zu Holmans Bedauern verhinderte ihre natürliche Schüchternheit eine echte Freundschaft.

Holman mißt den Umfang der Kreml-Mauern auf dem Roten Platz in Mokau, indem er sie abschreitet.

Dem Captain dagegen konnte man Reserviertheit nicht vorwerfen. Cochrane meinte, Holman müsse nicht bei Verstand sein, wenn er vorhatte, Sibirien zu durchqueren, und sagte es ihm unverblümt. Hatte er zum Beispiel vom Innenministerium die Erlaubnis für seine Reise? Holman hatte sie nicht; allerdings schien er sie, wie Erkundigungen ergaben, nicht zu brauchen. Damals, wie auch zu Zeiten der UdSSR, gab es zweierlei Maß bei der Bewegungsfreiheit von Reisenden im russischen Herrschaftsgebiet. Auch Holman sollte bald diese bittere Erfahrung machen. Cochrane versuchte ganz offensichtlich, jeden möglichen Einwand zu erheben, aber vergebens.

Nur widerwillig verkaufte schließlich der Captain seine »Pawoska« an Holman; mit dem ungefederten vierrädrigen Karren mußte auch der mürrische tatarische Kutscher übernommen werden. Aber damit war die Sache noch nicht erledigt. Cochrane glaubte nach wie vor, daß Holman verrückt sein müsse, und er setzte in seinem bald nach der Rückkehr veröffentlichten Reisebericht* den Angriff mit einer unangenehmen Mischung aus Sympathie und Sarkasmus fort. Niemand könne den Mut des blinden Mannes bezweifeln, schrieb Cochrane, aber warum in aller Welt bestand er darauf, nach Sibirien zu gehen? Natürlich, »er mag ebenso gut dorthin gehen wie auch sonst wohin, denn ihm wird es gleich sein, aber da selbst für diejenigen, die ihre Augen gebrauchen können, dort so wenig zu sehen ist, kann ich nicht einmal erahnen, welches Interesse er haben könnte, es zu versuchen.« Wie könne er hoffen, irgend etwas Nützliches zu lernen, wenn er kein Wort von der Sprache verstand und seine einzigen Gewährsleute wahrscheinlich verbannte Kriminelle waren? Und wie gedachte er, seine Aufzeichnungen nach Hause zu schicken, ohne daß sie zensiert werden?

Holman war sehr stolz auf die Exaktheit seiner Mitteilungen und ihn ärgerte diese herablassende Fragerei. Er antwortete durch die Presse und ein eigenes Buch. Nachdem er Cochranes Bericht gelesen hatte, konnte er beim besten Willen nicht verstehen, warum der Captain Sibirien überhaupt bereist hatte. Wenn dort so wenig zu sehen war, dann waren die Aussichten für den Blinden so gut wie für den Sehenden. Und was die Gefahr der Zensur anging, so konnte er glücklich mitteilen, daß er eine Methode des Aufzeichnens entwickelt hatte, »welche nicht in die Überlegungen des Captains eingegangen sein mag – nämlich die, alles Wichtige in beweglicher und unsichtbarer Form innerhalb des Hohlraums meines Schädels aufzubewahren.«

Holmans Gedächtnis war phänomenal. Mit unfehlbarer Präzision konnte er nicht nur Leute und Orte abrufen, sondern auch Maße, Daten und Entfernungen. Seine Blindheit hatte ihn gelehrt, methodisch vorzugehen. Als er sich auf seine Abreise von Moskau vorbereitete, schloß er sich mehrere Stunden ein, um sich auf das Packen zu konzentrieren. Jedes Ding hatte seinen genauen Platz, und sollte sich jemand daran zu schaffen gemacht haben, er wußte es sofort. Seine Finanziers, die Herren G--- und H--- (warum um Himmels willen verheimlichte er

* J. D. Cochrane, *Pedestrian Journey through Russia and Tartary to Kamtchatka etc.*, 1825.

die Namen von Bankern?) hatten ihn freundlicherweise mit einem reichlichen Vorrat an Kleingeld versorgt. Die verschiedenen Kopekenstücke wurden sorgfältig in getrennten Beuteln verpackt. Hinzu kamen noch seine Medizinkiste, Kleidung und natürlich Proviant.

»Ich wurde mit Tee und Zucker für die ganze Reise versorgt; sechs Flaschen Brandy und ebenso viel französischer Wein. Und mußte nur dafür sorgen, mich in jedem Ort mit genug Brot und Fleisch einzudecken, daß es bis zum nächsten reichte; und da ich auch eine Teekanne, Tassen etc. hatte, war ich ganz unabhängig von der zufälligen und unzulänglichen Bewirtung, die die Poststationen anbieten konnten, mit der Ausnahme von heißem Wasser.«

Am 12. Juni 1823 war es soweit. Er verabschiedete die Cochranes, die nach St. Petersburg aufbrachen, kehrte zu seiner Unterkunft zurück und kletterte in die Pawoska. Der Kutscher bestieg den Bock, eine Schar von Bekannten wünschte ihm alles Gute, und rüttelnd verschwand der Karren im Wald.

Meine Situation war etwas vollkommen Neues, und dem entsprachen meine Gefühle. Unter ungewöhnlichen Umständen befand ich mich nun auf einer einsamen Reise von mehreren tausend Meilen durch ein Land, vielleicht das wildeste auf Erden, dessen Einwohner noch kaum zu dem Umkreis der Zivilisation gerechnet wurden, mit keinem anderen Begleiter als einem groben tatarischen Kutscher, dessen Sprache meinem Ohr gänzlich ungewohnt war. Und doch stärkte mich das Gefühl glücklicher Zuversicht zusammen mit einer ruhigen Ergebung in all die Unannehmlichkeiten und Risiken meines beschwerlichen Unternehmens.

Östlich von Moskau gab es keine öffentlichen Transportmittel mehr, aber für einen nicht allzu hohen Betrag hatte Holman eine »Lizenz für Postpferde« erworben. Damit hatte er – theoretisch – Anspruch auf frische Pferde für die ganze Strecke von Moskau bis Irkutsk, eine Entfernung von über dreitausendfünfhundert Meilen. Das war natürlich zu schön, um wahr zu sein, und anfangs war er hauptsächlich damit beschäftigt, die versprochenen Pferde zu beschaffen oder andere auszuhandeln.

Der ungeschlachte Kutscher war ihm keine große Hilfe. Stattdessen griff Holman auf Einführungsschreiben zurück, die er seit seiner Ankunft in Kronstadt eifrig gesammelt hatte. Sorgfältig eingeprägt und abgelegt, beliefen sie sich nun auf mehrere hundert und schlossen praktisch jeden höheren Beamten und Fremden im russischen Reich ein. Manchmal hatte er kein Glück, und der erhoffte Gastgeber war abwesend. Häufiger begegnete man ihm mit Ungläubigkeit; der blinde Engländer und sein mürrischer Tatar wurden für Hochstapler, Witzbolde oder Wanderschauspieler gehalten. Dann präsentierte er den entsprechenden Brief. Entschuldigungen folgten, und kurze Zeit später saß der Reisende an einem reich gedeckten Tisch, und durfte einen guten Schlaf und frische Pferde am Morgen erwarten. Nach ein oder zwei Nächten auf der Straße oder auf einer Bank in einer Poststation wußte er den Luxus von Bettwäsche und Teller zu schätzen. Noch wichtiger war in Holmans dunkler und schweigsamer Welt die Gelegenheit zum Gespräch. Wenige konnten Englisch, aber auf seiner ersten Reise hatte Holman etwas Französisch aufgeschnappt. Das erwies sich von unschätzbarem Wert, gerade weil er auf systematische Befragungen so erpicht war. Diese Zufallsbegegnungen waren seine einzige Verbindung zur Wirklichkeit.

So verlief seine Reise. Die Landstraßen waren furchtbar, entweder tief im Schlamm versunken oder aus unbehauenen Baumstämmen. Hätte die Pawoska Sprungfedern gehabt, würden sie nicht einen Tag gehalten haben; selbst die Achsen brachen mit deprimierender Regelmäßigkeit. Um sich von dem unaufhörlichen Gerüttel zu erholen, ging Holman manchmal zu Fuß. Ein leichtes Seil, das um seine Hüfte gebunden und hinten am Karren befestigt war, sorgte dafür, daß er nicht zurückblieb. Am 15. Juli, einen Monat nach dem Aufbruch von Moskau, überquerte er den Ural und war in Asien.

»Mein Herz hüpfte vor Freude, daß ich einen so beträchtlichen Teil meiner Reise geschafft hatte und gleichsam eine neue Welt, eine Welt von Fremden, betrat, geführt allein von der Vorsehung. Mir war nun gelungen, was viele Jahre lang eines der begehrtesten Objekte meiner Wünsche gewesen war, aber was zu verwirklichen ich wenig Erwartung hatte – das Verlangen, den vierten Teil des Erdballs zu besuchen. Die Befriedigung, die ich fühlte, ist unbeschreiblich.«

Berauscht von dem bloßen Gefühl des Reisens, glaubte er, daß eine übernatürliche Kraft ihn vorwärtstrug. Alles war möglich. Ein weiterer Monat holperte dahin. Holman überquerte den Irtysch auf einem Floß und erreichte Tobolsk, die Hauptstadt Westsibiriens.

Tobolsk hatte nur wenige bemerkenswerte Gebäude vorzuweisen. In zwei Tagen war das Potential des Sehenswerten erschöpft. Auch das gesellschaftliche Leben war mäßig. Es gab viermal so viel Männer wie Frauen, und an den Abenden spielten sie vor allem Karten und Billard; beides fiel nicht in den Bereich seiner Fähigkeiten. Wie immer wurde Holman gastfreundlich empfangen und bewirtet; aber etwas stimmte nicht. Er nahm eine gewisse Reserviertheit bei dem Generalgouverneur und eine außerordentliche Taktlosigkeit bei einigen seiner Beamten wahr.

Insbesondere schienen sie ganz begierig zu sein, ihn über seine früheren Reisen zu auszufragen. Als Holman erwähnte, daß er die Insel St. Helena besucht hatte, rief der Gouverneur von Tobolsk wenig glaubhaft aus, daß er ein Bild von jenem Ort habe, und sprang auf, um es zu holen. Es war doch merkwürdig, wie schnell immer wieder Leute vergaßen, daß er blind war. »Gelegentlich werden sie wieder durch eine unerwartete Bewegung meiner Hand daran erinnert, wenn ich etwas umstoße, was sie mir anbieten, zum Beispiel eine Tasse Tee.« Andere, die sich anscheinend in seiner Behinderung irrten, schrien ihm fortwährend ins Ohr, als ob er taub wäre, oder bestanden darauf, daß er alles in die Hände nahm und drückte, »als ob ich im Begriff wäre, den Zustand eines Vogels oder anderen Tiers festzustellen.« Tatsächlich war sein Gehör ausgezeichnet, und sein Tastsinn »äußerst empfindlich«. »Ich muß meine Hand nur leicht über einen Körper streichen, und dann ist die Wirkung schon angenehm und befriedigend.«

Während der Gouverneur das angebliche Gemälde von St. Helena holte, hörte Holman mit wachsender Neugier ein Geräusch, das das Zimmer erfüllte. Es kam etwa aus Kniehöhe und klang vage wie ein tierischer Laut. Konnte es sein, fragte er in die Runde, daß »ich mich in der Gegenwart eines mir unbekannten sibirischen Tieres befinde«?

> »Unglücklicherweise war es einer der führenden Stadträte von Tobolsk, der in seinem nasalen Organ eine Blockierung

hatte, welche das eigenartige pfeifende Geräusch hervorrief – außerdem war der Gentleman von sehr kleiner Statur, so daß sein Kopf nicht weit über die Höhe eines ausgewachsenen Neufundländers reichte... Dies beweist, wie vorsichtig wir sein sollten, ins Ungewisse zu sprechen.«

Diese letzte, im Buch hervorgehobene Bemerkung deutet darauf hin, daß die kleine Anekdote ihre Absicht hatte. Im Hinblick auf das, was ihm widerfuhr, scheint es sicher, daß Holman in der Tat unter Verdacht stand – und er wußte es. Der Gouverneur mit seinem Bild von St. Helena versuchte, herauszufinden, ob dieser einsame Reisende, der unentwegt Fragen stellte, wirklich so blind war, wie er vorgab. Die kleine Szene mit dem durch die Nase pfeifenden Stadtrat war daher ein Versuch von Holman, die versammelte Gesellschaft von seiner völligen Blindheit zu überzeugen.

Holman im hohen Alter.

Von Tobolsk zog sich die Straße ostwärts am Ufer des Irtyschs entlang und führte dann hinab in das nebelige Sumpfland von Barabinsk. Hier war das Wasser durch eine Spezies Schierlingspflanzen so vergiftet, daß jedes Tier, das davon trank, auf der Stelle starb. Die Luft war nicht besser, sie verbreitete Malaria (oder »miasmatische Ausdünstungen«), Typhus und andere Fieberkrankheiten, die enorm große Geschwüre mit tödlichen Folgen verursachten. Die Sümpfe waren auch die Brutstätte der berüchtigten sibirischen Moskitos, die sich in solcher Menge auf den Reisenden stürzen konnten, daß er an Erstickung starb. Holman folgte der üblichen Vorsichtsmaßnahme und trug wie ein Imker einen Überwurf aus Gaze. Hilfreich war auch der unaufhörliche Regen, der sowohl die Insekten als auch die Ausdünstungen unten hielt. »Dennoch erfuhr ich genug, um mich zu überzeugen, daß bestimmte, von anderen Reisenden berichtete Einzelheiten, dieses Land betreffend, keineswegs erfunden sind.«

Der nächste große Fluß war der Ob, und die nächste große Stadt hieß Tomsk. Sie liegt auf demselben Breitengrad wie Kalkutta. Holman war bereits zweitausend Meilen von Moskau entfernt, und alles lief gut. Seine Gesundheit war ausgezeichnet, und er langweilte sich keinen Augenblick. Es stimmte schon, daß Sibirien dem Geist wenig Ablenkung bot. Aber er war selbstzufrieden in seine eigenen Gedanken vertieft, und es bereitete ihm einfach Freude, die Meilen dahin gleiten zu lassen.

Tomsk war bemerkenswert wegen der »zwei sehr liebenswürdigen Töchter« des Generalgouverneurs, der andererseits üblen Unterkünfte und weil Holman hier seinen ersten Behandlungsversuch unternahm. Wie der Zufall es wollte, litt sein Patient, der griesgrämige Kutscher, an einer Augenentzündung. Dies war ein Gebiet der Medizin, auf dem sich Holman besonders qualifiziert fühlte. Er verschrieb das Nötige, und die schlimm entzündeten Augen des Mannes reagierten positiv. Sie verließen Tomsk am 3. September und erreichten Krasnojarsk eine Woche später. Eine lange Karawane, die Teebarren aus China transportierte, erinnerte daran, daß sie nun Peking näher als Moskau waren. Tatsächlich lag Irkutsk, ihr nächstes Ziel, nur sechzig Meilen von dem entfernt, was damals die chinesische Grenze war und die der heutigen Mongolei ist. Holman kam dort am 18. September an und beschloß nach drei Monaten auf der Landstraße einen längeren Aufenthalt.

Irkutsk war die Hauptstadt Ostsibiriens und der letzte Vorposten der Zivilisation vor der Beringstraße und dem Pazifik. Hier endete seine Lizenz für frische Pferde. Erlaubnispapiere und Beförderung für den letzten Abschnitt auf russischem

Territorium mußten ausgehandelt und Vorräte beschafft werden. Er sah ein, daß die Weiterreise viel leichter sein würde, wenn er auf den Schnee wartete und mit dem Schlitten fuhr. Auch hoffte er, einen kurzen Abstecher zur chinesischen Grenze machen zu können, und auch das wäre ein einfacheres Unternehmen, wenn er ausharrte, bis der Baikalsee zugefroren war.

Deshalb zog er in eine Unterkunft und nahm sich vor, die Gesellschaft der Stadt zu erkunden. Er wurde angenehm überrascht. »Man würde in Europa kaum glauben, daß das gesellschaftliche Leben in diesem entfernten Teil der Welt so luxuriös und weltläufig ist.« Er erhielt ständig Einladungen zu Abendessen, Picknicks, Angelpartien und Bällen. Etwas von dem Aufbruchsgeist war immer noch in Irkutsk zu spüren. Es ging dort lebhafter zu als in Tomsk oder Tobolsk, und man zeigte einen größeren Respekt vor dem Reisenden und Pionier. Der blinde Engländer war der Held des Tages, und in den ersten zwei Monaten standen ihm alle Türen offen. Insbesondere gab es da eine mysteriöse Mrs. B---, die Witwe eines russischen Offiziers und, ganz überraschend, Engländerin war. Holman fand viel Gefallen an der Gesellschaft »meiner schönen Landsmännin«, und seine Beschreibung ihrer Umstände deutet auf ein beinah intimes Verhältnis zwischen ihnen hin. Sie war Mitte dreißig und eine große Schönheit, wohlhabend und angesehen, und wenn sie auch der Erinnerung an ihren Ehemann treu blieb, so gefielen ihr doch Holmans Aufmerksamkeiten sehr.

Dann waren da noch der Gouverneur von Irkutsk, in dessen Familie Holman zeitweilig aufgenommen wurde, und vor allem der Generalgouverneur der Provinz. Holman hatte sich noch nie einer so engen Beziehung zu einem hohen kaiserlichen Beamten erfreut. Sie gingen Arm in Arm spazieren, ritten durch die Stadt und kutschierten durch die umliegenden Distrikte. Er schien »die Aufrichtigkeit eines Engländers und die Höflichkeit eines Franzosen mit der feinen Gastfreundschaft eines Russen zu verbinden.« Von all dem ermutigt, entschloß sich Holman, seinen Plan, weiter um die ganze Welt zu reisen, zu enthüllen, »was ich bei keiner anderen Person zuvor getan hatte«. Der Generalgouverneur war nicht begeistert. Er gab sich alle Mühe, ihn davon abzubringen, und ließ seinen Gast auch wissen, daß er vielleicht bis Kamtschatka weiterreisen könnte, aber eine besondere Erlaubnis vom Kaiser brauchte, um sich in irgendeinem Hafen an der russischen Pazifikküste einzuschiffen. Widerwillig erklärte sich Holman bereit, das notwendige Gesuch wegzuschicken; aber so viel Opposition von einem Mann, der ihm gut gesinnt schien, war ein schlechtes Omen.

In der Zwischenzeit gingen die geselligen Abende weiter, und die Temperatur begann zu sinken. Am 22. Oktober war es zwölf Grad minus, und der erste Schnee fiel. Holman und der Generalgouverneur stärkten sich mit einem Besuch bei der örtlichen Branntweinbrennerei. Einen Monat später stand das Thermometer schon bei minus 18 und fiel stetig bis zum unteren Ende der Skala. Holman machte nun seine Runden durch die Stadt zu Fuß, war aber »oft genötigt, meine Nase und Wangen zu reiben, um Erfrierungen zu verhindern, denn einmal hatte ich nicht aufgepaßt und hatte Frostbeulen im Gesicht.«

Den Weihnachtsabend – der natürlich nicht das russische Weihnachtsfest war – verbrachte er mit der schönen Mrs. B---. Am Neujahrstag kam die Nachricht, daß der Baikalsee zugefroren und nun also der Abkürzungsweg zur chinesischen Grenze offen war. Holman plante, seinen Abstecher mit dem chinesischen Neujahr, das irgendwann im Februar begann, zusammenfallen zu lassen. Doch dazu sollte es nicht kommen. Am 2. Januar nach dem Abendessen teilte ihm der Generalgouverneur die Anordnungen mit, die er gerade aus St. Petersburg erhalten hatte. Der Kaiser Alexander verbot ihm nicht nur die Abfahrt von einem der Häfen am Pazifik, sondern jede Weiterreise über Irkutsk hinaus; ja er war bestürzt zu erfahren, daß Holman überhaupt ohne einen offiziellen Begleiter so weit gekommen war. Er hatte deshalb einen Leutnant des Feldjägerkorps entsandt, der ihn auf der Rückreise begleiten sollte.

Vorgeblich war des Kaisers einzige Sorge das Wohlergehen und die Sicherheit des blinden Engländers. Aber Holman ahnte bereits, daß mehr hinter der Geschichte steckte. Der Gouverneur war sichtlich in Verlegenheit und versuchte, etwas zu verbergen. Merkwürdigerweise bestand er darauf, daß Holman die ganze Sache geheimhalten sollte. Und warum kam der entsandte Offizier von den Feldjägern, die die zaristische Entsprechung des KGB waren? Ein armer Blinder verdiente kaum einen so ausgezeichneten Blindenhund.

Holman stahl sich bei der ersten Gelegenheit aus dem Hause

des Generalgouverneurs fort. »Die Mitteilungen, die ich erfahren hatte, wirkten fast wie ein elektrischer Schock auf mich.« Er war arg mitgenommen und bitter enttäuscht. Selbstmitleid hatte er sich schon lange zuvor verboten, aber nun drohte ihn das Gefühl der Isolation und Hilflosigkeit, das Blinden nie fremd ist, zu übermannen. Er versuchte, sich Landkarten, die er früher einmal gesehen hatte, in Erinnerung zu rufen. Wenn er denn umkehren mußte, konnte er bestimmt eine andere Route nehmen. Vielleicht über das Kaspische und Schwarze Meer und dann eine lange Wanderung durch Griechenland und den Balkan.

Bevor es Nacht wurde, hatte er seinen Plan gemacht und seinen Finanziers geschrieben, um sie darüber zu informieren. Dann verging eine ganz angenehme Woche mit Feiern zur russischen Weihnacht. Aber bald danach drängte ihn der Generalgouverneur wieder zur Abreise; es wäre »unfein«, ein so großzügiges Angebot, wie der Kaiser es gemacht hatte, nicht rasch zu akzeptieren. Holman wandte ein, daß er erst die chinesische Grenze besuchen müsse. Das komme nun, wurde ihm gesagt, nicht mehr in Frage. Auch könne er seinen Rückweg nicht frei bestimmen. Sein einzige Wahl war die, entweder zur preußischen oder österreichischen Grenze eskortiert zu werden.

Nun, da er die wahre Natur seiner Umstände kannte, stellte sich eine gewisse Erleichterung ein. Die neuen Enthüllungen erfüllten ihn geradezu mit Hochstimmung. Man behandelte ihn nicht als ein Objekt von Mitleid, sondern er stand offensichtlich unter schwerem Verdacht, war nichts Geringeres als ein Staatsgefangener, der mit einer Eskorte aus dem Land hinaus beordert wurde. Das war natürlich grotesk, aber ließ das Scheitern seiner Pläne in einem viel interessanteren, ja heroischen Licht erscheinen. Er schrieb sogleich eine offizielle Beschwerde an den britischen Botschafter und machte unmißverständlich klar, daß er sich keines Vergehens schuldig gemacht habe und sich nur unter Protest füge. Der Versuchung, sich durch Angriffe auf die Willkür der zaristischen Herrschaft zu rächen, widerstand er. Er hatte seine stets freundlichen russischen Gastgeber nie hintergangen, und wollte es auch jetzt nicht tun, zumal da es seine Unschuld in Frage stellen würde. Aber was eigentlich hinter der Sache stand, blieb ein Rätsel. Holman konnte nur vermuten, daß jemand dem Kaiser entweder die Absicht seiner Reise oder sein Verhalten vorsätzlich falsch dargestellt hatte. Konnte es, fragt man sich, Cochrane gewesen sein? Und falls nicht, wer sonst hatte etwas gegen den blinden Reisenden?

Am 18. Januar brach Holman, den Feldjäger an seiner Seite, nach Moskau auf. Der alte Karren war gegen einen Schlitten ausgetauscht worden, und der Abschied von den Bekannten war kurz. Es blieb nur Mrs. B---, in deren Haus am Angara Fluß er seinen letzten Besuch machte. Sie war tief betrübt, und Holman erging es wohl ähnlich, einem kleinen Gedicht nach zu urteilen, das er unerwartet in seinen Reisebericht einfügte.

The stranger is gone – Oh, he will not forget
When at home he shall talk of the toil he has known
To tell with a sigh what endearments he met
As he strayed on the banks of Angara alone.*

Je weiter die Rückreise quer durch Rußland voranging, desto sehnsüchtiger wurden die Erinnerungen. Holman erwartete, daß es wegen seines auffälligen Begleiters schwierig werden würde, sich unter die Leute zu mischen. Aber er rechnete nicht mit dem Geschwindigkeitswahn des Mannes; der schien auf einen neuen transsibirischen Schlittenrekord aus zu sein. Er hielt nur kurz für Proviant, neue Pferde und um den Kutscher zu verprügeln. Ansonsten, Tag oder Nacht, Schneesturm oder nicht, kämpften sie sich voran. Kollisionen, Stürze und Schneetreiben konnten den Offizier nicht beeindrucken, und nur wenn Holman wirklich krank war, gewährte er ihm widerwillig einen Ruhetag. Nun muß man zugeben, daß die Reise nicht gerade durch paradiesische Landschaften ging. Die Wälder und Steppen und Felder, schon im Sommer eher trübselig, waren jetzt meterhoch mit Schnee bedeckt, und die ohnehin geringe Bevölkerung überwinterte in ihren Hütten. Die Temperatur blieb hartnäckig bei etwa minus vierzig Grad, und selbst wenn es mal nicht schneite, wirbelten die arktischen Winde die weißen Massen vom Boden auf und schufen ihr eigenes Schneegestöber.

* Der Fremde ist gegangen – Ach, er wird nicht vergessen, / Wenn er zu Hause von den Mühen seiner Reise spricht, / Mit einem Seufzer zu erzählen, welche lieben Worte er hörte, / Als er allein an den Ufern der Angara umherstreifte.

Es wäre gar nicht so nicht leicht, sich für einen ehrgeizigen Reiseschriftsteller eine größere Herausforderung auszudenken. Als er durch die viertausend Meilen winterlicher Öde sauste, so gut wie nichts sah, mit niemandem sprach, verzagt, erschöpft und halberfroren war, mußte sich Holman eingestehen, daß dies das genaue Gegenteil seiner Reisevorstellungen war. Das einzige Zugeständnis, das er seinem Bewacher abtrotzen konnte, war eine kleine Änderung ihrer Route; von Tomsk nahmen sie einen südlicheren Weg über Omsk. Das erwies sich aber als weniger aufregend, als es klingt, denn Omsk war gerade von einem großen Feuer zerstört worden. Jedoch traf Holman inmitten der Ruinen einige Bekannte aus Tobolsk, die es schafften, ihn für kurze Zeit von dem Feldjäger zu befreien.

Sie nahmen ihn zu einem Lager »kirgisischer« (tatsächlich kasachischer) Nomaden vor der Stadt mit. Das war sein letztes kleines Abenteuer in Sibirien, und er genoß es sehr. Nachdem er in ihren Zelten alles genau untersucht hatte, ließ Holman fragen, ob es erlaubt sei, die Frauen zu »begrüßen«. Der Dolmetscher erhob keine Einwände, und Holman war »entschlossen, den Versuch zu wagen«.

»Ich begann mit der ältesten und machte mich lieb Kind, indem ich ihr eine Münze in ihre Hände legte. Sie nahm sie sehr freundlich an, was mich ermutigte, zu der ihr an Jahren und Würde Nächsten weiterzugehen, und auch sie war keineswegs ungehalten. Am Ende kam ich zu der jungen Frau, von der man mir gesagt hatte, daß sie sehr hübsch und zurückhaltend sei; sie ließ jedoch mit einer zumindest gespielten Bescheidenheit ihren Kopf hängen, und es gelang mir nur mit einiger Schwierigkeit, einen halb gestohlenen Kuß zu bekommen.«

Kaum eine Szene bewies besser, daß es in gewissen Situationen seine Vorteile hatte, blind zu sein. Welcher andere Reisende konnte behaupten, ein kirgisisches Mädchen geküßt zu haben?

Trotz dieser Ablenkung und einer Übernachtung in Omsk legten die beiden Männer die eintausendfünfhundert Meilen von Tomsk nach Jekaterinenburg in erstaunlichen neun Tagen zurück. Gegen die Kälte, die das Quecksilber in den Thermometern immer noch gefrieren ließ, war Holman gut geschützt;

seine Füße waren »eingepackt in zwei Paar Wollstrümpfe und zwei Paar Stiefel, wobei die äußeren aus Leder und mit Pelz gefüttert waren und dicke Sohlen hatten und das innere Paar aus der Haut von Wildziegen gemacht war. Der Körper, abgesehen von meiner gewöhnlichen Kleidung, war mit einem dick wattierten Mantel bedeckt, über dem ich eine riesige Schaube [mantelartiger Überrock für Männer] aus Wolfsfell trug, während mein Kopf von einer wattierten Mütze geschützt war.« Und trotzdem war er auf dem offenen Schlitten der Gefahr von Erfrierungen ausgesetzt – ihr Kutscher verlor so einen großen Zeh –, und es war zu kalt, um unterwegs zu schlafen. Tag und Nacht endlos zu fahren, erschöpfte Holman so, daß es seine robuste Gesundheit angriff. Er brauchte unbedingt Erholung, wovon der Feldjäger aber nichts wissen wollte. Selbst als sie Ende Februar Moskau erreichten, drängte der Mann auf die sofortige Weiterfahrt. Holman weigerte sich entschieden.

Ein Arzt wurde geholt, und er erklärte ihn für reiseunfähig. Holman wurde deshalb in einem Hotel untergebracht und bekam drei Tage, um sich – unter dem bebrillten Blick eines finsteren Polizisten in Zivil – zu erholen. Die Behauptung, daß man nur zu seinem eigenen Wohl auf ihn aufpasse, war längst fadenscheinig. In Moskau grassierten Gerüchte von seiner Verhaftung; tatsächlich wurde ihm verboten, das Hotel zu verlassen oder sich mit seinen Freunden in Verbindung zu setzen. Holman dachte, er könnte diese Einschränkungen durch die Herausgabe eines unadressierten Rundbriefs umgehen. In der ersten Nacht, als sein Bewacher schlief, schlich er aus dem Bett, holte seine »Schreibmaschine« (ein Gerät für Blinde, das Via Nocto Polygraph hieß) hervor und verfaßte eine entsprechende Nachricht.

RUNDBRIEF

Der Gefangene Holman erlaubt sich, seinen Freunden in Moskau mitzuteilen, daß er soeben unter Aufsicht eines Feldjägers aus Sibirien zurückgekehrt ist. Da sein Bewacher ihm nicht gestattet, seine Freunde zu besuchen, möchte er sie davon in Kenntnis setzen, daß er nur die nächsten drei Tage im Hôtel de l'Europe anzutreffen ist...

Diese Mitteilung wurde von einem seiner Geldgeber herausgeschmuggelt und rasch in Umlauf gebracht. Von seinen russischen Bekannten wagte keiner, sich offizielles Mißfallen zuzuziehen, aber ein paar englische Freunde kamen ins Hotel und wurden vorgelassen. Auch dann blieb der Zivile ständig anwesend, und weil er kein Englisch verstand, mußte Holman alle Gespräche in seinem stammelnden Französisch führen. Als die drei Tage vorüber waren, wurde der immer noch kranke Holman erst gebeten und dann unmißverständlich aufgefordert, mit dem Feldjäger die Stadt zu verlassen. Offensichtlich hatte sein Beschwerdebrief den britischen Botschafter in St. Petersburg nicht erreicht. In Moskau gab es nicht einmal einen britischen Konsul. So schwand jede Hoffnung auf Rücknahme des kaiserlichen Bescheids. Nun, da er wußte, daß die Abschiebung nicht mehr aufzuhalten war, ließ er sich zu einem fast atemlosen Ausbruch der Empörung hinreißen.

»Wie lächerlich muß es erscheinen, daß die Regierung des mächtigen Russischen Reiches den um ein oder zwei Tage verlängerten Aufenthalt eines bescheidenen und leidenden Individuums auf seinem Territorium zu einem Gegenstand von so immenser Bedeutung macht, daß sie sich genötigt sieht, es unter Gefährdung seines Lebens wegzuschaffen; darüber hinaus ist er der Untertan einer befreundeten Nation, von der Rußland alle Rechte der Gastfreundschaft angenommen hat und noch annimmt, ein Mann, dem kein Vergehen, weder politisch noch moralisch, nachgewiesen worden ist – oder der auch nur an die Schwelle der Anklage gebracht wurde – und dem sie (heuchlerisch in der Tat) versicherte, daß man ihn nicht als Gefangenen, sondern als einen Gentleman betrachtet, der zu seinem eigenen Vergnügen reist; und doch war man so grausam, ihn gegen seinen Willen in dieser rauhen Jahreszeit zu einer ununterbrochenen Reise von beinahe fünftausend Meilen durch das wildeste Land der Welt zu zwingen; dabei wurde er der strengsten und mißtrauischsten Überwachung unterworfen, und man versagte ihm das Vorrecht, einen Freund allein zu treffen oder auch nur einen Landsmann in seiner Muttersprache anzureden.«

Am 5. März, sechs Tagen nach der Abfahrt von Moskau, wurde er in Krakau abgesetzt und war nun wieder ein freier Bürger. Zuerst fühlte er sich einfach wie betäubt. Einen Mann, der alles so methodisch und peinlich genau anging, mußte die wüste Fahrt um die halbe Welt nicht nur physisch erschöpfen, sondern auch seelisch erschüttern. Sein Paß war nicht mehr in Ordnung, seine finanziellen Angelegenheiten waren ungeregelt, und für Österreich hatte er keinen dieser unschätzbaren Einführungsbriefe. Es dauerte einen Monat, bis er sich fähig fühlte, weiterzureisen, und selbst dann konnte er sich nicht wieder so wie zuvor für die Erkundung von Sehenswürdigkeiten begeistern. Er reiste über Wien, Dresden und Berlin nach Hamburg, von wo er mit einem Segelschiff nach Hause zurückkehrte. Am 20. Juni 1824 landete er in Hull.

> »Ich brauche wohl kaum die freudigen Gefühle zu schildern, mit denen ich einmal mehr mein Geburtsland begrüßte, hatte ich doch während meiner Abwesenheit seine gewaltige Überlegenheit über die ausgedehnten Regionen, die ich durchquert hatte, noch höher schätzen gelernt. Glückliches England, Land der Freiheit, der Tugend und der Schönheit; Nährmutter der Wissenschaft, freigebige Patronin der Künste; unbegrenzt in Handel und Reichtum; unvergleichlich stark an Waffen; und alle anderen Länder an nationalem Ruhm überragend.«

Soviel erbauliches Sentiment wurde belohnt; er erhielt die begehrte Erlaubnis, den Bericht seiner außerordentlichen Reise König Georg IV. widmen zu dürfen. Das Buch erschien 1825* und erreichte schnell vier Auflagen. »Selten sind wir einem Werk so reich an interessanten Informationen begegnet«, kommentierte der *Observer*, und ein anderer Rezensent hielt in Anbetracht dieses Buches und der vorausgegangenen Reiseberichte »die Werke des Leutnants Holman für die außergewöhnlichsten, die jemals irgendwo erschienen sind«. Holman war berühmt. Er wohnte wieder als Pensionär der Krone in Windsor, finanziell stand er etwas besser da als vor sechs Jahren, aber wollte sich nicht in sein Schicksal ergeben. Nach wie vor war er davon überzeugt, daß das einzige Gegenmittel gegen Blindheit die Art von sensorischem Bombardement war, die

* James Holman, *Travels through Russia, Siberia etc.*

das Reisen lieferte, und hegte weiter seinen großen Ehrgeiz – »einmal die ganze Welt zu umrunden«.

Und er sollte nicht enttäuscht werden. Im Jahre 1827 wurde die HMS *Eden* an die Westküste Afrikas entsandt, um auf der Insel Fernando Po in der Bucht von Biafra ein Fort zur Bekämpfung des Sklavenhandels zu gründen. Der Kapitän lud Holman zur Mitreise ein, und mit der Begründung, daß ein wärmeres Klima seinem allgemeinen Gesundheitszustand guttun würde, durfte er seinen Heimplatz in Windsor auf Zeit verlassen. Stärkung in einer Gegend zu suchen, die allgemein als das Grab des Weißen Mannes bekannt war, scheint eine merkwürdige Wahl zu sein. Aber Holman glaubte, daß nicht die klimatischen Bedingungen ungesund waren, sondern die Ernährungs- und Lebensweise derer, die dorthin geschickt wurden.

Regelmäßige Übungen und Abstinenz sollten sich als starke Gegenmittel erweisen; während innerhalb eines Jahres über die Hälfte der Schiffsbesatzung starb, erfreute sich Holman einer ausgezeichnete Gesundheit. Und wenn sich gelegentlich ein leichter Fieberanfall einstellte, hatte er seine eigene probate Abhilfe: »ich nahm Kalomel, enthielt mich jeglicher Nahrung, trank viel, hielt mich ruhig und beschäftigte meinen Geist mit angenehmen Gedanken.«

Sein einbändiger Bericht von seinem Aufenthalt auf Fernando Po verdient mehr Aufmerksamkeit, als ihm zuteil wurde. Es gibt wohl nur wenige ausführlichere und faszinierendere Einblicke in das Unternehmen einer Siedlungsgründung. Das Sichten des Landes, die ersten Begegnungen mit einer äußerst primitiv lebenden Bevölkerung, die Vermessung der Insel (ein Fluß wurde nach Holman benannt) und die Planung des Forts (namens Clarence mit den umgebenden Ansiedlungen Bushy Park, Longfields, Paradise und Newland) – alles wird mit einem naiven Stolz beschrieben. Holman fungierte nicht nur als der selbst ernannte Chronist der Expedition, sondern spielte auch eine führende Rolle bei der Erkundung des Landesinneren und kostete als erster Affenfleisch. Für die nackten Einwohner muß seine Blindheit ein willkommener Beweis dafür gewesen sein, daß die weißen Neuankömmlinge tatsächlich Mitglieder der menschliche Rasse und den gleichen Gebrechen unterworfen waren wie sie. Während seine Mitsiedler argwöhnisch und wachsam blieben, gab Holman gerne jedem der Eingeborenen seinen Arm, der bereit war, ihn zu nehmen. Solches Vertrauen wurde großzügig erwidert.

»Heute morgen, bald nach dem Anlegen am Flußufer, traf ich auf eine Schar von Eingeborenen, denen ich wie gewöhnlich die Hand schüttelte. Aber eine junge Frau, die bemerkte, daß ich sie nicht sogleich als eine alte Bekanntschaft wiedererkannte, legte meine Hand auf ihren Busen. Ihre Verwandten und Landsleuten lachten alle herzlich und schienen mein Erstaunen sehr zu genießen. Wenn jedoch irgend jemand von uns sich eine solche Freiheit aus eigenem Antrieb herausgenommen hätte, wären die Männer höchst empört gewesen, denn sie sind auf ihre Frauen äußerst eifersüchtig.«

Am ersten Weihnachtsfeiertag 1827 wurde Clarence mit einer langen Proklamation, drei Hochrufen, dem Absingen von God Save the King und einem königlichen Salut von der *Eden* offiziell in Besitz genommen. Im April waren die Kasernen errichtet und die ersten Wohnhäuser fertig. Aber als das wichtigste Gebäude erwies sich das Krankenhaus. Holman gehörte zu der Handvoll von Leuten, die überhaupt noch Dienst tun konnten. Die Kranken mußten abtransportiert und neue Männer herangeschafft werden. Man beschloß, die Eden nach Sierra Leone zu entsenden, und Holman fuhr mit. Er hatte Fernando Po erschöpfend kennengelernt.

Seine weiteren Pläne standen noch nicht fest. Er erwog eine Tour durch Sierra Leone und rechnete sich vielleicht Chancen aus, das Rätsel zu lösen, das immer noch das Schicksal des großen Mungo Park umgab. Dann begegnete die Eden vor der Insel Ascension zufällig einem holländischen Schiff, das unterwegs nach Rio de Janeiro war. Vor wenigen Jahren noch hätte der vorsichtige und methodisch vorgehende Holman eine solche Gelegenheit kaum erwogen. Nun aber, 42 Jahre alt und ein erfahrener und abenteuerlustiger Reisender, der noch drei Viertel der Erdkugel zu entdecken hatte, zögerte er nicht. Eine Entscheidung, mit der sich früher seitenlang abgequält hätte, wurde nun ohne Kommentar mit einem einzigen Satz erwähnt. Er segelte nach Brasilien.

So begann die außergewöhnliche Odyssee, die ihn in den folgenden vier Jahren schließlich doch noch um die Welt führen sollte. Die Geschichte dieser von Zufällen bestimmten Reisen wird in vier dicken Bänden, jeder über fünfhundert Seiten lang, erzählt.* Ihr fehlt der Zusammenhalt und die Frische der Schilderung seiner sibirischen Reise; am Ende spürt man, daß selbst Holmans Appetit auf Neues sich der Übersättigung näherte. Es war in der Tat ein einzigartiger Kraftakt.

Von Brasilien brach er nach Cape Province, Sansibar, Mauritius, Ceylon, Madras, Kalkutta, Kanton, Tasmanien, New South Wales und Neuseeland auf. Von dort ging es zurück nach Brasilien, bevor er schließlich wieder die Themse hinaufsegelte. Diese langen und oft langweiligen Schiffsfahrten waren jedoch nur die Verbindungen in einer Reihe interessanter und aufregender Exkursionen. Von Rio ritt er tief ins Landesinnere und erkundete das Minengebiet am Rande des Mato Grosso; und von Kapstadt treckte er fünfhundert Meilen die Küste entlang. Dort erlitt er, auf einem großen Pferd reitend, drei schlimme Stürze und hätte sich ohne seinen festen Biberhut den Schädel gebrochen. Sansibar, Ceylon und Tasmanien durchquerte er zu Fuß, und in New South Wales erforschte er die Küstengebirge südlich von Sydney. In Kanton probierte er Opium, in Südafrika ging er in einen Schwarm Heuschrecken verloren, und in Ceylon jagte er »mit ein wenig Hilfe von meinen Freunden« Elefanten und Alligatoren.

Wie immer reiste er allein und mit »äußerst begrenzten pekuniären Mitteln« und vertraute auf »göttlichen Schutz und die Sympathie der Menschen für die Ansprüche von Personen, die in solchen Umständen leben wie ich«. Und »ich wurde nicht enttäuscht«. Die Geschichte seiner Reisen sagt soviel über seine Mitmenschen aus wie über ihn. Nicht einmal wurde er betrogen, geschweige denn ausgeraubt. Das Ärgste, was ihm widerfuhr, war die rauhe Behandlung, die ihm der Zar und sein Feldjäger zuteil werden ließen.

Was er wirklich bedauerte, war nicht, daß er nicht die Wunder der Natur sehen konnte, sondern daß er unfähig war, sie angemessen zu beschreiben. In einer ergreifenden Passage verlieh er seiner Enttäuschung Ausdruck.

> »Auf Berggipfeln und in tiefen grünen Wäldern haben mich so starke und wahrhaftige Gefühle aufgewühlt, als würde ich

* James Holman, *A Voyage round the World*, 1834.

alles mit der Segnung des Augenlichts betrachten. Kein Zweifel, die Winde der Hügel und die feierliche Stille der gefallen Blätter teilten etwas mit. Es drang in mein Herz ein, und ich hätte weinen können, nicht weil ich nicht sah, sondern weil ich nicht alles sagen konnte, was ich fühlte.«

In den 1840er Jahren machte er seine letzte Reise – in den östlichen Teil des Mittelmeers –, aber der Bericht darüber wurde nie veröffentlicht. James Holman starb 1857 in London.

Kapitel 4

»Ein Weißer aus Yorkshire«

Charles Waterton (1782 - 1865)

AM ENDE EINER LANGEN EINLEITUNG zu seinen *Essays on Natural History* entschied Charles Waterton, sich der Neugier der Öffentlichkeit zu beugen und eine autobiographische Skizze beizufügen. Er wußte, daß Leser gerne auch ein Bild des Autors abgedruckt sahen. Aber diesem Wunsch konnte er nicht nachkommen. Er hatte einen tiefen Widerwillen dagegen, für einen Maler Modell zu sitzen. Stattdessen schrieb er ein kurzes und uneitles Selbstporträt.

> »Ich wurde auf Walton Hall nahe Wakefield in der Grafschaft von York vor fünfundfünfzig Jahren geboren: das sagt mir, daß ich nicht mehr der Jüngste bin, aber ... tatsächlich fühle ich mich, als ob ich nicht älter als dreißig wäre. Ich bin ganz verschont von rheumatischen Schmerzen und in den Gliedern noch so beweglich, daß ich mit der größten Leichtigkeit einen Baum erklimmen kann... Ich bin fast sechs Fuß groß. Wenn ich mich im Spiegel anschaue, sehe ich sofort, daß mein Gesicht alles andere als schön ist. Der ständige Aufenthalt in der Sonne und die Unwetter der Tropen haben es gefurcht und ihm eine Farbe gegeben, die weder Rowlands Kalydor [eine Gesichtscreme] noch all die Kosmetika auf Belindas [eine Figur aus Alexander Popes Komödie *Der Raub der Locke*] Toilettentisch zu entfernen in der Lage wären.«

Sein Haar, einst »ein Farbton zwischen Braun und Schwarz«, sah nun aus, als wäre es »in einer Novembernacht dem Rauhreif ausgesetzt gewesen«. Und es war kurz geschnitten, ein damals ganz ungewöhnlicher Bürstenschnitt. Oberhalb der Taille sei seine Statur wenig bemerkenswert, aber seine Beine, meinte Waterton, zeigten »große Muskelkraft«, das Ergebnis von fünfzig Jahre Baumklettern. »Würde ich bei einer Pferdeschau ausgestellt werden, könnte ein gebildeter Jockey erklären: Er ist halb Rosinante, halb Bucephalus.«

Waterton porträtiert von seinem Freund Charles Peale.

Mit einer für ihn typisch skrupulösen Achtung vor der Wahrheit gestand Waterton, daß er tatsächlich einmal für ein Porträt gesessen hatte. Der Künstler war Charles Peale aus Philadelphia (übrigens der Vater von vier Söhnen mit den Vornamen Raphael, Rembrandt, Rubens und Titian), und das Gemälde hängt heute in London, in der National Portrait Gallery. Es zeigt ein vornehmes Gesicht mit einem leicht gequälten Ausdruck, aber es gibt keinen Hinweis auf seine damalige Reputation. Für einen hervorragenden Naturforscher lag es nahe, den Haubenfinken, der keck auf seinem Zeigefinger balanciert, in das Bild aufzunehmen. Und warum sollte er nicht auch ein Beispiel seiner Arbeit als innovativer Taxidermist zeigen? Aber wohl niemand außer Waterton mit seiner unfehlbaren Neigung zum Grotesken hätte sich dafür entschieden, die Leinwand mit dem abgetrennten Kopf einer traurig dreinblikkenden Katze zu teilen.

Er wurde 1782 als Erbe von Walton Hall geboren und konnte mit Recht behaupten – und tat es häufig –, daß seine Familie zu den ältesten in England gehörte. Watertons hatten bei Crécy und Argincourt mitgekämpft, werden in Shakespeares *Richard II.* erwähnt, nahmen an der Schlacht von Marston Moor teil und verteidigten ihren Landsitz gegen Oliver Cromwells Truppen. Noch weiter zurück zählte die Familientradition unter ihren Vorfahren sieben gekrönte Häupter und ebenso viele kanonisierte Heilige. (Sie reichen von der »Kaiserin Anna von Rußland« im neunten bis zu dem Heiligen Ludwig von Frankreich im dreizehnten Jahrhundert.) Reliquien eines anderen Heiligen und Vorläufers, Thomas Morus, wurden in der Privatkapelle von Walton Hall aufbewahrt. »Bis zur Herrschaft von Heinrich VIII. war für die Watertons alles glänzend gelaufen«, aber für Neuerungen, religiös oder politisch, konnte sich die Familie nicht erwärmen. Die Reformation von »Harry dem Achten, unser königlicher Bock«, die Republik unter Cromwell und die Vertreibung James II. durch »jenen verkommenen Ausländer«, Wilhelm von Oranien, wurden von den Bewohnern von Walton Hall als schockierende Beispiele nationaler Degeneration angesehen. Sie waren strenge Katholiken, Royalisten und Jakobiten und sahen sich als die Hüter guter alter englischer Tradition. Obgleich sie kein Amt innehaben durften, oft mit hohen Geldzahlungen bestraft und gelegentlich eingesperrt wurden, blieben sie stolze und geachtete Mitglieder des konservativen Landadels von Yorkshire.

Der junge Charles war keine Ausnahme. So äußerte er sich einmal, »ich würde es lieber riskieren, mit Saint Edward, dem Bekenner, dem Ehrwürdigen Beda und dem Heiligen Thomas von Canterbury in die Hölle hinabzusteigen als mit Heinrich VIII., Queen Bess [Elizabeth I.] und dem Holländer Wilhelm den Himmel zu erstürmen.« Er wurde auf eine örtliche Schule geschickt, wo er nichts lernte »außer einer enormen Geschicklichkeit in der Kunst, Vogelnester zu finden«, und später dann zu der neuen Jesuitenschule in Stonyhurst. Dort widmete er sich ganz seinen zoologischen Studien; aber die guten Patres bemerkten, daß dies mehr war als nur die Reaktion eines Schuljungen auf langweiligen Unterricht. Watertons Leidenschaft für Vögel und Vierbeiner mochte auf eine wissenschaftliche Karriere hinauslaufen; bestimmt hatte sie auch einen praktischen Nutzen, und bald schon fand man dafür zur Zufriedenheit aller Beteiligten eine Lösung.

Die Internat lagerte »einen Überfluß an Lebensmitteln« und war infolgedessen von Ratten überlaufen.

> »Die Fähigkeiten, die ich bei der Verkürzung der Lebensbahn dieser gefräßigen Eindringlinge zeigte, brachten mir unfehlbar beträchtliche Aufmerksamkeit.... In gegenseitigem Einvernehmen agierte ich als der Rattenfänger der Anstalt, und auch als Fuchsjäger, Iltistöter und Armbrustschütze in der Zeit, wenn die jungen Krähen flügge wurden. Darüber hinaus erfüllte ich zur völligen Zufriedenheit aller die Pflichten eines Bälgetreters und Ballmachers.
>
> Ich war nun auf der Höhe meines Ehrgeizes.
>
> Potera iam, Cadme, videri . . . felix.*
>
> Ich widmete mich meinen Aufgaben mit großem Erfolg. Das Ungeziefer verschwand dutzendweise, die Bücher wurden in Maßen studiert, und gemäß meiner Vorstellung von den Dingen lief alles perfekt.«

Die nachsichtige Haltung der Jesuiten wurde reichlich vergolten. Waterton stellte seinen Glauben nie in Frage und, seinem häufigen Gebrauch lateinischer Zitate nach zu urteilen, muß er die Bücher mehr als nur mäßig studiert haben. Er entpuppte sich als der Treueste der Ehemaligen, und es verging kaum ein Jahr, in dem er nicht seine alte Schule besuchte oder sich in Festschriften bei der Gesellschaft Jesu bedankte.

In den folgenden Jahren entwickelte Waterton eine völlig andere Einstellung zu Krähen, Füchsen und Iltissen. Aber gegen die Ratte (um genau zu sein, *rattus norvegicus*) kämpfte er sein Leben lang mit gnadenloser Härte. Tod mit Gift, Fallen und abgerichteten Tieren verbreitend, wütete er wie die Beulenpest unter ihren Überträgern – nur daß für einen Waterton diese

* »Jetzt konnte man, Cadmus, für glücklich dich halten.« Aus Ovids Metamorphosen.

ekelhafteste aller Kreaturen nicht einfach die norwegische oder braune, sondern »die hannoveranische Ratte« war. Sein Vater hatte gute Beweise dafür, daß die ersten Exemplare dieser Spezies auf britischem Boden aus demselben Schiff kamen, das George I. von Hannover an Land brachte. Die Lektion war unmißverständlich; und während sich die Watertons widerwillig im Establishment der neuen Dynastie einrichteten, ließen sie ihrem jakobitischen Groll über die lang bezopften Günstlinge der Hannoveraner freien Lauf. Es war wie so oft bei den Watertons ein Rückzugsgefecht. Gegen Ende des 18. Jahrhunderts hatte sich *rattus norvegicus* ungeheuer vermehrt und die kleinere einheimische Spezies so gut wie ausgerottet. Als Waterton schließlich doch noch ein solitäres Exemplar von *rattus rattus* aus der Nähe sah, konnte er kaum seine Tränen zurückhalten. »Armer verfolgter Brite! Hart fürwahr ist das Schicksal deiner Familie! Noch eine Generation, und sie wird wahrscheinlich für immer im Staub versunken sein.«

Nach dem Abgang von der Schule verbrachte er ein Jahr zu Hause und wurde dann 1802 nach Spanien geschickt, um zwei dort lebende Onkel zu besuchen. Auf hoher See half er mit, eine Meuterei niederzuschlagen, er verirrte sich in Cadiz, und er studierte die Affen auf dem Felsen von Gibraltar. Die Onkel hatten sich in Malaga niedergelassen, und dort verbrachte Charles ein angenehmes Jahr mit Vogelbeobachtungen und Spanischunterricht. Er war im Begriff, abzureisen, als »das schwarze Erbrechen« – offensichtlich Gelbfieber – sich einstellte. »Jeder neue Tag legte Zeugnis davon ab, daß die Dinge nicht so waren, wie sie sein sollten«, berichtete der junge Waterton meisterhaft untertreibend. Leichen häuften sich auf den Straßen, Totenkarren ratterten über das Kopfsteinpflaster, und wer mittags noch irgendwo zu Gast war, konnte am nächsten Morgen tot in seinem Bett liegen. Die Stadt wurde unter Quarantäne gestellt. Tagelang litt Charles an Erbrechen, Fieber und »den scheußlichsten Krämpfen«. Er kam durch, aber vierzehntausend nicht, unter ihnen einer seiner Onkel, der in einem Gemeinschaftsgrab bestattet wurde (»ein spanischer Marquis lag direkt unter ihm«). Auf die Epidemie folgte ein Erdbeben, das die Überlebenden nackt aus den Häusern jagte; Waterton hatte gerade noch Zeit, um seine »Unaussprechlichen« anzuziehen. Die Szenen des Elends auf den Straßen überzeugten ihn endgültig, daß es »höchste Zeit war zu verschwinden.«

Einige Wochen später befand er sich wieder sicher in den Mauern von Walton Hall, und geringere Sterbliche wären wohl versucht gewesen, sich ganz zurückzuziehen und dem Reisen für immer abzuschwören. Aber noch fand Waterton ein häusliches Leben auf dem Land nicht verlockend, und dies war auch nicht der rechte Ort, um sich von den Nachwirkungen des Gelbfiebers zu erholen. Auffällig viele Reisende und Forscher kamen das erstemal in die Gegenden ihrer zukünftigen Lebensaufgabe mit der Idee, dort zu gesunden. So war es auch bei Waterton. Auf der Rückreise von Spanien hatte er sich eine schwere Erkältung geholt, die »die Lunge angriff« und ihn beinahe umgebracht hätte. In Yorkshires eisigen Winden drohte ein Rückfall. Er brauchte die Sonne und machte sich zu wärmeren Regionen auf, bevor ein weiterer Winter hereinbrach. Sein Ziel war Demerara.

Einige Jahre zuvor war seine Tante, eine Lady von großer Schönheit, in den Straßen von Wakefield einem Mr. Daly aus Guyana aufgefallen. Solche unwahrscheinlichen Begegnungen waren, was die Watertons anging, überhaupt nicht unwahrscheinlich und erwiesen sich stets als folgenreich. Nach einer angemessenen Wartezeit bat Mr. Daly um die Hand der Miss Waterton und wurde erhört. So begann die Verbindung der Familie mit den Plantagenbesitzern an der Nordostküste von Südamerika. Als der dreiundzwanzigjährige Charles dorthin aufbrach, sollte er sich auch um die Familienplantagen nahe Georgetown, drei an der Zahl, kümmern. Wie der Ort war, der unter der gerade zu Ende gegangenen niederländischen Herrschaft Starbroek hieß, läßt sich nur schwer vorstellen. Waterton gibt kaum Hinweise. Von Anbeginn war er nur an der Fauna und Flora des Landes interessiert.

> »Während ich mich auf den Besitzungen aufhielt, hatte ich die schönsten Gelegenheiten, die Wasservögel von Guyana zu studieren; sie waren in großer Fülle an der ganzen Meeresküste und in den Süßwassersümpfen hinter den Plantagen. Kein Land auf der Welt bietet dem Ornithologen ein größeres und ergiebigeres Feld als unsere viel gerühmte Kolonie von Demerara.«

Mit einigem Stolz berichtet er, daß er in der dortigen Miliz Dienst tat und ein paar unklare und ergebnislose Missionen offiziöser Art unternahm. Ansonsten konzentrierte er sich auf die Vogelwelt. Viele seiner Beobachtungen, die er später veröffentlichte, müssen in dieser Zeit stattgefunden haben wie auch die überlieferten Anekdoten; selbst ein Waterton konnte kaum so viele bizarre Begegnungen mit dem Tierreich auf den nur noch kurzen Streifzügen gehabt haben, die seinen acht Jahren auf den Plantagen folgten.

Einen Vorgeschmack von dem, was kommen sollte, gab jene Episode mit einer Giftschlange, die sich während einer Auftragsreise zu dem spanischen Gouverneur des benachbarten Orinoco zutrug. In einem von den Spaniern bereitgestellten Schoner stromaufwärts lavierend, erspähte Waterton zusammengerollt in einem Gebüsch am Ufer eine Lanzenotter oder Jaracara. Er schoß und verletzte, aber tötete sie nicht. Dann, »begierig, sie zu präparieren«, stürzte er sich ins Unterholz, um die Schlange zu packen und an Bord zu verstauen. Der Steuermann war davon nicht angetan und drehte ab. Unerwartet hing Waterton nun an einem wippenden Ast, der ihn immer wieder halb ins Wasser tauchte, ein verlockender Köder für Alligatoren; die verwundete Schlange lag nicht weit entfernt. Eine mißlichere Lage ließ sich kaum vorstellen, und sie symbolisierte gewissermaßen alle seine zukünftigen Wagnisse im Dienste der Wissenschaft. Endlich hatte die Schiffscrew Mitleid mit ihm. Das Boot kehrte zurück, und der tropfnasse Reisende kletterte an Bord. Aber zuvor sicherte er seine Jagdtrophäe.

> »Die Länge der Schlange betrug acht Fuß. Sobald ich meine Kleider gewechselt hatte, tötete ich sie und machte ein Präparat ihres Kopfes.«

Solche Abenteuer, wenn sie den »wirklichkeitsfernen Naturforschern« zu Hause präsentiert wurden, stießen fast immer auf Widerspruch. Waterton wurde vorgeworfen, er habe »eine hartnäckige Neigung, die Wahrheit in das Gewand der Fiktion zu kleiden«. Seine Reaktion darauf war, daß er seine Kritiker aufforderte, jeden von ihm berichteten Vorfall sorgfältig zu bedenken; wenn ihm dann immer noch jemand Phantasterei unterstellte, sollte er persönlich bei ihm erscheinen, und er war sicher, jeden Zweifler bald überzeugen zu können. Natürlich nahm niemand diese Herausforderung an; aber sie konnte auch nicht die allgemeine Skepsis aus der Welt schaffen. Zu der Behendigkeit und Tollkühnkeit des Reisenden, mit der er unweigerlich in physischen Kontakt zu seinen Exemplaren kam, hatte Waterton dies zu sagen:

> »Manche meiner Begegnungen mit wilden Tieren mögen den Lesern an ihrem Kaminfeuer haarsträubend und beängstigend vorkommen; aber mir ging es im Urwald nicht so... Ich war auf Überraschungen gut vorbereitet. Ich zog mit der Absicht los, wilde Tiere zu sehen, und wenn ich sie dann fand, wäre es mir unmöglich gewesen, mich von der tatsächlichen Berührung mit ihnen zurückzuhalten.«

Mochten sich andere Naturforscher mit der genauen Beobachtung von Tieren begnügen, Waterton mußte sie buchstäblich in den Griff bekommen. Charles Darwin, in seiner Jugend auch ein Rattenfänger und späterer Verehrer von Waterton, war zu der Zeit noch ein Kind – er wurde 1809 geboren –, und auch die Naturgeschichte steckte noch in den Anfängen. Ihr Ziel war nicht das Studium, sondern die Sammlung von Exemplaren. Und wenn das Objekt ohne große Beschädigungen beschafft werden konnte, um so besser für Präparation und Wissenschaft. Waterton hatte weder Ausrüstung noch genügend Zeit zum Fallenbau; wenn ein Köder nötig war, bot er sich eben selbst an.

1812 gab er schließlich die Verwaltung der Familienplantagen auf, um sich ganz auf seine Wissenschaft zu konzentrieren. Sein Vater war inzwischen gestorben, und Charles erbte den Titel Squire [Gutsherr, Landedelmann] of Walton, unter dem er später allgemein bekannt wurde. Das Landgut Walton Hall war nicht riesig, aber es sicherte ihm für den Rest seines Lebens ein bescheidenes Einkommen. Er war nun frei, seinen Neigungen nachzugehen. Zuerst machte er sich ins Landesinnere von Guyana bis zur Grenze des portugiesischen Territoriums (dem heutigen Brasilien) auf.

Offensichtlich war ein Ziel dieser Reise, Proben eines tödlichen Gifts zu sammeln, das er »wourali« nannte und wir als Curare kennen. Waterton war früh schon stark interessiert daran, seine Begeisterung für den südamerikanischen Dschungel mit anderen zu teilen und ihn als ein Paradies für Naturforscher bekannt zu machen. So kam er auf die Idee, seine Berichte in der zweiten Person Singular zu schreiben. Den »geneigten Leser« anzusprechen, war in der Literatur jener Zeit nicht ungewöhnlich, aber wohl nur wenige Autoren folgten dieser Konvention mit so viel Umständlichkeit wie er.

> »Wenn du in der Kühle des Abends verlockt worden bist, dich zu weit von deinem Wohnsitz zu entfernen, und kein Licht hast, um die Informationen aufzuschreiben, die du gesammelt hast, ist der Leuchtkäfer, den du in fast jedem Busch um dich herum sehen kannst, deine Kerze. Halte ihn über deinem Notizbuch in einer Position, von der du weißt, daß sie ihn nicht verletzt, und er wird dir reichlich Licht spenden. Und wenn du damit fertig bist, setze ihn sanft wieder auf den nächsten Zweig neben dir. Für seine Dienste will er keine andere Entlohnung.«

Da er vielleicht merkte, daß diese unfreiwillig komische Redeweise seinen ansonsten anschaulichen Beschreibungen des Dschungellebens irgendwie abträglich war, versuchte er es mit der zweiten Person Plural. Doch das Resultat war ebenso unbefriedigend.

> »Das Indianerlager, in dem ihr nun seid, ist nicht der richtige Ort, um die portugiesische Grenze zu erreichen. Ihr seid zu weit westwärts gegangen. Aber es gab keine Alternative. Der Erdboden zwischen euch und einer anderen kleinen Siedlung (welche das richtige Ziel gewesen wäre) war überflutet; und anstatt südwärts weiterzugehen, ward ihr gezwungen, euch auf Abwegen längs des Fußes der westlichen Hügel durchzuwinden.«

»Auch so«, konnte der Autor nicht umhin zu bemerken, »ging es nicht«. Schließlich kehrte er zur ersten Person zurück. Aber da hatte er den »geneigten Leser« bereits über vierhundert Meilen die Flüsse Demerara und Essequibo hinaufgeführt und näherte sich seinem Ziel, dem portugiesischen Fort am Rio Branco, einem Nebenfluß des Amazonas. Für einen einzelnen Weißen war die Reise eine beachtliche Leistung und stellt den einzigen Anspruch des Squires auf Ruhm als Forschungsreisender dar. Unglücklicherweise lesen sich die geographischen Angaben, die ihm gelegentlich entschlüpfen, eher wie eine Reihe von Fingerzeigen bei einer Schatzsuche, als wollte er seine Leser nicht allzu sehr belasten. Jedenfalls fügte er den ungenauen Landkarten von damals nichts hinzu, und heute läßt sich seine Route kaum rekonstruieren.

Von viel größerem Interesse waren seine Beschreibungen der Fauna und Flora. Bäume, Tiere und vor allem die Vögel verzeichnete und beschrieb er mit wahrer Begeisterung. Vieles von dem, was er zu sagen hatte, war für die Naturwissenschaft neu, und für die Leser zu Hause muß seine plastische Schilderung der Farben und Geräusche des tropischen Dschungels wie eine Offenbarung erschienen sein – selbst wenn sie immer wieder von Watertons Schrulligkeit beeinträchtigt wurde.

> »Wenn dich in deiner Hängematte der Gedanke an deine kleinen Leiden und Enttäuschungen im Auf und Ab deines Lebens überfallen und dich in eine nachdenkliche Stimmung versetzen sollte, dann wird die Eule dir Gesellschaft leisten. Sie wird sagen, daß schwer auch ihr Schicksal ist; und zwischendurch werden ›Whippoorwill‹ und ›Willycomego‹ [Nachtschwalben] auf ihre Weise die Erzählung von Kummer und Sorge fortführen.«

Der größte Teil des Urwalds war unbewohnt, aber in dem offeneren Land nahe der portugiesischen Grenze gelang es Waterton zu seiner großen Freude, sich mit den Makushi Indianern bekannt zu machen. Das Curare dieses Stammes galt als das giftigste. Es wurde behauptet, daß ihre Pfeile, von einem Bogen oder Blasrohr abgeschossen, Tier und Mensch auf der Stelle töteten. Gab es je ein Gift von so rascher Wirkung? Und was waren seine Bestandteile? Bald schon erwarb und erprobte Waterton die tödliche Substanz, als ob sie irgendein Allheilmittel wäre. Tatsächlich kam er schnell zu der Überzeugung, daß Curare von medizinischer Bedeutung sein könnte. Das Interessante an der Sache war, daß das Opfer sein Leben ohne Krämpfe oder Schmerz auszuhauchen schien. Könnte es daher nicht das muskelentspannende Gegenmittel für eine konvulsive Krankheit wie Tollwut sein? Sein Freund Mr. Sewell von der Tierärztlichen Fakultät in London war ganz sicher dieser Meinung.

Die Aussicht, der Menschheit vielleicht zu nützen, machte es dem Squire leichter, sich an die sehr unangenehme Aufgabe der Tierexperimente zu gewöhnen. Hühner, Hunde, ein dreizehiges Faultier und sogar ein Ochse wurden geopfert. Das Gift wirkte ausgezeichnet; die Hühner überlebten kaum fünf Minuten, das Faultier fiel nach elf Minuten in die Bewußtlosigkeit, und der Ochse, wohlgenährt und »zwischen neunhundert und tausend Pfund an Gewicht«, starb mit einigen unerwarteten Zuckungen nach einer knappen halben Stunde. »Wir aßen davon am Abend, und er schmeckte frisch und saftig.« (Das Gift hatte keine Wirkung auf das Fleisch.)

Diese dramatischen Ergebnisse waren nicht überraschend, wenn man bedenkt, daß die Makushi für ihre Mischung nicht nur die Curarepflanze (*Strychnos toxifera*) verwandten, sondern auch zwei Arten von Stechameisen, die zerstoßenen Fangzähne von Giftschlangen, toxische Blätter und »ein Quantum stärksten indianischen Pfeffers«. Dagegen erwiesen sich ihre Gegenmittel – Eintauchen in Wasser und große Mengen Honig – als wenig wirksam. Waterton beschloß, seine Experimente in einer angenehmeren Umgebung und unter besseren Bedingungen fortzusetzen. Sorgfältig versiegelte er seine Schätze in Wachskugeln und machte sich auf den Heimweg.

Bereits in San Joaquim hatte ihn Malaria oder vielmehr »ein Tertianfieber« erwischt. Nun wurde er auf der Rückreise wieder schwer krank, »so daß allem Anschein nach seine letzte Stunde gekommen war« (der Squire experimentierte zeitweise mit der dritten Person). Er schaffte es gerade noch bis zu der Plantage eines Freundes nahe der Mündung des Demerara, blieb dort kurze Zeit und segelte dann nach England zurück. Es folgte eine lange Genesungszeit.

> »Dreimal kehrte der Herbst wieder und der fiebergeschüttelte Wanderer sah nie ohne einen Seufzer die Schwalben ihren Flug in wärmere Regionen richten. Er wäre auch gerne dorthin aufgebrochen, aber er konnte es einfach nicht; denn eine Krankheit hatte ihn geschwächt, und die Vernunft verwies auf die Torheit, zu früh wieder durch die nördlichen Tropen zu streifen.«

Die Wartezeit verbrachte er mit Curareexperimenten, über die er auch publizierte. Nun mußten Esel herhalten, und der Schauplatz war das Tierärztliche College in London. Das erste Tier wurde ins Bein geimpft und starb innerhalb von zwölf Minuten. Ein zweites, ähnlich behandelt, aber mit einem Tourniquet direkt über dem Einschnitt, lief unbekümmert umher, bis der Druckverband entfernt wurde. Es starb dann in zehn Minuten. Nummer drei wurde in die Schulter inokuliert und tat auch seinen letzten Atemzug in der zehnten Minute. Aber diesmal war Waterton gut vorbereitet.

> »Ein Luftröhrenschnitt wurde vorgenommen, und durch die Öffnung wurde die Lunge zwei Stunden mittels eines Blasebalgs regelmäßig mit Luft gefüllt. Das suspendierte Leben kehrte zurück. Die Eselin hob ihren Kopf und schaute umher; aber sobald die Luftzufuhr aufhörte, sank sie einmal mehr in einen offensichtlichen Todeszustand. Die künstliche Beatmung wurde wieder aufgenommen und zwei Stunden ohne Unterbrechung fortgesetzt. Das bewahrte das Tier vor der endgültigen Auflösung; es stand auf und lief umher; es schien weder unruhig zu sein noch Schmerzen zu haben.«

Ein Jahr lang ging es der Eselin wie dem Squire gar nicht gut. Aber der Herzog von Northumberland, einer von Watertons einflußreichsten Gönnern, sorgte gütigerweise dafür, daß sie nach Walton Hall gebracht wurde, und dort »wurde sie bis zum Hochsommer fett und munter«. Der Squire nannte sie Wouralia. »Wouralia soll vor den Winterstürmen geschützt werden; und wenn der Sommer kommt, soll sie auf satten Weiden grasen. Keine Lasten wird sie mehr tragen, und sie soll ihre Tage in Frieden beenden.« Genau das tat sie im Jahre 1839, fünfundzwanzig Jahre nach dem Curareexperiment.

Die erfolgreiche Wiederbelebung durch Sauerstoff führte zum nächsten Schritt, nämlich das Gift bei einem Tollwutopfer anzuwenden. 1830 rettete in Nottingham ein Polizist namens Phelps einen kleinen Hund, der in einem Kanalschacht festsaß, und wurde für seine Mühen mit einem Biß belohnt. Constable Phelps war ein Mann nach Watertons Herzen; er liebte Tiere, war ein respektierter Hüter des Gesetzes und hatte Mut. Bald nach dem Biß fühlte sich Phelps unwohl und erkannte die Ursache; er sagte Frau und Kindern und seinen Kollegen auf der Wache Lebewohl, begab sich zur städtischen Chirurgie und bat die Ärzteschaft von Nottingham, mit ihm zu tun, was sie vermochte. Verschiedene Heilmittel wurden ohne Erfolg versucht, bevor sich jemand an den Squire von Walton und sein Curare erinnerte. Ein Eilbote wurde nach Wakefield geschickt. Waterton eilte zum Ort des Geschehens. Aber leider zu spät. Der arme Phelps war bereits tot, als er eintraf.

Eine weitere Reihe von recht erfolgreichen Experimenten mit Eseln folgte. Von Versuchen an Menschen war jedoch nicht mehr die Rede, denn so genial die Curarebehandlung auch sein mochte, sie fand nie die Zustimmung der Mediziner.

Während »der fiebergeschüttelte Wanderer« seine ersten Tierexperimente durchführte, kam unerwartet seine Anerkennung als Weltreisender und Naturforscher durch Lord Bathurst, den Kolonialminister. Waterton war so wie Mungo Park, Thomas Manning und fast jeder Entdeckungsreisende des frühen 19. Jahrhunderts von Sir Joseph Banks, Präsident der Royal Society, unterstützt worden. Kein Zweifel, daß Banks daran beteiligt war, ihn als Reisenden im offiziellen Auftrag anzuwerben, und in der Tat freute sich Waterton über das Interesse des Kolonialministers. Aber offenkundig fehlte ihm der rücksichtslose Ehrgeiz, der die professionellen Forscher auszeichnete. Als Lord Bathurst ihm das Angebot machte, die natürlichen Erzeugnisse Madagaskars und der Seychellen zu erforschen, nahm er es erst an und zog sich dann wieder mit der vagen Entschuldigung zurück, daß seine Gesundheit noch geschwächt sei. Ein solches Verhalten war nicht geeignet, ihn bei den Autoritäten beliebt zu machen, und nachdem er noch ein anderes Unternehmen von Banks – eine Erkundung des Kongos 1817 – ausgeschlagen hatte, fand er nie wieder das Wohlwollen der einflußreichen Leute.

Stattdessen ging er seine eigenen Wege; als er sich wieder für stark genug hielt, segelte er abermals nach Südamerika. Sein Ziel war diesmal Pernambuco – das heutige Recife – am Horn von Brasilien. Waterton konnte dort wenig finden, was den Ort empfehlenswert machte. Die Straßen waren schmutzig, und so etwas wie Stadtplanung existierte nicht. Seine geliebten Jesuiten, verboten und vertrieben, hatten selbst unter den Portugiesen zu leiden, und ihr ehemaliges Kolleg diente nun einem Elefanten als Stall. Im botanischen Garten hatte er, während er einem Schwarm weiß gesprenkelter Pirole nachjagte, eine unerwartete Begegnung mit einer Klapperschlange; »ein sofortiger Sprung rückwärts verhinderte fatale Folgen«. Als dann die Regenzeit einsetzte und die Vögel zu mausern begannen, reichte es ihm.

»Es war Zeit, irgendwohin weiterzuziehen. Die Beförderung ins Landesinnere erfolgte nur zu Pferd; und diese Art zu reisen würde zusammen mit den schweren Regen präparierte Exemplare ganz sicher beschädigen. Die Reise nach Maranhão zu Lande würde mindestens vierzig Tage dauern. Die Route war nicht wild genug, um die Aufmerksamkeit eines Forschers zu fesseln, oder zivilisiert genug, um einem Reisenden die gewöhnlichen Bequemlichkeiten zu bieten. Zu See gab es keine Möglichkeiten außer Sklavenschiffen. Da sich der Transport armer Neger von Hafen zu Hafen, um sie zu verkaufen, in Brasilien lohnt, waren die Schiffsdecks mit ihnen überfüllt. Also ginge auch das nicht.«

Schließlich entschied er sich doch für eine Brigg nach Cayenne in Französisch Guayana. Das Schiff hatte »nur schmutzige Unterkünfte«, und Waterton bereitete sich sein Lager auf einem Hühnerstall an Deck. »Selbst hier war ein unangenehmes kleines Tier, Wanze genannt, weder scheu noch fehlte es ihm an Appetit.«

Nach vierzehn Tagen kam Cayenne in Sicht. Geplant war nun, auf eine Schaluppe umzusteigen und zum Amazonas zurückzukehren, was sicher »eine Reise wild genug für einen Entdecker« gewesen wäre. Er wollte den Amazonas und den Rio Negro hinaufsegeln, dann nach Norden auf den Essequibo zuhalten und so zurück nach Georgetown kommen. Jedoch waren die Strömungen vor der Küste für diesen Plan nicht günstig. Der Amazonas führte Hochwasser, und es würde Wochen dauern, bis er zu befahren war. Überdies konnte Waterton es sich nicht leisten, in Französisch Guayana zu warten, denn »dies war nicht die Zeit für einen Reisenden, Cayenne zu genießen«. Infolge von Napoleons Niederlage bei Waterloo war die Kolonie von Portugiesen übernommen worden, und damals herrschte dort ein ziemliches Durcheinander. Deshalb änderte der Squire seine Pläne noch einmal und reiste sogleich weiter in das benachbarte Surinam (Niederländisch-Guayana). Dort machte er einen kurzen Ausflug ins Landesinnere, bevor er sich schließlich wieder nach Demerara und Georgetown begab.

Damit seine Leser nicht glaubten, daß diese zweite Reise ein völliger Mißerfolg war, verzichtete er auf den Anschein eines erzählenden Berichts zugunsten einer zweiten langen Lobrede auf Demerara und lieferte weitere Beschreibungen der Fauna.

Er behauptet, dort sechs Monate mit Vogelbeobachtungen verbracht zu haben, bevor er wieder nach England zurückkehrte, aber das Fehlen jeglicher Vorkommnisse und die wirren Zeitangaben lassen das zweifelhaft erscheinen.

Wie immer sind seine Beobachtungen der Vogelwelt vergnüglich zu lesen. Der Tukan, weiß er zu berichten, »fliegt stoßweise«. Alle in Südamerika beheimateten Arten leben »in Gemeinschaft zu zweit, sind aber nicht gesellig«, und »es fällt schwer, auch nur zu vermuten, warum die Natur den Kopf dieses Vogels mit einem so enormen Schnabel überladen hat«. Der erfahrene Ornithologe konnte keine Erklärung anbieten, aber eines Tages, als er sich zum Abendessen gekochten Tukan schmecken ließ, entdeckte er eine neue Methode, wie die leuchtenden Farben des Schnabels zu konservieren waren. Zweifellos befand sich ein Tukan unter den zweihundert ausgestopften Exemplaren, die er nach England mitnahm.

Dieser Entdeckung folgte eine beherzte Verteidigung des Spechtes. »Warum verfolgt ihr mich überall wegen eines eingebildeten Vergehens?« fragte der arme Vogel mit dem Squire als Souffleur. »Ich habe nie ein Blatt eurer Bäume beschädigt und schon gar nicht das Holz.« Tatsächlich erwies der Specht den Waldarbeitern einen Dienst, indem er die Bäume »herauspickte«, die nicht gesund waren. Ebenso unschuldig war der Ziegenmelker, »dieser verfolgte arme, kleine Vogel der Nacht«. Nie in seinem Leben hatte er einen Tropfen Ziegenmilch gestohlen, er machte nur Jagd auf die Fluginsekten, die die Herde belästigten.

Vom Geier bis zum Zaunkönig, Waterton katalogisierte alle Eigenheiten dessen, was er »die gefiederte Sippe« zu nennen pflegte. Manche Vögel leisteten den Menschen einen Dienst, andere erfreuten das Auge oder Ohr, andere wiederum erwiesen sich als eine schmackhafte Speise. Er tötete für den Kochtopf oder für die Sammlung, aber nie zum Spaß. Man spürt die staunende Freude, mit der er Gefieder, Gesang und Verhalten beschreibt. In Guyana wurde damals über Naturschutz so wenig wie in Europa gesprochen; Watertons einfache Freude am Beobachten und Beschreiben der Myriaden von Arten im Dschungel und die Behauptung ihres Rechts auf eine unabhängige Existenz waren etwas vollkommen Neues.

Immer noch war er – und blieb es bis zu seinem Tod – der auf Bäume kletternde Schuljunge, seine Leidenschaft für die freie Natur verdankte sich mehr einem eigensinnigen und wißbegierigen Charakter als wissenschaftlicher Neigung. Er zog barfuß durch die Wälder und empfahl jedem Südamerikareisenden, das gleiche zu tun.

»Laß die scharf gewürzten Gerichte, Weine und andere Lekkereien zurück; nimm nur das mit, was zu deiner eigenen Bequemlichkeit und der beabsichtigten Aufgabe nötig ist, und für Wild oder Fisch verlaß dich auf deine Geschicklichkeit oder die eines Indianers. Ein Tuch, etwa zwölf Fuß lang und zehn Fuß breit, mit Schnüren an jeder Seite, ist von großem Nutzen; in wenigen Minuten kannst du es wie ein Dach zwischen zwei Bäumen aufspannen. Darunter wirst du in deiner Hängematte jedem Regenguß trotzen und ungeachtet des nächtlichen Taus schlafen. Ein Hut, ein Hemd und eine leichte Hose ist alles, was du an Kleidung brauchst. Gewohnheit wird dich bald lehren, mit nackten Füßen leicht über die kleinen Unebenheiten des Bodens zu gehen, und dir zeigen, wie du selbst inmitten wuchernden Gestrüpps unverletzt vorankommst.... Die jungen Leute, die unbedacht ins Foyer von Drury Lane [eines der berühmtesten Theater in London] torkeln, nachdem sie die dem Gott des Weines geweihte Tafel verlassen haben, sind mit größerer Gewißheit Ruin, Krankheit und Verfall ausgeliefert als derjenige, der ein ganzes Jahr in der Wildnis von Demerara umherwandert.«

So wie zur Natur verhielt sich Waterton auch zu den Eingeborenen. Wichtig war, ihre Bräuche zu respektieren und immer freundlich, besonnen und verständnisvoll zu sein. »Sich unter ihnen sozusagen wie zu Hause zu fühlen, ist der sichere Weg, unbeschwert voranzukommen.« Diese ungewöhnlichen Gedanken beeindruckten Sir Joseph Banks so, daß er sie öffentlich pries als »an wirklicher Nützlichkeit alles weit übertreffend, was ich bisher gesehen habe«. Aber tatsächlich blieb die Zahl der Reisenden klein, die diesem Vorbild nacheiferten.

Mit diesmal nichts Schlimmerem als einem leichten »Quartanfieber«* kehrte Waterton im Sommer 1817 nach Hause zurück. Im folgenden Winter machte er eine Pilgerfahrt nach

* Malaria mit etwa alle vier Tage auftretenden Fieberanfällen.

Rom, von der wenig schriftlich festgehalten ist. Allerdings zeitigte diese Reise eines der berüchtigtsten Abenteuer Watertons, und, so knapp auch sein Bericht ist, nur des Squires lakonische Worte können die Szene glaubwürdig vermitteln.

»Während unseres Aufenthalts in der Ewigen Stadt traf ich zufällig meinen alten Freund und Schulkameraden Captain Jones. So manchen Baum hatten wir im vergangenen Jahrhundert zusammen erklettert; und da unsere Nerven in ausgezeichneter Verfassung waren, stiegen wir auf das Dach des Petersdom, erklommen das Kreuz und kletterten dann noch dreizehn Fuß höher bis zur Spitze des Blitzableiters, auf der wir unsere Handschuhe zurückließen. Danach besuchten wir die Engelsburg und gelangten auf den Kopf des Schutzengels, wo wir auf einem Bein standen.«

Papst Pius VII. fand das gar nicht komisch. Es ist überliefert, daß er persönlich die Entfernung der Handschuhe anordnete. Als sich kein römischer Turmarbeiter für die Aufgabe meldete, kehrte Waterton bereitwillig zum Ort des Geschehens zurück und machte diesmal in offiziellem Auftrag einen zweiten Aufstieg. Aber noch einprägsamer ist das Bild der beiden exzentrischen Engländer, die einbeinig wie Störche auf dem Kopf des riesigen vergoldeten Engels oben auf dem Castello di Sant' Angelo posieren.

Auf der Rückreise von Rom bekam Waterton die Quittung. »Wie es der unglückliche Zufall wollte«, stieß er mit seinem Knie durch die Glasscheibe des Kutschenfensters, als er aufs Dach kletterte, um das Gepäck zu inspizieren. Das geschah mitten in der Nacht am Mont Cenis. Im Licht einer Laterne zog er die Glassplitter heraus, aber einige müssen in der Wunde geblieben sein. Er bekam Fieber. Als er endlich Paris erreichte, war das Bein »in einem beklagenswerten Zustand«, und obwohl medizinische Behandlung dort und in London es rettete, blieb es fast zwei Jahre steif. Die lange Genesung hielt ihn in Walton Hall fest. Eine Anzahl erstaunlicher Neuerungen bei der Verwaltung des Landsitzes datiert wahrscheinlich aus dieser Zeit. Aber unaufhörlich, wie er sich ausdrückte, »flüsterte Guyana in mein Ohr und schien mich aufzufordern, einmal mehr durch seine weiten Wälder zu wandern.« Im Februar 1820 konnte sich Waterton nicht länger zurückhalten und nahm ein Schiff, das vom Clyde abging. Diese dritte Reise nach Südamerika wurde seine bei weitem ereignisreichste.

Der Bericht darüber, nur fünfzig Seiten lang, ist Watertons Meisterstück. Endlich gab er allen Anschein auf, einen Reiseführer oder ein Lehrbuch zu schreiben, und führte, sich wortreich entschuldigend, »diesen unangenehmen Einsilber Ich« ein. Der Stilwechsel bewirkte Wunder. In grandioser Mißachtung für alles außer einer spannenden Geschichte präsentierte er eine ungewöhnliche Sammlung bizarrer Ereignisse und Beobachtungen.

1820 herrschte gerade das Schwarze Erbrechen oder Gelbfieber, wie es nun genannt wurde, in Georgetown. Der Squire eilte sofort weiter und kam über den Demerara zum Nebenfluß Mibiri. Dort, in dem verlassenen Landhaus eines alten Freundes, spannte er seine Hängematte aus und errichtete ein Lager. Aus den leeren Zimmern wurden zahlreiche Frösche und Schlangen vertrieben – »ohne Kampf oder laute Worte (ihre Welt lag direkt vor ihnen)«. Die Eulen nahmen Zuflucht zu einem hohlen Baum, und nur »die Fledermäuse und Vampire blieben bei mir und flogen wie gewöhnlich ein und aus«. Das Verhalten der Fledermäuse wurde bald ungewollt das Hauptgebiet seiner Studien, denn kaum hatte er sich eingerichtet, da fesselte ihn ein böses Wechselfieber an seine Hängematte.

> »Grausames Kopfweh, Durst und ein Schmerz im Kreuz teilten mir mit, was der Fall war.... daß ich eine heftige Attacke zu erwarten hatte und daß ich dem mit geziemender Stärke begegnen sollte. Ich döste und erwachte und schreckte hoch und nickte dann wieder ein und erwachte plötzlich mit dem Gefühl, in einen Abgrund zu stürzen.... Ich nahm zehn Gran Kalomel und ein Skrupel Jalap und trank während des Tages große Mengen Tee, schwach und warm. Um fünf Uhr abends war der Puls auf einhundertfünfzig gestiegen, und der Kopfschmerz war beinahe unerträglich, besonders wenn ich nach rechts oder links schaute. Nun öffnete ich eine Ader und machte einen große Schnitt, um das Blut rasch herausschießen zu lassen. Ich schloß ihn, nachdem ich 16 Unzen Blut verloren hatte.«

Aderlaß – oder wie er es nannte: »den Lebenssaft anzapfen« – war Watertons Antwort auf die meisten Krankheiten und wurde in seinem späteren Leben fast eine Sucht. Angeblich spürte er nie den Schmerz der Lanzette und konnte den Schnitt mit einer Hand sowohl am linken als auch rechten Arm ausführen. Jetzt wie später brachte es ihm sofortige Erleichterung. Fieber und Kopfschmerz ließen nach, und mit Hilfe von selbstgemachtem Rizinusöl und regelmäßiger Anwendung von Chinin erholte er sich.

Aber nicht lange. Als er einem rotköpfigen Specht nachjagte, trat er barfuß auf einen spitzen Baumstumpf und mußte weitere drei Wochen in der Hängematte verbringen. Der verletzte Fuß benötigte einen Breiumschlag; »da Hitze und Feuchtigkeit die Hauptvorteile eines Breiumschlags sind, konnte nichts diese beiden Qualitäten besser erzeugen als erhitzter frischer Kuhmist«. Mit dem so verbundenen Fuß, wobei die Zehen einladend hervorstanden, lag Waterton in seiner Hängematte und studierte die fliegenden Blutsauger.

> »Da die Vampire zu dem Dachboden, wo ich schlief, ungehinderten Zugang hatten, boten sich mir viele schöne Gelegenheiten, diesen nächtlichen Chirurgen zu beobachten. Die Flügelspanne des Vampirs mißt im Durchschnitt gut 50 cm, einmal allerdings tötete ich einen, bei dem sie über zweiundsechzig Zentimeter betrug. Sie leben nicht immer von Blut. Wenn der Mond stark schien und die Frucht des Bananenbaums reif war, konnte ich sehen, wie sie davon fraßen.«

Es war für ihn sehr enttäuschend, daß eine Vampir-Fledermaus Bananen seinen Zehen vorzog, zumal zu einem Zeitpunkt, wo mehr Blutverlust ihm sicher genützt hätte. Richtig beobachtete er, daß es zwei ganz verschiedene Arten von Vampiren gab. Aber ihm wurde nie klar, daß die größeren Tiere, die den Dachboden bewohnten, nicht zu den Blutsaugern gehörten, sondern eine ausschließlich vegetarisch lebende Spezies Fledermäuse war.

Wie auch immer, die ersten Wochen am Mibiri wurden am besten schnell vergessen. Aber eine wichtige Entdeckung machte er in der Zeit doch. Während er ruhelos in seiner Hängematte lag, dachte er auch über einige Unzulänglichkeiten der Tierpräparation nach und fand für ein beträchtliches Problem eine Lösung. Bis dahin war es nicht zu verhindern, daß ausgestopfte Tiere schrumpften. Wo das Tier ein gutes Fell hatte, zeigten sich die dadurch entstehenden Falten nicht, aber an Stellen mit weniger Haaren wie dem Gesicht führte die Schrumpfung zu scheußlichen Verunstaltungen. Watertons Idee bestand darin, die Häute in »Quecksilbersublimat« zu tauchen und sie anschließend praktisch neu zu modellieren. Der Prozeß war kompliziert und zeitaufwendig, aber auch höchst erfolgreich. Und um die neue Methode zu demonstrieren, gab es kein besseres Objekt als die kahlste aller Kreaturen, die Schlange.

Einige Tage später saß der Squire auf den Stufen des zerfallenden Herrenhauses und las in einem Bändchen Horaz, da kam die Nachricht, daß eine große Schlange in einer Höhle entdeckt worden war. Es war eine Boa Constrictor, vierzehn Fuß lang und unheimlich dick. Sie war nicht giftig, aber dank der »wunderbaren Ausdehnung« ihrer Kiefer konnte sie mühelos einen Angreifer verschlucken oder zerquetschen.

»Da der Tag zu Ende ging und die Nacht für eine Sektion nicht geeignet ist, kam mir plötzlich der Gedanke, daß ich das Tier lebend bekommen könnte. Ich stellte mir vor, daß es mir gelingen mochte, es zu fangen, wenn ich es mit meiner Lanze hinter dem Kopf treffen und am Boden festhalten könnte.«

Die beiden Neger, die ihn begleitet hatten, waren über diesen Plan nicht begeistert. Sie schlugen vor, sein Gewehr zu holen. Aber Waterton verlangte vielmehr von ihnen, ihre Messer wegzulegen, damit sie ihm helfen konnten, ohne die Schlangenhaut zu beschädigen. »Wenn ich nach ihrer Physiognomie urteilen sollte, so schienen sie dies für einen höchst unerträglichen Akt der Tyrannei zu halten.«

Die Lanze in Bereitschaft, schlich der Squire langsam vorwärts. Die Boa bewegte sich nicht. Er bohrte ihr die Lanze durch den Nacken und fixierte so die Riesenschlange am Boden.

»Dann ergriff der Neger neben mir die Lanze und hielt sie fest an ihrem Platz, während ich kopfüber in das Versteck stürzte, um das hintere Ende der Schlange zu packen, bevor sie irgendein Unheil anrichten konnte. Als sie die Lanze traf, gab sie ein gewaltiges Zischen von sich.... Es folgte ein hef-

> tiger Kampf in der Höhle, die verfaulten Zweige flogen nach allen Seiten, und beide Parteien rangen um den Sieg. Ich rief dem zweiten Neger zu, sich auf mich zu werfen, da ich merkte, daß ich nicht schwer genug war. Er tat es, und das zusätzliche Gewicht war von großem Nutzen. Nun hatte ich das Schwanzende fest im Griff; und nach ein oder zwei heftigen Angriffen gab sie auf, da sie sich überwältigt sah. Dies war der Moment, sie festzubinden. Es gelang mir, meine Hosenträger abzunehmen und damit das Maul der Schlange zuzubinden.«

Die Boa, die »sich in einer unangenehmen Situation befand«, verdoppelte ihre Anstrengungen und wand sich unaufhörlich, als die drei Männer sie triumphierend zum Lager trugen. Inzwischen war es für eine Präparation viel zu dunkel geworden. Deshalb wurde die Schlange in einen großen Sack gepackt und unter der Hängematte des Squires deponiert. »Ich kann nicht behaupten, daß sie mir eine ruhige Nacht gestattete. Sie war sehr gereizt und ständig in Bewegung; und wäre Medusa meine Frau gewesen, es hätte in jener Nacht in unserer Schlafkammer kein lauteres und unangenehmeres Zischen geben können.«

Am nächsten Morgen band er, von zehn Helfern umringt, den Sack auf und holte sich seine Hosenträger zurück. »Nichts Ernstes geschah.« Als ihre Kehle aufgeschlitzt wurde, blutete die Schlange wie ein Ochse, und die Präparation dauerte den ganzen Tag. Eine Woche später, die Haut wurde immer noch nach der neuen Methode behandelt, traf Waterton bei der Jagd nach einer neuen Papageienart zufällig auf eine weitere Boa. Diese war kleiner, aber »ich hatte keinen Moment zu verlieren.« Er warf sich zu Boden und packte die Schlange am Schwanz.

> »Die Schlange drehte sich sofort um und kam auf mich zu, ihr Kopf etwa ein Yard über dem Boden, als wollte sie fragen, wie ich dazukäme, mir ihrem Schwanz gegenüber solche Freiheiten herauszunehmen. Ich ließ sie, zischend und mit offenem Maul, bis auf zwei Fuß herankommen, und dann trieb ich mit aller Kraft, die ich aufbringen konnte, meine Faust, geschützt von meinem Hut, voll in ihren Rachen. Sie war von dem Schlag überrascht und verwirrt, und bevor sie sich erholen konnte, hatte ich sie mit beiden Händen so am

Hals gepackt, daß sie mich nicht beißen konnte; dann erlaubte ich ihr, sich um meinen Körper zu rollen und marschierte mit ihr als meiner rechtmäßigen Trophäe zurück. Sie preßte mich hart, aber nicht wirklich beängstigend.«

Charles Waterton mitten im Tumult.

Nach dieser Erfahrung glaubte der Squire, es mit jedem Tier aufnehmen zu können. Sein großer Ehrgeiz war es lange schon gewesen, einen Kaiman lebend zu fangen; und für einen Mann, der mit einer Boa Constrictor gekämpft und eine andere ausgeknockt hatte, schien eine solche Tat keineswegs unmöglich. Aber im Miribi Fluß ließ sich kein großes Krokodil finden. Deshalb wandte sich Waterton erst einmal wieder eher wissenschaftlichen Dingen zu. Wie man sich denken kann, interessierten ihn besonders die merkwürdigen Schöpfungen der Natur. Der listige Jaguar und der freche Affe zogen ihn nicht halb so stark an wie das schwerfällige Gürteltier oder der harmlose Ameisenbär. Diesen studierte er genau. Er war der erste, der beobachtete, daß der Ameisenbär mit seiner zahnlosen Schnauze weder kaut noch saugt, sondern daß seine lange Zunge mit einem klebrigen Sekret bedeckt ist und er so die Beute fängt. Auch auf die Gefahr hin, sich lächerlich zu machen, behauptete er, daß Zeichnungen vom Ameisenbär, die ihn auf seinen Fußsohlen laufend zeigten, falsch waren. Der Ameisenfresser läuft mit eingezogenen Klauen auf der Außenkante seiner Füße, was ihnen »das Aussehen einer Klumphand« gibt.

Noch umstrittener, aber ebenso zutreffend waren die für seine Zeit unglaublichen Behauptungen, die Waterton zu einem weiteren seiner Favoriten machte – das Faultier.

> »Diejenigen, die über dieses einzigartige Tier geschrieben haben, waren der Meinung, daß es beim Laufen Schmerz empfindet, daß seine Bewegungen sprichwörtlich langsam sind, daß es wie ein Gefangener auf eng begrenztem Raum lebt und daß es sich, sobald es alle Blätter an dem Baum, den es erklommen hatte, aufgefressen hat, sich zu einer Kugel zusammenrollt und auf die Erde fallen läßt. So ist es nicht.«

Wie andere Vierfüßler wurde das Faultier gewöhnlich auf seinen vier Beinen stehend gezeigt. Selbst das ausgestopfte Exemplar im Britischen Museum war so ausgestellt. Aber auch das war »nicht korrekt«. Nachdem Waterton diese scheuen Tiere in den Wäldern beobachtet und eines sogar mehrere Monate in seinem Zimmer gehalten hatte, behauptete er, was damals widersinnig erschienen sein muß – nämlich daß das Faultier nicht auf dem Boden, sondern in den Bäumen lebte und daß es nicht auf seinen Füßen stand, sondern verkehrt herum hing. »Es bewegt sich an den Ästen hängend, so ruht es und so schläft es auch.« Diese Entdeckung machte nun auch seine andernfalls »verpfuscht aussehende Gestalt« verständlich und berechtigte »den armen Kerl« zu einer Neubewertung. In seinem natürlichen Element, den dichten Urwäldern, war er nichts weniger als faul, sondern bewegte sich »mit wunderbarer Behendigkeit«. »Ich stand da und sah mit großem Erstaunen seine singuläre Art der Fortbewegung.« Waterton war der erste, der eine zutreffende Vorstellung von der Lebensweise des Faultiers gab, aber man glaubte ihm erst, als mehrere Jahre später der Londoner Zoo ein lebendes Tier erwarb.

Ein Faultier befand sich auch unter den ausgestopften Tieren, die er von seiner dritten Reise mitbrachte. Dazu gehörten zweihundertdreißig Vögel, fünf Gürteltiere, zwei Schildkröten, die beiden Boas, ein Ameisenbär, schließlich noch ein ausgewachsener Kaiman und vieles mehr. Da der Squire am Mibiri Creek keinen großen Alligator finden konnte, entschloß er sich zu einer kurzen Expedition zum Essequibo Fluß. In Georgetown kaufte er starkes Fanggerät – Kette, Taue und Haihaken – und fuhr dann mit Helfern flußaufwärts. Vier Tage später schlug die Gruppe ihr Lager auf und legte die Angeln aus. Kaimane gab es dort genug, sie glitten wie große schwarze Baumstämme durch das Wasser und »stießen einen einzigen und furchtbaren Laut aus... wie ein unterdrücktes Seufzen, so stark, daß es noch eine Meile entfernt zu hören ist«. Sie ließen sich die großen Fische, die als Köder dienten, schmecken, aber zeigten keine Neigung, die Haihaken zu schlucken. So ging es vier Nächte hintereinander.

»Ich war nun überzeugt, daß wir etwas vollkommen falsch machten.« Auf der Suche nach besseren Ideen kam er in das nächst gelegene Dorf. Dort boten die Indianer bei einem gemeinsamen Essen mit gekochtem Ameisenbär und Affenfleisch bereitwillig ihre Hilfe bei der Jagd an. Sie machten ihre eigenen Haken für den Fang von Kaimanen, nahmen als Köder Kaninchen statt Fisch und waren damit, wie sich schon am nächsten Tag zeigte, erfolgreich.

> »Ungefähr um halb sechs morgens stahl sich ein Indianer leise davon, um nach dem Köder zu sehen. Als er an der Stelle ankam, stieß er ein lautes Freudengeschrei aus. Wir alle sprangen aus unseren Hängematten und rannten zu ihm. Die Indianer waren vor mir da, denn sie hatten keine Kleidung, und ich verlor zwei Minuten mit der Suche nach meiner Hose und dem Anziehen.«

Die Leine war gespannt, der Haken fest, und das Monster befand sich unter Wasser. In der Zeit vor der Entdeckung der Narkosemittel konnte man einen Alligator kaum fangen, ohne seine Haut zu beschädigen. Die Indianer wollten ihn mit Pfeilen lähmen, Watertons schwarze Helfer sprachen sich einhellig für das Gewehr aus. Aber er ließ sich nicht beirren. Er war nicht dreihundert Meilen gereist, um dann mit einer verstümmelten Krokodilhaut abzuziehen. »Sie wollten ihn töten, und ich wollte ihn lebend bekommen.«

Eine mögliche Lösung bot der acht Fuß hohe Mast seines Kanus.

> »Es schien mir klar, daß ich, wenn ich mich auf ein Knie niederließe und den Mast in der gleichen Position hielte, wie ein Soldat sein Bajonett beim Angriff hält, das Holz in den Rachen des Kaimans hineinstoßen könnte, wenn er mit geöffnetem Maul auf mich zukäme. Als ich dies den Indianern erklärte, wurden sie lebhaft und sagten, sie würden mir helfen, ihn aus dem Fluß zu ziehen. ›Tapfere Truppe‹, sagte ich mir, ›Audax omnia perpeti* nun da ihr mich zwischen euch und der Gefahr habt‹. Dann musterte ich zum letzten mal vor der Schlacht alle Kräfte. Wir waren vier südamerikanische Wilde, zwei Neger aus Afrika, ein Kreole aus Trinidad und ich, ein Weißer aus Yorkshire.«

Der Squire nahm Aufstellung, die Eingeborenen zogen an dem Seil, und der Kaiman schoß nach oben. Er war zehneinhalb Fuß lang.

> »Ich sah genug, um mich nicht auf den ersten Blick zu verlieben. Ich rief ihnen zu, wir sollten alles riskieren und ihn sofort auf festem Boden haben. Sie zogen wieder, und heraus kam er – ›monstrum, horrende, informe‹. Dies war ein interessanter Augenblick. Ich hielt meine Stellung und fixierte ihn unverwandt.
> Als der Kaiman nur noch zwei Yard von mir entfernt war, sah ich, daß er in einem Zustand der Furcht und Verwirrung war; auf der Stelle ließ ich den Mast fallen, schnellte vor und sprang auf seinen Rücken, wobei ich mich halb drehte, als

* Horaz, Ode I,3: Kühn aufs Ganze zu gehen...

ich mich auf ihn schwang, so daß ich einen festen Sitz einnahm. Ich packte seine Vorderbeine, drehte sie nach hinten; so dienten sie mir als Zaum.
Nun schien er sich von der Überraschung erholt zu haben und glaubte sich wahrscheinlich in feindseliger Gesellschaft, denn er begann, wütend nach vorn zu stürzen und peitschte den Sand mit seinem langen und mächtigen Schwanz. Ich war außer seiner Reichweite, da ich nahe am Kopf saß. Er hörte nicht auf, sich wild hin und her zu werfen, und machte meine Sitzgelegenheit sehr unbequem. Für einen müßigen Zuschauer muß ich einen hübschen Anblick abgeben haben.«

Der Squire fühlte sich an Arions Ritt auf dem Delphin erinnert. Und auch wenn er später meinte, daß »jede alte Lady, ohne ihre Krinoline, das geschafft hätte«, so räumte er doch ein, daß die Erfahrung mit den Fuchsjagden seiner Jugendzeit hilfreich war. Schließlich gelang es, mit etwas Stärkerem als Jockey-Hosenträgern, das Maul und die Vorderbeine festzubinden. So vertäut, wurde das Reptil im Boot zum Lager geschafft. »Dort schnitt ich ihm die Kehle durch; und nach dem Frühstück begann die Präparation.«

Einen passenderen Abschluß seiner ertragreichsten Reise hätte er sich nicht wünschen können. Unser Landedelmann hatte nicht nur einen lebenden Kaiman gefangen, sondern ihn auch geritten. Das war der Höhepunkt seiner direkten Begegnungen im Tierreich. Mit diesem Erfolg kehrte er nach Georgetown zurück und schiffte sich im April 1821 nach Liverpool ein. Er war nun 41 Jahre alt. Das Altern stumpfte weder seinen Geist ab noch zügelte es seine Energie; für ihn war das Reisen noch keineswegs zu Ende. Aber dies war seine letzte Anstrengung als Vorreiter der Naturforschung.

Zurück in England sank seine Hochstimmung bald. Die Kästen, die all seine Exemplare enthielten, wurden vom Zoll beschlagnahmt, der für die Objekte eine absurd hohe Wertbestimmung festsetzte. Der Squire protestierte und schimpfte, aber vergeblich. Schließlich bezahlte er die geforderte Summe; aber aus Rache entschied er, seine lang erwarteten Entdeckungen in der Taxidermie nicht preiszugeben noch seine Fähigkeiten anderen zur Verfügung zu stellen. Stattdessen vertiefte er sich in die Angelegenheiten seines Besitzes Walton Hall.

Für viele ist Charles Watertons Ruf als Reisender, Tierpräparator, Naturforscher und Exzentriker weniger wichtig als das Ansehen, das er sich als Naturschützer erwarb. Es ist immer wieder behauptet worden, daß er der erste Engländer war, der sich mit der Erhaltung der einheimischen Tierwelt nur um ihrer selbst willen befaßte und daß Walton Hall der erste Naturschutzpark überhaupt war. Für beide Behauptungen gibt es gute Argumente.

Auf seinem Landgut waren Feuerwaffen verboten, und kein Lebewesen – natürlich mit Ausnahme der von den Hannoveranern eingeschleppten Ratte – galt als Freiwild. Um seine Entschlossenheit zu demonstrieren, begann der Squire, den Ort mit einer acht Fuß hohen Mauer zu befestigen. Das war kein billiges Unterfangen. Die steinerne Umgrenzung war drei Meilen lang und kostete 10000 £, damals eine gewaltige Summe. Der Bau dauerte vier Jahre, auch deshalb, weil Waterton sehr vorsichtig mit Geld umging. Er hatte große Angst vor Schulden und ein tiefes Mißtrauen gegen Papiergeld. Folglich mußte das Vorhaben allein aus dem Einkommen des Landguts finanziert und mit Goldmünzen bezahlt werden. Sobald 500 £ in Sovereigns angehäuft waren, wurden die Maurer bestellt, und der Bau ging weiter. Wenn das Geld ausgeben war, hörte die Arbeit auf, und die Männer wurden entlassen, bis die Truhe wieder aufgefüllt war.

Weder die hohe Mauer noch was dahinter vorging fand allgemeine Zustimmung. Für den Squire war es Grund zur Gratulation, daß »ich jedes Jahr sechzig Aaskrähen frei fliegen lasse.« Seine bäuerlichen Nachbarn sahen das anders. Für sie wie für die meisten Zeitgenossen bestand die heimische Vogelwelt aus nur zwei Sorten – Federwild und Schädlinge. Beide nahmen, von Wildhütern und Wilderern heftig verfolgt, in großer Zahl Zuflucht in dem Schutzgebiet von Walton Hall. Gegen Wilddiebe führte Waterton einen Dauerkrieg, vergleichbar mit dem gegen die hannoveranische Ratte. Aber nächtliche Patrouillen und gelegentliche Handgreiflichkeiten hielten die Verfolger nicht vom Grundstück fern. In seiner Not kam Waterton auf die Idee, naturgetreue Figuren aufzustellen. »Sechs oder sieben Dutzend Fasane aus Holz, an die Äste in den umgebenden Wäldern angenagelt, führten bei diesen Liebhabern nächtlicher Plünderung zu großem Ärger und Verlust an Munition.«

Aber daneben gab es in den Bäumen auch zahlreiche Nistkästen, und Waterton ersann eine Vielfalt von Brutplätzen für viele Vogelarten – vom Star bis zum Schwan. Beobachtung spielte eine große Rolle bei seinen Studien; ein starkes Teleskop im Salon bereitete ihm endlose Stunden des Vergnügens, und bei seinen regelmäßigen Rundgängen kletterte er immer auch auf die höchsten Bäume. Weniger lobenswert war seine Neigung, nach Gutdünken in die Natur einzugreifen. Der Squire machte sich einen Spaß daraus, zwischen den Nestern Eier auszutauschen, so daß z.B. eine Elster es unverhofft mit einem Dohlen-Nachwuchs zu tun hatte. Nach wie vor war er von den seltsamen Schöpfungen der Natur besessen; eine Ente ohne Schwimmhäute war ein besonderer Liebling. Und eine unvergeßliche Szene aus seinem Leben verdankte sich der »kruden und unausgegorenen Idee«, daß das Fliegen nicht allein das Vorrecht von Fledermäusen und Vögeln sei. Er entwarf und fertigte Flügel an, kletterte auf eine Scheune und schlug, heftig flatternd, mit dem Kopf voran auf dem Boden auf.

»Die Nachricht von meinem unbesonnenen Versuch, mich Flügeln anzuvertrauen, zusammen mit meinem Scheitern, das zu der Zeit sozusagen in einer Nußschale stattfand, wo es, wie ich hoffte, auch bleiben würde, gelang gegen meinen Wunsch bis ins Ausland, und auf seinem Weg kam zu dem Gerücht nichts hinzu, worum man mich beneiden konnte, vielmehr das Gegenteil. Das war schon recht ärgerlich.«

Vielleicht um diesem öffentlichen Gerede zu entkommen, machte er sich 1824 zu seiner vierten Reise auf. Sein Ziel war diesmal Nordamerika, aber auf dem Rückweg besuchte er wieder Guyana. Es war jedoch keine Forschungsreise, und wie Sydney Smith, der verständnisvollste seiner Rezensenten, es ausdrückte, »unser Autor scheint sich unter Menschen nicht so wohl zu fühlen wie unter wilden Tieren.« Innerhalb eines Jahres war Waterton wieder im Lande, und 1825 erschien *Wanderings in South America*, das Resümee aller vier Reisen, einschließlich – nun doch – seiner Entdeckungen in der Tierpräparation. Der sofortige Erfolg des Buches, es wurde zu seinen Lebzeiten viermal neu aufgelegt, verdankte sich nicht den Gelehrten und Kritikern, die es höhnisch begrüßten. Aber der gute Verkauf besagte viel über das allgemeine Ansehen des Autors als zeitgenössischer Sonderling; Charles Waterton war so beliebt und harmlos wie viele der von ihm beschriebenen Tiere.

Charles Waterton hält während eines toxischen Experiments in Leeds eine Klapperschlange fest.

Das war nicht ganz die Würdigung, die der Squire sich wünschte. Nichts erzürnte ihn mehr, als für einen Exzentriker gehalten zu werden. Er selbst nannte sich »einen freien Wanderer und unabhängigen Geist«, aber was er sich wirklich wünschte, war die Anerkennung als Naturforscher. Angewidert von der ignoranten Öffentlichkeit, kümmerte er sich nur noch um Walton Hall. Eine Angelegenheit, die keinen Aufschub mehr duldete (er war nun siebenundvierzig), war die Regelung der Nachkommenschaft. 1829 heiratete er Anne Edmonstone; ein Jahr später schenkte sie ihm pflichtgemäß einen Sohn. Diese äußerst heikle Transaktion war nicht frei von schmerzlicher Tragik, hatte aber auch ihre unvermeidliche Absurdität.

Anne war die Tochter seines alten Freundes Charles Edmonstone, dessen halbverfallenes Haus am Mibiri Fluß der Ausgangspunkt für seine Exkursionen während der dritten Reise gewesen war. Edmonstone war nach Schottland zurückgekehrt und starb kurz danach, drei Töchter zurücklassend. 1829 gingen sie in eine Klosterschule in Brügge; Anne war erst siebzehn. Ihre Großmutter war eine Häuptlingstochter der Arawak Indianer, und ihr Vater behauptete, sowohl von mehreren Königen Schottlands als auch von Lady Godiva abzustammen. Daher war sie für einen Waterton eine geeignete, wenn auch recht junge Braut. Der Heiratsantrag wurde wahrscheinlich durch die Oberin des Konvents überbracht, und die Hochzeit fand um vier Uhr morgens in der Klosterkapelle statt. Danach kehrte der Squire mit seiner Braut nach Walton Hall zurück, »der glücklichste Mann auf der Welt«.

»Aber es gefiel dem Himmel, mich davon zu überzeugen, daß alles Glück hier unten nicht mehr als ein flüchtiger Traum ist.« Im Mai 1830 wurde der Sohn und Erbe geboren; drei Wochen später starb Anne. Wie merkwürdig auch die Umstände seiner Heirat gewesen waren, sein Kummer über den Verlust war aufrichtig und tief, und er trauerte in völliger Zurückgezogenheit. Man weiß nur, daß er nie wieder in einem Bett schlief, sondern nur noch auf dem Fußboden mit einem Holzklotz als Kopfkissen. Seine immer schon bescheidene Lebensweise wurde nun vollends asketisch; er stand morgens um halb vier auf, trug Kleidung, die wie Lumpen aussah, und empfing in der Zeit nur selten Gäste. Ein Bild der Heiligen Katharina von Alexandrien stand auf dem Kaminsims im Wohnzimmer. Er meinte, daß es Anne ähnlich sah, und konnte es, in Träumereien verloren, stundenlang anstarren.

Annes jüngere Schwestern, Eliza und Helen, selbst fast noch Kinder, zogen nach Walton Hall, um den Haushalt zu führen und sich um das Baby zu kümmern. Diese ungewöhnliche Gesellschaft brachte die Lebensgeister des Squires zurück. Auf Reisen, die an die Touren von Captain Thicknesse und seiner

Familie erinnern, führte er die beiden Mädchen und den jungen Edmund bis nach Sizilien, um den Vogelzug zu studieren, und nach Neapel, um die wunderbare Verflüssigung des Blutes des Heiligen Gennaro mitzuerleben.

Der schmerzliche Verlust seiner Frau hatte weder seine Begeisterung als Naturforscher noch seine Freude am Grotesken gebrochen. Zusätzlich zum Ameisenfresser, dem Kaiman, dem Faultier und der Riesenschlange füllte sich Walton Hall mit anderen, nicht weniger gruseligen Kreaturen. Nun hatte der begabte Tierpräparator aber mehr im Sinn als die bloße Herstellung naturgetreuer Modelle. Das Frontispiz von *Wanderings in South America* zeigte eine Zeichnung mit dem Namen »Der Unbestimmbare«; was wie das scheußliche Gesicht eines behaarten Hominiden aussah, war tatsächlich ein von Waterton kunstvoll nachgebildeter roter Brüllaffe. Der Verfasser wollte so seine handwerkliche Geschicklichkeit demonstrieren, aber die Leute sahen darin anderes. Manche meinten, es sei das geschmacklose Abbild eines südamerikanischen Waldmenschen. Diejenigen, die Bescheid zu wissen glaubten, hielten es für eine Karikatur des Finanzministers, an den Waterton jene hohen Zollgebühren hatte zahlen müssen. Und einige dachten offensichtlich, daß es ein Porträt des Autors war. »Du meine Güte«, bemerkte ein Leser, »was für ein ungewöhnlich aussehender Mann Mr. Waterton sein muß.«

Unverzagt setzte der Squire seine abenteuerlichen Versuche mit Neuschöpfungen aus Tierteilen fort. Im Haus gab es eine ganze Galerie anthropomorpher Ungeheuer, die protestantische Reformatoren darstellen sollten. Darunter war ein gräßlicher »Noctifer«, eine unheimliche Kreuzung aus Rohrdommel und Adlereule, und am bedrohlichsten von allen hockte am Treppenaufgang ein Wesen mit dem Namen »der Alptraum«.

> »Dieser schreckliche Inkubus hat ein menschliches Gesicht, grinst und zeigt die gewaltigen Hauer eines Keilers, die Hände eines Menschen, Teufelshörner, Elefantenohren, Fledermausflügel, einen Pferdefuß, der andere ist der eines Adlers mit riesigen Krallen, und den Schwanz einer Schlange.«

Diesen Experimenten lagen keine finsteren Absichten zugrunde. Der Squire betrachtete sie so wie die ausgefallenen Kreationen der Natur mit Wohlwollen und viel Humor. Er liebte

Überraschungen nicht nur im Naturreich, und im Alter ließ er seiner Lust am Schabernack freien Lauf. Besucher fanden ihn manchmal unter dem Tisch versteckt, wo er sich als Hund ausgab, oder er bewarf sie zur Begrüßung mit einem seiner Pantoffeln. Mit siebenundsiebzig belustigte Waterton eine Abendgesellschaft, indem er »sich mit dem großen Zeh seines rechten Fußes am Hinterkopf kratzte«. Zwei Jahre später sah man ihn über einen dreieinhalb Fuß hohen Zaun springen. Und mit achtzig kletterte er immer noch auf Bäume. Auch Stürze konnten ihn nicht davon abhalten; aber eine Woche vor seinem dreiundachtzigsten Geburtstag stolperte er über eine Wurzel und fiel schwer auf einen Baumstamm. Er wurde mit starken Schmerzen ins Haus zurückgetragen. Priester, Arzt und die Familie versammelten sich um sein Bett. Der alte Wanderer wußte, daß er im Sterben lag. Er segnete sie alle, erhielt die letzte Ölung und rezitierte die ersten Verse des *Dies Irae*.

Die Bestattungsprozession auf dem See von Walton Hall. Im ersten Boot befinden sich ein Bischof und siebzehn Priester.

Einer der Anwesenden schrieb später: »Das Ende war nun nahe, und er starb am Morgen des 27. Mai 1865 um zwei Uhr siebenundzwanzig. Das Fenster stand offen. Der Himmel begann, grau zu werden, einige Krähen krächzten, die Schwalben zwitscherten, vom Ochsenpferch war die Wiesenralle zu hören, und der prächtige Hahn, den er seinen ›Weckschuß‹ zu nennen pflegte, sprang aus einer Stechpalme und gab seinen gewohnten Schrei.«

Die Beerdigung fand am dritten Juni statt, der sein dreiundachtzigster Geburtstag gewesen wäre. Als letzte Ruhestätte hatte Waterton eine belaubte Ecke am äußeren Ende des Sees von Walton Hall bestimmt, ein bevorzugter Platz seiner geliebten Wasservögel. Dorthin begaben sich die Trauergäste und Zelebranten in einer Bootsprozession. Der Bischof von Beverley in Mitra und Robe fuhr mit vier Kanonikern und dreizehn Priestern im ersten Boot. Während die Ruder ins Wasser tauchten, sangen sie das *Dies Irae* und *De Profundis*. Dahinter kam auf einem Kohlenboot des Landguts der Sarg, und nach drei Booten mit Trauernden bildete die kleine Segelyacht des Squires, in Schwarz gehüllt, den Abschluß. Viele Menschen standen am Ufer; die beiden Misses Edmonstone warteten auf der kleinen Insel im See und erwiesen von dort dem Toten die letzte Ehre. Als der Sarg in das Grab hinabgelassen wurde, begann ein diesmal nicht näher bestimmter Vogel zu singen.

Kapitel 5

»Dieser fabelhafte Vagabund«

Joseph Wolff
(1795 – 1862)

WENN DER KENNER EXZENTRISCHER REISENDER einmal bei einer historischen Begegnung heimlich zuhören dürfte, würde er gewiß jenen Sommertag des Jahres 1842 wählen, als der Squire von Walton Hall bei Wakefield den anglikanischen Vikar aus dem benachbarten High Hoyland empfing. Durch einen ungewöhnlichen Zufall war diese Ecke des noch ländlichen Englands damals nicht nur mit dem immer noch rührigen Charles Waterton gesegnet, sondern auch mit dem unbezähmbaren Joseph Wolff – und trotz Watertons wohlbekannter Ungeselligkeit lernten sie sich tatsächlich kennen.

Es war Wolff, der dafür sorgte. Seine Zeit in High Hoyland hielt er für die glücklichste seines Lebens. Zum erstenmal nach dreißig Jahren der Rastlosigkeit erlebte er die Freuden eines eigenen Heims und genoß das Familienleben mit Frau und Sohn. Im Gegensatz zum Squire brauchte Wolff das Zusammensein mit anderen. Für einen Mann, der mit Päpsten und Patriarchen, mit Kaisern, Königen und Emiren in Berührung gekommen war, ließ das gesellschaftliche Leben von Wakefield einiges zu wünschen übrig. Besonders verlangte es ihn nach einem guten theologischen Streit. Was lag da näher, als seinen berühmten Nachbarn aufzusuchen, »den großen Reisenden und ernsten und aufrichtigen Katholiken, Mr. Waterton«? Als einfacher Vikar – und wie alle Vikare in chronischen Geldnöten – war Wolff von jedem sozialen Dünkel frei.

Als sein Pony mit dem Einspänner über die Zugbrücke von Walton Hall trabte, war der dicke, blaßgesichtige Besucher so leicht erkennbar wie Waterton mit seinem Bürstenhaarschnitt. Wolff konnte bereits auf zwanzig Jahre des Reisens zurückblicken, die genauso phantastisch waren wie die seines Gastgebers. Auch er war auf seine Art eine Berühmtheit, und nicht weniger bekannt war seine Frau – vormals Lady Georgiana Walpole, eine große Schönheit und die Enkelin des ersten britischen Premierministers.

Die Flügeltüren von Walton Hall öffneten sich, und die Wolffs marschierten hinein, gespannt auf den Empfang. Würde ein spielerisch geworfener Pantoffel Lady Georgiana streifen? Oder versteckte sich ihr Gastgeber unter dem Flurtisch und machte eine seiner Hunde-Imitationen? Beim Anblick des Monstrums namens »Nightmare« am Fuß des Treppenaufgangs wird Wolff es gewiß nicht versäumt haben, ein paar exorzistische Formeln zu deklamieren. Teufelsaustreibungen hatte er mehrfach erfolgreich vollzogen, und Waterton, der Wunder liebte, war zweifellos begierig zu erfahren, wie sie bewirkt wurden. Seinerseits weihte er Wolff in die Geschichte des Heiligen Alphonsius Maria Liguori ein, der »an zwei Orten zu ein und derselben Zeit gewesen war.« Er erzählte seinem Gast auch von dem Geheimnis der wundersamen Konversion eines Juden mit dem Namen Ratisbon, der dann das Evangelium in Jerusalem predigte. Wolff hörte fasziniert zu, denn er hatte vor Jahren genau das auch getan.

Worüber sonst noch bei diesem Treffen gesprochen wurde, ist nicht überliefert. Leider erwähnte Waterton diesen Besuch nie, und Wolff erinnerte sich erst zwanzig Jahre später wieder daran. Der Raum für Vermutungen ist daher beträchtlich, und nur mit der lebhaftesten Phantasie läßt sich vielleicht der Wahrheit nahekommen. Waterton wird schnell gemerkt haben, daß Wolff von Naturgeschichte keine Ahnung hatte, so wie Wolff entdeckte, daß Waterton an Bibelkritik völlig desinteressiert war. Aber beide Männer liebten Kirchenklatsch, und selbst in Glaubensdingen waren sie nicht so weit voneinander entfernt, wie sie erwartet haben mochten. Obwohl Wolff inzwischen ein Schützling der anglikanischen Kirche war, behielt er doch stets eine große Zuneigung zur Kirche von Rom.

Die erste Liebe wird nie vergessen; mit Begeisterung und starkem deutschen Akzent erzählte der Vikar von seiner langen und bewegten Suche nach der für ihn richtigen Religion. Für jemanden wie Waterton, dessen Liebe zu Christus nie geschwankt hatte, war es keine Schande, das Leben eines spirituellen Casanovas geführt zu haben.

Begonnen hatte alles im Jahre 1802, als der junge Wolff seine erste Konversion erlebte. Sein Vater, ein Rabbiner in Bayern, hatte, seitdem sein Erstgeborener sprechen konnte, schwierige Fragen zu beantworten. »Er läuft immer umher und denkt nach, was doch nicht natürlich ist«, klagte der Rabbi. Im Alter von sieben erklärte der Junge nach Diskussionen mit einem protestantischen Friseur, er sei nun fest davon überzeugt, daß der Messias bereits gekommen war – in der Gestalt Jesu Christi. Er ging zu dem nächstbesten Geistlichen, einem Lutheraner, und bat darum, in die christliche Kirche aufgenommen zu werden. Der Pfarrer warnte vor Überstürzung; aber von da an beschäftigte Wolff nur die eine Frage, welchen christlichen Glauben er annehmen sollte.

Vier Jahre später gab ihm der Besuch einer Schule in Bamberg die Gelegenheit, die religiöse Unterweisung, wie sie von der katholischen Kirche erteilt wurde, kennenzulernen. Die Geschichte der Bekehrung des Paulus und das Leben des Francis Xavier und Ignatius Loyola wurden seine neue Inspiration. Als Elfjähriger bekannte er sich zum Katholizismus und beschloß, Jesuitenmissionar zu werden. Moses Lazarus Cohen, der Cousin, bei dem er wohnte, hielt das für einen großartigen Witz und war der erste von vielen, die ihn einen »Enthusiasten« nannten, womit damals angedeutet werden sollte, daß jemand nicht ganz richtig im Kopf war. Frau Cohen fand die Idee weniger komisch.

> »Sie wurde sehr böse und warf einen Schürhaken nach ihm [d.h. Wolff; wie Waterton zog er es vor, über sich selbst in der dritten Person zu sprechen], verfluchte ihn und warf ihn aus dem Haus. Wolff verließ Bamberg ohne ein weiteres Wort und ohne einen Pfennig in der Tasche und wanderte nach Würzburg.«

So begannen dreißig Jahre des Wanderns und Suchens – nach Wolff »ein ständiges Herumlaufen und Nachdenken« –, die ihn schließlich auf weiten Umwegen zu der Yorkshire-Gemeinde von High Hoyland brachten. Von Würzburg ging er nach Frankfurt, dann weiter nach Halle, Prag, Wien, Preßburg, München, Weimar, Heidelberg, Solothurn und zurück nach Prag. Er lebte sehr bescheiden. Gelegentlich unterrichtete er Hebräisch; häufiger präsentierte er sich als einen eifrigen Konvertiten, der Unterweisung und Obdach brauchte. Weder protestantische Professoren oder rationalistische Philosophen noch katholische Äbte konnten ihn abweisen. Als er 1812 in Prag ankam, hatte der junge Wolff an nicht weniger als zwölf verschiedenen Akademien, Lehrstätten, Gymnasien und Klöstern studiert. Er hatte die Hauptpunkte und Vorzüge des Christentums mit Prälaten und Gelehrten jeder Glaubensrichtung erörtert. Er wurde von dem Benediktinerabt von Emaus getauft und nahm den christlichen Namen Joseph an.

Darauf folgten vier Jahre Wanderung durch Mitteleuropa von einer theologischen Institution zur anderen. Selbst innerhalb der katholischen Kirche gab es genug unterschiedliche Lehrmeinungen, um den neuen Konvertiten in einen unaufhörlichen Wirbel von Debatten zu ziehen und auf Achse zu halten. In Hinblick auf seine zukünftige Rolle als Missionar studierte er auch orientalische Sprachen und frischte sein Hebräisch auf, indem er eine Neuübersetzung der Bibel in Angriff nahm. Dieses Unternehmen brachte ihm die Förderung durch den Grafen Friedrich Stolberg ein, ein Patriarch und Dichter, der einen großen Einfluß auf Wolff ausüben sollte. Auf Stolbergs Schloß in Westfalen bekam er Einblicke in eine neue Welt, in der fromme, aber liberale Katholiken einen kultivierten Lebensstil pflegten. Einem jungen Vagabunden, der sich ständig mit religiösen Hitzköpfen einließ, machte diese eher tolerante und aristokratische Variante des Christentums einen tiefen Eindruck. Der Graf hatte achtzehn Kinder – »Söhne wie Donner und Töchter wie Blitze«.

> »Es war herrlich, diese Familie anzuschauen, wie sie gemeinsam nach dem Essen ausritten; und Wolff fühlte sich in die alten Zeiten des Rittertums zurückversetzt, wenn er den alten Grafen mit seinen wilden Jungen und keuschen Töchtern aus der Burg herauskommen sah.«

Wolff war hingerissen. Sein eigenes Leben blieb weiterhin ruhelos und unsicher, er hatte kein Geld und sah verlottert aus. Aber immer bewahrte er ein Wunschbild von Ordnung, Familienfrömmigkeit und aristokratischer Etikette; das erklärt sein späteres gutes Verhältnis zur englischen Aristokratie und seine

Einheirat in dieselbe. Außerdem machten ihm Stolbergs religiöse Anschauungen für den Anglikanismus empfänglich. Wenn der Graf auch ein angesehener Katholik war, so hielt er doch nichts von päpstlicher Unfehlbarkeit oder der Anbetung der Jungfrau Maria; er neigte sogar dazu, Luther für einen Heiligen zu halten. Das entsprach weitgehend Wolffs eigenen Sympathien. In dem naiven Glauben, daß die katholische Kirche solche Toleranz guthieß, schulterte er seinen Knappsack und machte sich nach Rom auf.

Dort wußte man schon von dem begeisterten jüdischen Konvertiten. Sogar der Papst wollte unbedingt diesen wundersamen Menschen kennenlernen. »Du bist mein Sohn«, erklärte Pius VII. bei ihrer ersten Audienz, und Wolff, überwältigt von der Heiligkeit Seiner Heiligkeit, bückte sich, um seine Füße zu küssen. Eine päpstliche Hand hielt ihn zurück; aber so leicht ließ sich Wolffs ungestümer Geist nicht hemmen. Stattdessen »klopfte er Seiner Heiligkeit sanft und zärtlich auf die Schulter und sagte: Ich liebe Eure Heiligkeit. Geben Sie mir Ihren Segen.«

> »Dann kniete er nieder und empfing die Segnung des heiligen Mannes, woran er stets die angenehmste Erinnerung bewahren wird, jenen eifernden Protestanten zum Trotz, die behaupten, der Papst sei der Antichrist.«

Bigotterie war kein Privileg der Protestanten. Schon das vertrauliche Klopfen der päpstlichen Schulter war stirnrunzelnd registriert worden. Wolff war nach Rom gekommen, um auf das Priesteramt zu studieren, und auf persönliche Empfehlung von Pius VII. wurde er zu dem Collegio Romano zugelassen. Gleich bei der ersten Vorlesung sprang Wolff auf und widersprach einer Andeutung auf die Unfehlbarkeit des Papstes. Seine Mitstudenten waren entgeistert. Trotz offizieller Verwarnungen blieb er dabei, den Papst für nicht mehr als einen höheren Prälaten zu halten; er sei gewiß kein Gott, und es sei blasphemisch, ihn als einen solchen zu behandeln.

In der selbstgewählten Rolle als Stimme des Dissens, gab Wolff später zu, habe er den Bogen oft überspannt.

> »Seine [d.h. Wolffs] größten Feinde das ganze Leben hindurch sind Eitelkeit und Ehrgeiz gewesen. Er bekennt, daß

während seiner Zeit in Rom seine Eitelkeit ihn glauben ließ, daß er alles besser wußte als die, von denen er umgeben war; und da Leute ihm sagten, daß er wie Luther aussah, beschloß er, auf seiner stürmischen und wilden Lebensbahn möglichst auch ein Luther zu sein; während zu derselben Zeit sein unstillbarer Ehrgeiz ihn wünschen und danach streben ließ, Papst zu werden, wie er einmal freiheraus im Collegio bekannte. Und da er damals ein Bewunderer Gregor VII. war, sagte er, er wünsche, so unerschrocken zu sein wie er, aber genau das Gegenteil von dem zu tun, was er tat, und sich durch die Abschaffung des Zölibats und der Anbetung der Heiligen auszuzeichnen. Er teilte sogar seinen Mitstudenten den Namen mit, den er anzunehmen beabsichtigte, wenn er Papst wäre, nämlich Hildebrandus I.«

Nicht nur war Wolff weit davon entfernt, die Dogmen der Kirche zu glauben, vielmehr schien er von der Kirche zu erwarten, daß sie seine Lehren übernahm. Das war nicht bloß Ehrgeiz und Eitelkeit, sondern reine Häresie. Erstaunlich, daß er nicht sofort hinausgeworfen wurde.

Doch über kurz oder lang konnte es nur mit der Verweisung enden. Die Inquisition war immer noch tätig, wenn auch nicht besonders wachsam, und fraglos forderte Wolffs Verhalten sie zum Handeln heraus. Im April 1818 erschienen ein Schneider, ein Schuster und ein Hutmacher in seinem Zimmer, nahmen wortlos seine Maße und gingen wieder. »Wolff war voller Befürchtungen und wußte nicht, was er tun sollte.« Wenige Tage danach wurde er in den Kardinalspalast bestellt. Neue Kleidung erwartete ihn sowie ein Glas Tokaier zur Stärkung, ein Zwerg als Aufpasser, fünfundzwanzig Gendarmen und ein Offizier der Inquisition. Im Ungewissen darüber, ob er für den Brandpfahl, das Gefängnis oder Exil vorgesehen war, wurde Wolff in eine Kutsche verfrachtet und »rollte so aus der Heiligen Stadt.«

Die Fahrt ging nach Venedig und dann, zu seiner Erleichterung, weiter nach Wien. Es war das Exil. Aber auf die Angst folgten Niedergeschlagenheit und Mutlosigkeit. Aus seinem großen Ehrgeiz, den jüdischen Brüdern das Christentum zu verkündigen, war nichts geworden. Er war wieder dort, wo er angefangen hatte; er betrachtete sich weiterhin als Katholiken, aber war nun jeder Aussicht auf Erfüllung seines Priestertraums beraubt. Eine Zeitlang studierte Wolff in einem Schweizer Kloster der Redemptoristen, und es war in Lausanne, daß er, einer plötzlichen Eingebung folgend, auf der Straße eine englische Dame ansprach. Kannte sie vielleicht, fragte er, einen Mr. Henry Drummond von der Drummond's Bank? In der Tat Ja, und »wie ein Blitzstrahl« kam ihre Frage, ob sie die Ehre habe, mit dem »Abbé Wolff« zu sprechen. Seltsam genug, sie hatte gewissermaßen auf den Unbekannten gewartet. Henry Drummond, Banker, Philanthrop und späterer Sektengründer, hatte sich mit Wolff in Rom angefreundet und, da er dessen Scheitern dort voraussah, vielerorts verbreiten lassen, daß jeder, der Wolff zufällig traf, ihn weiter nach England schicken sollte. Miss Greaves, die Dame in Lausanne, tat genau das; so landete Wolff 1819 in Dover.

Drummond war von Wolffs Eifer und Befähigung zur missionarischen Arbeit begeistert. Er sah, daß die zwanghafte Beschäftigung mit theologischen Spitzfindigkeiten und der römische Dogmatismus seine Kräfte nur ablenkten. Wolff brauchte keine Kirche, sondern einen Mäzen – eine Rolle, die einzunehmen Drummond gerne bereit war. Schon bald nach seiner Ankunft in London begriff Wolff, daß seine Kirchenwahl so belanglos war wie der Schnitt seines Mantels. Der freundliche Drummond nahm ihn mit auf eine ekklesiastische Erkundungstour. Sie besuchten die Baptisten, die Quäker und dann die Methodisten, bevor sich Wolff vernünftigerweise für die anglikanische Kirche entschied, die sich als einzige für seine besondere Glaubensweise offen genug zeigte. Ein weiterer Anreiz war, daß die englische Staatskirche eine »Gesellschaft für die Förderung des Christentums unter den Juden« aufzuweisen hatte. Drummond führte ihn dort ein, und bald schon wurde Wolff als Schützling der »Society« nach Cambridge geschickt, um Theologie und orientalische Sprachen zu studieren.

Zwei Jahre später, 1821, schiffte er sich mit einem Schrankkoffer voll Bibeln nach dem Nahen Osten ein, wo er mit der Konversion der Juden beginnen sollte. Seine Vorgänger von der »Gesellschaft« waren alle eine bittere Enttäuschung gewesen. Einer war Muslim geworden, ein anderer Einbrecher, ein dritter Taschendieb und der vierte ein Söldner. Wolff war entschlossen, es besser zu machen, und stürzte sich tapfer in die großen jüdischen Gemeinden des östlichen Mittelmeers. Zwischen Kairo und Antiochia gab es kaum eine Stadt, in der er nicht die Gründe für seine Bekehrung erklärte und über die Vorzüge des Christentums sprach. Aber es war mehr als schwer, Konvertiten zu gewinnen. Wolff vermutete, daß er in den kleineren, weniger gebildeten jüdischen Gemeinden, die über Mesopotamien, Persien und Zentralasien verstreut waren, mehr Erfolg haben würde. Es lag ihm auch viel daran, nicht nur zu den Juden zu predigen, sondern auch zu den Anhängern der verschiedenen orthodoxen Kirchen und sogar den Muslimen – was die glänzende Aussicht mit sich brachte, den Bereich seiner Mission unbegrenzt ausweiten zu können. Ohne auf Billigung seiner Oberen zu warten, begann Wolff eine Reise zur Erkundung der Aussichten christlicher Missionsbemühungen, die ihn durch die ganze Welt bringen sollte.

Dr. Joseph Wolff, Hilfsgeistlicher von High Hoyland.

Während der 1820er Jahre kam er bis nach Bagdad und Teheran und zog dann Richtung Norden durch den Kaukasus und die Krim bis nach Konstantinopel. Das war noch nichts, verglichen mit dem, was folgte. 1830 war er wieder am Mittelmeer und erwog einen Abstecher durch die Sahara nach Timbuktu. Dann besann er sich plötzlich anders und brach gen Osten auf. Er durchquerte Persien, erreichte die verbotene Stadt Buchara in Zentralasien, wanderte durch Afghanistan, zog über den Himalaja, reiste durch Indien bis nach Cochinchina und von dort zurück nach Bombay. Anschließend ging es nach Amerika, und er machte auch kurze Reisen nach Irland, Abessinien und dem Jemen. Wolff glaubte, daß Konversion eine Sache göttlicher Eingebung und nicht das Ergebnis mühseliger Belehrung war. Er führte als Beispiel Paulus, seinen Lieblingsheiligen, an und verwies sicher auch auf seine eigenen Glaubenserlebnisse. Eine Predigt, eine Lobpreisung, ein theologisches Gespräch, ein Gebet – das reichte ihm, um den Samen zu säen. Er gründete keine Schulen, er sammelte keine Jünger um sich, und selten blieb er irgendwo länger als eine Woche. Leute erinnerten sich tatsächlich an den Mann – wer konnte auch einen wild dreinblickenden flachsblonden Juden und seine mit Bibeln beladenen Kamele vergessen? Er schien seine Konversion für ausreichend zu halten, um von Gesellschaften in vier Kontinenten zu erwarten, daß sie ihn freundlich behandelten. Man bewunderte seine Aufrichtigkeit, man lachte über die Absurdität seines Unternehmens, und nicht selten wurde seine dreiste Unbekümmertheit bestraft. Aber wenige, sehr wenige, folgten seinem Ruf.

In London war die »Gesellschaft zur Förderung des Christentums unter den Juden« über den Lauf der Ereignisse wenig erfreut. Die Verantwortlichen machten ihm Vorhaltungen wegen seines allzu persönlichen Kreuzzugs, sie versuchten ihn, zurückzurufen, und schließlich verleugneten sie ihn. Aber erst, nachdem der Direktor der Gesellschaft, Reverend Lewis Way, ihn aufgespürt hatte. Way war derjenige, der Wolff angeworben hatte. Nur sehr widerwillig trennte er sich von ihm, und in einem Rechtfertigungsbericht über ihren unberechenbaren Abgesandten fing Way treffend Wolffs Wesen und Wirken ein.

»Wolff ist ein so ungewöhnliches Geschöpf, hinsichtlich seiner Bewegungen kann a priori nichts kalkuliert werden. Er

erscheint mir wie ein Komet ohne Perihelium und fähig, ein ganzes System in Brand zu setzen. Als ich ihn in Syrien treffen sollte, bekam ich Nachricht von ihm aus Malta; und als ich meinte, er sei nach England gegangen, ritt er wie ein Herrscherengel durch die Wirbelstürme von Antiochia oder stand unerschrocken zwischen den zerfallenden Türmen von Aleppo. Er ist ein Mann, der in Rom den Papst »den Staub der Erde« nennt und den Juden in Jerusalem erzählt, daß ›die Gemara eine Lüge ist‹; der seine Tage mit Streitgesprächen und seine Nächte mit dem Studium des Talmuds verbringt; für den ein Steinboden ein Federbett und ein Kasten ein Kissen ist; der Freunde hat unter den Verfolgern seines früheren oder jetzigen Glaubens; der die Gunst eines Paschas gewinnen oder einen Patriarchen widerlegen kann. Er reist ohne einen Führer, spricht ohne Dolmetscher, kann ohne Essen leben und ohne Geld bezahlen; er vergibt alle Beleidigungen, die ihm widerfahren, und vergißt jede Schmeichelei, die er bekommt; er weiß wenig von weltmännischem Benehmen und stellt sich doch auf jeden Menschen ein, ohne bei irgend jemandem Anstoß zu erregen – solch ein Mann (und so und mehr noch ist Wolff) muß kein geringes Maß an Aufmerksamkeit hervorrufen in einem Land und unter einem Volk, dessen Gleichförmigkeit der Sitten und Gewohnheiten seit Jahrhunderten ungestört geblieben ist.
Als Wegbereiter halte ich ihn für einzigartig..., aber wenn Ordnung geschaffen oder Planungen gemacht werden müssen, bemüht nicht Wolff. Er kennt keine Kirche außer seinem Herzen; keine Berufung als die der Hingabe, keine Vorschrift als die des Predigens. Er ist frei von jeder Feindseligkeit gegen Menschen und voller Liebe zu Gott. Solch ein Werkzeug, das keine Schule unterrichtet hat, das kein Kolleg halten konnte, bereitet den Weg in der judäischen Wüste. Dies ist Gottes Vorsehung, die die Nichtigkeit der Weisheit der Weisen zeigt und den Verstand der Klugen zunichte macht. So werden seine Brüder zum Nacheifern angestachelt und zum Fragen wachgerüttelt. Sie alle sehen – so wie jeder andere auch –, daß er, was auch immer er sein mag, es ernst meint; sie erkennen in ihm einen, der aufrichtig an Jesus von Nazareth glaubt; und das ist etwas Großartiges, was wir durch ihn bei den Juden erreicht haben.«

Das Einzige, was Way unerwähnt ließ, waren die beträchtlichen Gefahren, denen Wolff ständig ausgesetzt war. Er konnte sich unter Juden und Brahmanen ziemlich sicher fühlen, und mit der Zeit betrachtete er die östlichen Christen – Nestorianer, Kopten, Jakobiten, Chaldäer, Sabäer, Armenier und Syrer – als seine besonderen Freunde. Aber wenn er Dispute mit Sunniten, persischen Sufis oder den der Teufelsanbetung bezichtigten Yeziden provozierte, drohte stets Ärger. Die meisten der kriegerischen Stämme Asiens – Beduinen, Kurden, Wahhabiten, Turkmenen und Hasaren – konnten für sich in Anspruch nehmen, daß sie ihn mindestens einmal als ihren Gefangenen hatten, und unzählige Male wurde Wolff überfallen und ausgeraubt. Zu weiteren Risiken seines Gewerbes gehörten eine Bastonade nahe Bagdad und eine versuchte Vergiftung in Jerusalem; er wurde an ein Pferd gebunden und durch die Wüste von Khorassan geschleift und splitternackt am schneebedeckten Hindukusch ausgesetzt. Und immer waren da die üblichen Gefahren des Reisens. Wolff bekam die Ruhr in Kairo, Typhus in Tiflis und die Cholera in Hyderabad. Er war gerade in Aleppo, als ein Erdbeben die Stadt zerstörte, und erlitt Schiffbruch im Mittelmeer und im Schwarzen Meer — ein ernstes Problem für ihn als Nichtschwimmer.

Wolff war kein Held, und wenn er von seinen Rettungen in letzter Minute erzählte, leugnete er seine Panik nicht. Es war gerade diese Verbindung von menschlicher Schwäche und übermenschlicher Standhaftigkeit, die, mehr noch als seine missionarische Arbeit, ihm die Zuneigung der Öffentlichkeit einbrachte – das und natürlich seine unwahrscheinliche Heirat. Wie alle wichtigen Entscheidungen Wolffs war auch sie die Folge eines impulsiven Entschlusses. Als er 1826 auf einen kurzen Besuch nach London kam, erwartete ihn eine Einladung seiner Gönner zu einem Abendessen. Unter den Gästen, die gekommen waren, um den wundersamen Mann in Augenschein zu nehmen, erkannte Wolff sogleich »seinen Herzensengel in irdischer Gestalt«. Hübsch, finanziell unabhängig und aus einer Familie mit Verbindungen, war Lady Georgiana Walpole eine begehrte Partie. Was man von Wolff nicht sagen konnte. Obskure Herkunft, linkisches – ja grobes – Benehmen, wüstes Aussehen, in Gelddingen unfähig und einer bizarren Berufung folgend – von seiner geistigen Gesundheit ganz zu schweigen – schienen ein Leben als Junggeselle zu garantieren. Doch innerhalb von sechs Monaten war er verheiratet. Ein ungleicheres Paar ließ sich kaum vorstellen, und auch keines, das glücklicher war. Zusammen reisten sie in den Nahen Osten zurück und teilten die Mühen und Aufregungen des Missionslebens.

»Am neunten Tag dieser Reise [von Kairo nach Jerusalem] versuchte Lady Georgiana, ein Dromedar zu reiten, welches sie dem Kamel bei weitem vorzog. Es erforderte nämlich nur ein Paar Steigbügel, um es überaus bequem zu machen.«

Jedoch nach Indien begleitete sie ihn nicht. Zu der Zeit war ihr erstes Kind in Zypern tragisch gestorben, und ihr zweites, Henry Drummond Wolff, war noch ein Säugling. Wolff fuhr allein, und zum erstenmal spürte er den Schmerz der Trennung. 1838 entschied er, auf weitere Reisen zugunsten des häuslichen Lebens zu verzichten. Er war bereits ein naturalisierter Brite geworden und identifizierte sich noch stärker mit dem Land seiner Wahl, indem er sich zum Priester der anglikanischen Kirche weihen ließ. So kam er zu seiner Anstellung als Vikar in der kleinen Gemeinde von High Hoyland in der Grafschaft Yorkshire.

1842, das Jahr, in dem er Waterton traf, war Wolff siebenundvierzig Jahre alt. Er war nun zu Recht berühmt, stark übergewichtig und rundum zufrieden. Ihm fehlte nur noch eine einträglichere Stelle, und wie er Waterton anvertraute, hatte er etwas in Aussicht. Ihm war der Posten des anglikanischen Kaplans in Brügge angeboten worden. Nach herzlichem Abschied von ihren Gemeindemitgliedern reisten die Wolffs nach London, wo sie vor der Überfahrt nach Belgien einige Wochen verbringen wollten.

Aber anstatt alte Bekannte zu treffen und die Familie vorzuzeigen, geriet Wolff in den Wirbel einer erregten Debatte. Fünftausend Meilen entfernt im Herzen Zentralasiens wurden von einem willkürlichen und fanatischen Emir zwei britische Offiziere als Geiseln gehalten. Sie waren gefoltert worden, und niemand wußte, ob sie nicht schon tot waren. Einen von ihnen, Captain Arthur Conolly, hatte Wolff sogar in Indien kennengelernt. Aber das war unerheblich. Der entscheidende Punkt war, daß sie in Buchara sein sollten, und der einzige andere noch lebende Engländer, der je die Stadt betreten hatte, war Wolff. Er kannte den fürchterlichen Emir, er kannte die gesetzlosen Turkmenen Stämme, deren Wüstenüberfälle der Grund für die Isolation Bucharas waren, und er hielt es fraglos für seine Pflicht, seine Hilfe anzubieten.

Genau das tat er in einem Brief an den *Morning Herald*, der an »alle Offiziere der britischen Armee« adressiert war. Darin erklärte sich Wolff bereit, nach Buchara zu gehen und die Geiseln zu retten, falls jemand für seine Kosten aufkam. Er war zuversichtlich, den weiten Weg allein schaffen zu können, und glaubte auch, daß die Geiseln noch lebten. »Ich möchte nur das Geld für meine Reise und nicht einen Heller als Entschädigung.« Auf diese Weise beglich er einfach eine alte Schuld. Er verdankte alles seiner Wahlheimat und insbesondere deren aktiven Offizieren. In den einsamsten Gegenden Asiens hatte das rechtzeitige Eingreifen eines unverhofft auftauchenden Majors oder Obersten ihn so oft gerettet, daß er die britische Armee als »ein Geschenk des Himmels an mich« ansah. 1821 wurde Wolff auf einer Landstraße bei Gaza überfallen, und ein Major Mackworth war ihm zu Hilfe gekommen. 1823 war es ein Oberst, der Ehrenwerte Hobart Cradock, der ihn »wie einen Bruder pflegte«, als er in Jerusalem erkrankte. 1824 war das Jahr seiner Bastonade in Bagdad; Oberst George Keppel und Freunde tauchten mit Geld und medizinischer Hilfe aus dem Nichts auf. Im folgenden Jahr lag der typhuskranke Wolff bewußtlos an einer Straße im Kaukasus, als Oberst Sir James Russel vorbei kam, er wurde in die Kutsche gelegt und zum nächst gelegenen Krankenhaus gebracht. 1826 geschah nichts Dramatisches, aber im Jahr darauf stolperte er nach einem Schiffbruch an den Strand von Kephalonien, wo er von dem Obersten (und späteren General Sir) Charles Napier begrüßt wurde. (»Das erste, was dieser außergewöhnliche Mann zu mir sagte, war: Ich kenne ihre Schwägerin, Lady Catherine Long, sehr gut. Sie ist eine der hübschesten Frauen, die ich je sah.«) 1829 dann die Ruhr in Kairo; Lord Prudhoe – der spätere Herzog von Northumberland – und ein Oberst Felix »erwiesen ihm die größte Freundlichkeit«. Und so ging es weiter. Das vielleicht bemerkenswerteste Zusammentreffen ereignete sich in Afghanistan 1832. Nachdem Wolff völlig ausgeraubt worden war, beinahe den Märtyrertod gestorben (oder vielmehr »zu Wurst gemacht« worden) wäre und dann gezwungen war, splitternackt den Schneestürmen des Hindukusch zu trotzen, schlug er sich, von Fieber geschüttelt und mittellos, bis Kabul durch. Zu der Zeit war kein britischer Offizier dem Ort auch nur nahe gekommen, und Wolff war in einer ernsten Notlage. Er betete inbrünstiger denn je. Und tatsächlich erreichte noch am selben Abend Leutnant Alexander Burnes mit einem Trupp die Stadt. Wieder einmal war Wolff gerettet.

Nun war er an der Reihe, den Schutzengel zu spielen. Das Außenministerium versuchte, ihn von seinem Vorhaben abzubringen; selbst Lady Georgiana »empfand Abneigung gegen meine Beschäftigung mit der Angelegenheit«. Aber ein Captain Grover las seinen Aufruf im *Morning Herald* mit Interesse und unternahm es, durch öffentliche Spendenaufrufe das nötige Geld zu beschaffen. Grover hatte ursprünglich angeboten, sich selbst auf den Weg zu machen, und ließ erst davon ab, als ihm die Erlaubnis verweigert wurde, bei dem Unternehmen Uniform zu tragen. Wolff war ebenso stolz auf seine kirchliche Amtstracht, und als Seitenhieb gegen das Außenministerium schwor er, seine Kleidung nicht zu wechseln, bis der Auftrag erledigt war.

> »[Wolff entschied], er wird sich in Southampton einschiffen, bekleidet mit seinem Talar, Doktorkappe [er war Doktor der Theologie und stolz darauf] und Schaufelhut, in seinen Händen eine Bibel in Hebräisch und in Englisch (Baxters Ausgabe). Er wird den Titel ›Joseph Wolff, the Grand Dervish of England, Scotland and Ireland, and of the whole of Europe and America‹ annehmen, und er wird die Herausgabe der Körper, entweder tot oder lebendig, von Colonel Stoddart und Captain Conolly fordern, wenn er Buchara erreicht.«*

Kühne Worte, aber der Große Derwisch traf auch vernünftige Vorkehrungen. Das Außenministerium erklärte sich widerstrebend bereit, seinen wenigen Repräsentanten in der Region, besonders den Gesandten in Konstantinopel und Teheran, Wolffs Mission zu empfehlen. In der Zwischenzeit hatte Grover mit seiner Kampagne beträchtlichen Erfolg. Lord Melbourne, der frühere Premierminister, war einer der Hauptbefürworter des Aufrufs; Admiral Codrington, der Sieger der Seeschlacht von Navarino, gehörte zum Rettungskomitee; und die Schiffahrtslinie P & O steuerte die kostenlose Passage nach

* Joseph Wolff, *A Mission to Bukhara*, ed. Guy Wint, 1969.

Konstantinopel bei. Die Sache kam nun rasch in Gang. Mitte September sandte Wolff Grover eine Liste seiner Reiseerfordernisse.

»1. Ich werde einen Talar und eine Soutane, meine Kappe und einen Schaufelhut mitnehmen.
2. Ein oder zwei Dutzend Hebräische Bibeln und Neue Testamente und die anglikanische Liturgie auf Hebräisch für die Juden von Buchara, Shar Sabz, Khiva, Samarkand, Balkh und Khorkand. Diese Bücher bekommen Sie wahrscheinlich bei der Londoner Gesellschaft zur Förderung des Christentums unter den Juden.
3. Zwei oder drei Dutzend Silberuhren für den Großmullah und die Mullahs von Buchara, die Khans von Khiva, Shar Sabz und Khokand. Der Emir von Buchara wird nicht eine Sache bekommen, falls er die Ursache ihres [der Geisel] Todes war.
4. Zwei oder drei Dutzend Landkarten mit arabischer Beschriftung, herausgegeben von der Church Missionary Society.
5. Drei Dutzend Robinson Crusoe, ins Arabische übersetzt von Mr. Schlienz aus Malta. Ich verteilte viele Exemplare von diesem Buch während meines Aufenthalts in Sanaa und Luhaiya in Arabien, und ich versichere Ihnen, es erregte großes Aufsehen. Robinson Crusoes Abenteuer und Weisheiten wurden auf den Marktplätzen von Sanaa, Hodeida und Luhaiya gelesen und bewundert und für wahr gehalten.«

Am 14. Oktober 1843 traf Wolff in Southampton ein und ging an Bord der *Iberia*. Eine beachtliche Menge Sympathisanten hatte sich versammelt, aber Grover zufolge »gab es kein Weinen oder Wehklagen«; Wolff hätte ebenso gut »einen Ausflug zur Isle of Wight machen können«. Lady Georgiana und der kleine Henry Drummond verabschiedeten sich feierlich; »sie wußten, daß er eine heilige Pflicht erfüllte«. Wolff segnete sie alle und umarmte und küßte Grover zum Abschied. Dann legte das Schiff ab und verschwand langsam am Horizont.

An Bord kümmerte sich Wolff um das, was zu tun war. Die Mitreisenden erlagen schnell der Seekrankheit. Er aber nicht. Der erfahrene Reisende wußte, wie man mit diesen Dingen umging. Ohne Hut lief er in der frischen Luft über das Deck, schlief auf dem Sofa in der Offiziersmesse statt in seiner engen Koje, und ließ sich jeden Morgen eimerweise Meerwasser über den Kopf schütten.

»Wir schafften neun Meilen die Stunde und erreichten Ushant am 15. Ich schrieb an meine Lieben und bat sie, für mich zu beten, und daß ich darauf vertraute, daß wir nach dem Willen des Herrn bald wieder vereinigt und glücklich in Gott zusammenleben würden – daß Christus, nach all dem, was er in neunzehn Jahrhunderten getan hatte, noch erwartet wird, da ihm die Heiden bis jetzt nicht zum Erbe noch die fernsten Teile der Erde in seinen Besitz gegeben sind.«

Die fernsten Teile der Erde schlossen Buchara ein. Wolff spielte hier auf seine tiefste und umstrittenste Überzeugung an – nämlich daß die Wiederkunft Christi und der Anbruch seiner Herrschaft bevorstanden. Was die Heilige Schrift betraf, war er ein Fundamentalist, und Wolff glaubte an Wunder (immerhin hatte er eins selbst vollbracht) und an Visionen (er hatte mehrere, einschließlich einer Christuserscheinung in Kabul und einer besonders eindrucksvollen Begegnung mit Paulus und den himmlischen Heerscharen auf Malta). Wenn das, was die Bibel über Wunder und Visionen sagte, richtig war, dann mußte auch die Ankündigung des zweiten Kommen Christi stimmen. Durch sorgfältige Beobachtung von Naturkatastrophen etc. und mühsame Kalkulationen war er früher schon zu der Erkenntnis gekommen, daß diese Wiederkehr im Jahre 1847 fällig war. Nun aber, da nur noch vier Jahre fehlten und sich auch kein offensichtlicher Kandidat für die Rolle des Antichrist zeigte, beschlichen ihn Zweifel an seiner apokalyptischen Arithmetik. Aber das Ende der Welt war fraglos nahe. Seit zwanzig Jahren hatte er sich mit der Sache beschäftigt und tat es auch weiter an Bord der *Iberia*. Die langsam wieder von ihren Krankenbetten zurückkehrenden Passagiere dienten vermutlich nicht ganz freiwillig als seine Zuhörer.

»Am Montag den 17. hielt ich vor der Schiffsgesellschaft einen Vortrag, und um 6 Uhr abends passierten wir Kap Finisterre. Am Dienstag den 18. redete ich wieder. Wir hatten dann Kap St. Vincent in Sichtweite. Am 20. früh am Morgen erreichten wir Gibraltar...

Am 21. Oktober setzte ich meinen Vortrag für die Passagiere fort; am Sonntag den 22. hielt ich Gottesdienst und predigte; am Montag den 23. redete ich wieder. Am Dienstag den 24. verließen wir Tunis; Mittwoch den 25. segelten wir unter widrigen Winden und passierten früh morgens die Insel Zemra. Ich hatte mit mehreren Passagieren ein Gespräch über die Notwendigkeit des Glaubens und Gehorsams und über Christus' kommende Herrschaft und die Wiedereinsetzung der Juden.«

Am nächsten Tag erreichten sie Malta und drei Tage später Piräus. Wolff verschwand für einen Tag, um sich die Sehenswürdigkeiten von Athen anzuschauen. Er stieg zur Akropolis hinauf und deklamierte vom Areopag das Kapitel XVII der Apostelgeschichte. Die Nacht verbrachte er bei dem englischen Kaplan, frühstückte mit dem britischen Botschafter und hatte dann eine Audienz bei dem Königspaar. König Otto war an der Lage der Armenischen Kirche interessiert; Wolff klärte ihn auf. Es stellte sich heraus, daß die Königin eine Nichte seines alten Gönners Graf Friedrich Stolberg war. »Sie ist wirklich eine äußerst schöne und liebenswerte Königin – das wahre *beau ideal* einer Königin«, notierte der Doktor; sie zog sogar ihren Handschuh aus, als er sich bückte, um ihre Hand zu küssen.

»Was für Reisen Sie unternommen haben«, rief die schöne Königin aus. »Was für außergewöhnliche Reisen.«

»Um ein großes Ziel zu erreichen, muß man große Anstrengungen unternehmen«, erklärte Wolff in untypisch salbungsvollem Ton.

Am Nachmittag besuchte er Bischof Neophytos, den Präsidenten der Griechischen Synode, und eilte dann nach Piräus zurück. Leider zu spät; die *Iberia* war ohne ihn abgesegelt. Aber wieder hatte er Glück. Die britische Marine war im Hafen, und als Wolffs Notlage bekannt wurde, schickte Kapitän Sir James Sterling das Dampfschiff *Vesuvius* los. Vor Syrien holten sie die *Iberia* ein; »ich wurde von der ganzen Schiffsgesellschaft mit Hurrarufen begrüßt.« Selbst die fette Methodistin, die mit ihrem Mann reiste und seine Vorträge ständig unterbrochen hatte, stimmte in die herzliche Begrüßung mit ein.

Der nächste Halt war Konstantinopel. Hier verließ Wolff die *Iberia* und verbrachte drei hektische Wochen mit Predigen und

Höflichkeitsbesuchen. Graf Titov, der russische Botschafter, teilte ihm mit, daß der Zar Sonderbefehle an die Gouverneure in Sibirien und seine Admirale auf dem Kaspischen Meer geschickt hatte; sollte Wolff irgendwo zwischen Astrachan und Irkutsk russisches Territorium berühren, wurde ihm ein freundlicher Empfang zugesichert. Der französische und italienische Botschafter empfingen ihn zum Abendessen und auch Graf Stürmer, der österreichische Internuntius, lud ihn ein; nach dem Essen wurde die Gastfreundschaft des Grafen mit einer ausführlichen Vorlesung auf deutsch über die Wiederkehr Christi entgolten. Dieselbe hielt Wolff noch einmal, diesmal auf englisch, im Haus von Sir Stratford Canning, dem britischen Gesandten. Die Cannings wurden seine begeistertsten und aktivsten Unterstützer. Sir Stratford half Einführungsschreiben vom Sultan, seinem Außenminister und den höchsten islamischen Geistlichen besorgen; sie waren an alle Khane, Emire und Mullahs Zentralasiens gerichtet. Da er solche Briefe von der britischen Regierung nicht bekommen hatte, legte Wolff großen Wert auf diese Sendschreiben, und Lady Canning persönlich nähte sie in das Futter seines Mantels ein. Sie besorgte auch für die Reise reichlich Vorrat an Tee und Zukker. Dann, nach sich hinziehendem Abschied und begleitet von vielen guten Wünschen, brachte ihn ein Dampfschiff nach Trabzon an die weiter östlich gelegene Küste des Schwarzen Meers. Nun begann der ernsthafte Teil der Reise, die bis dahin eher eine Vergnügungstour gewesen war.

Als Wolff das Gästebuch des Schiffs durchblätterte, fand er die Unterschrift von Arthur Conolly. Der hatte 1839 diese Route genommen. »Armer Mann«, rief der Doktor aus, »lieber, guter Mann«, denn Wolff mochte ihn sehr. Ob Conolly und Stoddart überhaupt noch lebten, blieb eine der großen Unwägbarkeiten der Mission. Die letzten Briefe der Geiseln, die im Jahr zuvor aus Buchara herausgeschmuggelt worden waren, enthielten nichts Gutes. Stoddart mußte lange Zeit in dem berüchtigten Schwarzen Brunnen verbringen, eine tiefe Grube voll mit Ungeziefer, Kriechtieren und Insekten, die extra für die Opfer gezüchtet worden waren. Beide Männer waren krank gewesen und durften drei Monate ihre Kleidung nicht wechseln. Den Emir beschrieben sie als eine monströse Verkörperung des Bösen, der sie nur so lange am Leben halten würde, wie es ihm Spaß machte.

Berichten zufolge, die in Teheran eintrafen, hatte dieser Spaß schon fast achtzehn Monate vor Wolffs Aufbruch aufgehört. Während die britische Regierung diesen Berichten Glauben geschenkt und die Männer für tot erklärt hatte, hielten sich hartnäckig Gerüchte, die das Gegenteil behaupteten. In Konstantinopel hatte Wolff sich widersprechende Nachrichten über das Schicksal der beiden Offiziere gehört. Für den ewigen Optimisten war das Grund genug zur Hoffnung. Außerdem fiel es Wolff schwer zu glauben, daß der Emir so unmenschlich sein konnte. So wie die wenigen anderen Reisenden, die sich in den letzten Jahrzehnten in der verbotenen Stadt aufgehalten hatten, hatte er keinen Grund gehabt, sich über den Emir Nasrullah zu beklagen.

In Trabzon gab es weitere Gerüchte, daß die Geiseln vielleicht noch am Leben waren. Wolff blieb nur kurz, um die kleine Gemeinde von Ausländern über sein Lieblingsthema zu belehren – diesmal auf italienisch –, und anschließend wurden 44 £ für seine Ausgaben gespendet; noch hatte er die 500 £, die Grover beschafft hatte, nicht anrühren müssen.

»Am 1. Dezember machte ich mich mit meinem serbischen Diener Michael, ein Soldat des Paschas [von Trabzon], nach Erzurum auf; als wir die Berge von Trabzon hinaufstiegen, begleitete uns ein vortrefflicher Türke. Die Straße nach Erzurum war schrecklich, so daß ich den ganzen Weg zu Fuß ging.«

Wolff war ein miserabler Reiter und zog gewöhnlich das Laufen vor. Aber nun war bereits Dezember, und sie kämpften sich durch das anatolische Hochland. Die Schneewehen waren mannshoch. Unter diesen Bedingungen war es selbst für seine beiden erfahrenen Begleiter schwer, dem Doktor zu helfen. Zu ihrer Erleichterung mußte die Reise in Erzurum vorläufig unterbrochen werden. Schneestürme wüteten, und von der Landstraße weiter östlich wurden täglich Kälteopfer in die Stadt gebracht. Widerwillig blieb Wolff dort.

Wie es der Zufall wollte, wurde zu der Zeit die ausländische Gemeinde von Erzurum durch Mitglieder einer Grenzkommission, darunter auch mehrere britische Offiziere, vergrößert. Wie eh und je eilten sie Wolff zu Hilfe. Vor allem war da Oberst William Fenwick Williams. Er überzeugte Wolff, daß er im Schnee nur noch zu Pferde sicher wäre. Dementsprechend besorgte er ihm passende Kleidung, die den Reiter vor Erfrierungen schützte. Die Mäntel und Hosen waren mit mehreren Schichten wattiert, die Stiefel reichten ihm bis zu den Hüften »wie bei der Gardekavallerie«, und das Ganze wurde von einem gewaltigen Wolfsfellmantel mit Kapuze umhüllt; »so war ich ein Wolff in Wolfskleidung«. (Trug er Doktorkappe und Schaufelhut unter der Kapuze?) Der Oberst verschaffte ihm auch die seltene Befriedigung, einen Juden taufen zu dürfen. Das war sein eigener Diener, ein junger Mann »von hervorragendem Charakter«, der noch dazu auf den Namen Freitag hörte. Vermutlich war auch der Oberst ein *Robinson Crusoe*-Fan.

Weihnachten kam, und die Schneestürme hörten nicht auf. Wolff predigte und tröstete sich selbst mit dem Verfassen von Proklamationen. Eine erging an die gesamte armenische Nation und bat ihre Bewohner, jede mögliche Verbindung, die sie in Buchara haben mochten, in seinem Namen dort zu nutzen. Ein anderer Aufruf war noch allgemeiner entworfen und sollte unter »allen Mohammedanern Zentralasiens« zirkulieren.

ANHÄNGER DES ISLAM!

In dem gesamten türkischen Reich, Arabien und Afghanistan kennt Ihr mich gut. Ich war unter Euch in Damaskus, Ägypten, Aleppo, Bagdad, Isfahan, Buchara, Kabul und Hindustan [Indien]. Ich habe mit Mohammedanern, Juden, Parsen und Hindus über das Kommen Jesu Christi gesprochen. Ich bin trotz der Verschiedenheit in den religiösen Überzeugungen von dem Großmogul von Delhi und dem Schah von Persien, den Großmullahs von Bagdad, Konstantinopel, Isfahan, Kaschmir und Buchara freundlich empfangen worden. Ich bin an den äußersten Grenzen der Erde gewesen, sogar in Amerika, das auf der anderen Seite des Ozeans liegt.... Da ich erfahren habe, daß zwei verdienstvolle britische Offiziere auf Befehl des Emirs von Buchara hingerichtet wurden, werde ich in die große Stadt Buchara gehen, um die Wahrheit dieser Nachricht herauszufinden; denn ich kann es nicht glauben, da ich in Buchara mit großer Gastfreundschaft empfangen wurde.... Ich appelliere nun an alle mohammedanischen Prinzen und

Mullahs überall auf der Welt, für mich Empfehlungsbriefe an den König von Buchara zu senden, damit er mich freundlich empfängt.

Joseph Wolff

Endlich, am 27. Dezember, klarte der Himmel auf. Oberst Williams begleitete ihn die ersten sechs Meilen, und im Schnee stießen sie mit einer Flasche Tenedos auf den Erfolg des Unternehmens an. Dann ritt der Große Derwisch unbeholfen in Richtung des Berges Ararat davon. Wolff betrat nun die persische Provinz Aserbeidschan, deren Hauptstadt Täbris sein nächstes Ziel war. Zwischen Schneestürmen und Lawinen führte der Weg langsam zur Wüste hinab. Aber die Kälte ließ nicht nach; Täbris hat ein kontinentales Klima, trocken und unerträglich heiß im Sommer, trocken und unerträglich kalt im Winter. Aber nichts hätte wärmer sein können als die Begrüßung durch Mr. Bonham, Konsul Ihrer Majestät in Täbris. Wolff taufte das Kind der Bonhams und erfuhr zu seiner Freude, daß Mrs. Bonham eine Nichte des ehemaligen Premierministers Sir Robert Peel war. Wolff gefiel die Familie sehr, und er meinte, daß ihr Oberhaupt Anspruch auf etwas Besseres als das Generalkonsulat in Täbris habe. »Warum wird Mr. Bonham nicht zum Botschafter ernannt?« fragte er fordernd in einem Brief an das einflußreiche Rettungskomitee in London.

Durch Bonhams Hilfe war es ihm möglich, den Stadtkerker zu besuchen, in dem Mohammed Khan Kerahe alias »Der Kopfabreißer« seit einigen Jahren schmachtete. Das war der Mann, vor den Wolff von turkmenischen Sklavenhändlern gebracht worden war, nachdem sie ihn am Schweif eines Pferdes durch die Wüste geschleift hatten. Die Geschichte hatte sich vor zwölf Jahren in Khorasan, im Osten Persiens, zugetragen, und der Khan war immer noch eine berüchtigte Gestalt.

»Dieser Kerl hatte Hunderten von Leuten die Augen ausgestochen, die Nasen abgeschnitten etc. und nicht weniger als sechzigtausend Perser an die Bewohner von Buchara verkauft. Man kann ihn mit dem ›Wilden Eber der Ardennen‹ in [Walter Scotts Roman] Quentin Durward vergleichen. Sein eigener Sturz jedoch kam; und da ich gerne Menschen im Unglück sehe, nicht um über sie triumphieren, sondern um sie zu trösten, stattete ich ihm einen Besuch ab.... Als er mich sah, erkannte er mich sogleich, erinnerte mich an die Bastonaden, mit denen er jene bestrafte, die mich zum Sklaven gemacht und mein Geld weggenommen hatten; – aber wohlweislich vergaß er zu erwähnen, daß er dieses in seine eigene Tasche steckte; und da Orientalen ein langes Gedächtnis haben – und man ihnen in einsamen Gegenden unverhofft begegnen mag – unterließ ich es, irgendwelche unangenehmen Erinnerungen wiederzubeleben. Nach einer dieser Launen der Natur ist sein Aussehen bemerkenswert sanft; aber ich würde seinen Blick meiden, wenn ich ihm in der Wüste begegnete.«

Wolff begnügte sich mit der Unterschrift des Mannes und machte eine Kopie seines Stammbaums; dabei stellte sich, kaum überraschend, heraus, daß der grausame Mann ein direkter Nachfahre von Dschingis Khan war. Nach dieser Erinnerung an den gesetzlosen Zustand, der an Persiens nord-östlicher Grenze herrschte, verlief die Weiterreise nach Teheran vergleichsweise ereignislos. Michael, der serbische Diener, betrank sich und schlug im Rausch seinen Herrn nieder; später erklärte er, daß er gezwungen sei, sich immer so zu benehmen, wenn ein Festtag der Jungfrau Maria gefeiert werden mußte. Daraufhin kam Wolff zu dem vernünftigen Entschluß, ihn zu entlassen. Der Doktor war nie ein besonders guter Menschenkenner; auf früheren Reisen schlossen dienten ihm ein Dieb, zwei Säufer und ein epileptischer Neger.

In Teheran war der britische Botschafter Oberst Justin Sheil, ein ruhiger Mann, römisch katholisch und wahrscheinlich der einzige britische Offizier, gegen den Wolff Bedenken hatte. Es war Sheil, der die Berichte, daß die Geiseln tot waren, ausgewertet und als zutreffend weitergeleitet hatte. Er war nach wie vor von deren Richtigkeit überzeugt und betrachtete daher die Mission des Doktors als einen unnötigen Kraftakt mit möglicherweise peinlichem Ende. Wolff seinerseits bestand weiterhin darauf, daß man über das Schicksal der beiden Offiziere nichts Sicheres wußte. Zwanzig Jahre später erzählte er in seiner Autobiographie eine andere Version.

»Und nun legt Wolff an dieser Stelle ein Geständnis ab, das er noch nie zuvor gemacht hat – auch er war schon in Teheran fest davon überzeugt, daß Stoddart und Conolly nicht mehr unter den Lebenden und in Buchara hingerichtet worden waren. Aber er behielt diese Überzeugung für sich, weil er fürchtete, daß nach seiner dadurch erzwungenen Umkehr jedermann sagen würde, sein ganzer Versuch, nach Buchara zu gehen, sei nur Humbug und die Tat eines Prahlers gewesen. Deshalb verbarg Wolff seine innere Überzeugung...«

Abdul Samut Kahn, der Stellvertreter des Emirs von Buchara.

Wie auch immer es sich damals verhielt, von Teheran an galten die Sorgen des Doktors, Sheils, des Komitees in London und der ganzen Öffentlichkeit weniger dem Schicksal der Geiseln als vielmehr dem ihres selbst ernannten Retters. Wolff hatte nun eine weitaus klarere Vorstellung von den Risiken, die er auf sich nahm. Stoddart und Conolly hatten sich den Zorn des Emirs zugezogen, weil sie keine Akkreditierungsschreiben von

Königin Victoria vorweisen konnten; Wolff hatte nicht einmal Beglaubigungen vom Außenministerium, geschweige denn von der Königin. Und wenn die Geiseln getötet worden waren, versuchte der Emir offensichtlich, die Tatsache zu vertuschen; jeder, der kam, um Nachforschungen anzustellen, forderte nur das gleiche Schicksal heraus. Oberst Sheil, der Wolffs einzige Verbindung zur Außenwelt sein würde, stand seiner Reise ablehnend gegenüber; seine Einschätzung der Lage war völlig pessimistisch. Er machte Wolff mit dem Schah von Persien bekannt, und der Schah schickte wie schon zuvor der Sultan einen Brief in seinem Namen nach Buchara. Sheil stimmte auch dem Vorschlag zu, zu Wolffs Sicherheit den Botschafter des Emirs in Teheran als Geisel festzuhalten. Beides schienen ausgezeichneten Ideen zu sein. Aber sie unterstellten ein Maß an gesicherten Beziehungen zwischen den Mächtigen in Teheran und Buchara, das nicht existierte. In Buchara herrschten eigene Gesetze, und Emir Nasrullah rechtfertigte sich gegenüber niemandem.

Nach den eher vergnüglichen und kurzweiligen Monaten seiner Reise wurde Wolffs Mission nun zu einem düsteren Drama persönlichen Wagemuts. Nach Teheran gab es nicht mehr die Zeichen der vertrauten Zivilisation, keine hilfreichen britischen Konsuln, tapferen Offiziere und gastfreundlichen Christen; nun erwarteten ihn Wüsten mit turkmenischen Sklavenhändlern und am Ende die Stadt mit dem fremdenfeindlichsten und fanatischsten Herrscher in Zentralasien. In Meschhed, seinem letzten Halt in Persien, erfuhr Wolff, daß selbst die dortige kleine jüdische Gemeinde sich vor kurzem dem uralten Druck gebeugt hatte und zum Islam übergetreten war.

Aber der stets optimistische Reisende meinte, »ein starkes Prestige zu meinen Gunsten« entdecken zu können. Von Meschhed aus feuerte Wolff eine weitere Salve von Briefen an alle benachbarten Mächte und bat sie eindringlich, jeden Einfluß, den sie in Buchara hatten, für ihn geltend zu machen. Der Gouverneur von Meschhed versprach ebenfalls seine volle Unterstützung und schien beträchtlichen Einfluß auf seine turkmenischen Nachbarn zu haben. Diese Herren der Wüste waren nach Wolffs Meinung immer noch »ein Volk von so perfider Disposition und solcher Raubgier, daß man nicht einen Moment auf ihre Versprechen oder Abmachungen vertrauen konnte«. Aber der Gouverneur hatte wahrscheinlich recht mit seinem Rat, es sei besser, mit den Hunden zu jagen als mit den Hasen zu rennen.

»›Sie gehen zu der gefährlichen Stadt Buchara‹, sagte der Gouverneur. ›Dort gibt es etwa fünfzigtausend Merwer [Turkmenen von der Stadt Merw], das schlimmste Volk, aber sehr reich und von großem Einfluß auf den Emir. Und wenn man zu Schurken geht, muß man, um sich zu schützen, einen größeren Schurken mitnehmen. Ich werde Ihnen deshalb neun Kerle vom Stamm der Merwen mitgeben; und wenn sie sich übel benehmen, werde ich ihre Weiber und Kinder, die in meinem Gewahrsam bleiben, verbrennen.‹
Wolff dachte damals bei sich, ›Ich bin in ihren Händen, und ich muß tun, was der Gouverneur sagt; daher will ich diese neun Männer mitnehmen.‹«

Am 31. März 1844, sechs Monate und fünftausend Meilen nach der Abfahrt von Southhampton, verließ er Meschhed und wandte sich nordwärts Richtung Buchara. Die restlichen fünfhundert Meilen zog er mit einer Karawane, ritt am Tage auf einem Kamel und schlief nachts im Wüstensand. Essen und Wasser waren knapp. Seine Begleiter wurden ihrem Ruf gerecht; dauernd forderten sie Geschenke und erinnerten ihn hämisch an die Gefahren, die ihn am Ende der Reise erwarteten. In Merw erfuhr Wolff zu seiner Freude, daß der turkmenische *Khalifa*, der religiöse Führer, sich noch an ihre zwölf Jahre zurückliegende Begegnung erinnerte. Der alte Mann tauchte aus seinem Zelt »mit Brot und Zitronenlimonade« auf und begrüßte ihn als brüderlichen Derwisch. Aber leider erfuhr er auch durch ihn, daß die Geiseln tot waren und daß Wolff ihr Schicksal teilen würde, wenn er weiterzöge. »Nach Buchara muß ich«, beharrte Wolff, obwohl ihm nun sehr wohl bewußt war, daß er sich »in die Hände eines despotischen Monarchen von mehr als gewöhnlicher Grausamkeit selbst für ein östliches Herrschergeschlecht« begab. »Das Schlimmste erwartend«, vertraute er sich der göttlichen Vorsehung an und schrieb einen letzten Brief an seine Frau.

Meine teuerste und liebste Georgiana,
Nach einer Pause von zwei Stunden mache ich mich nun von hier auf nach Buchara. Der Khalifa von Merw

war äußerst freundlich zu mir; er
hat mir einen seiner Schüler mit nach Buchara geschickt.
Sei guten Mutes, meine teuerste Georgiana, denn alles,
was mir widerfahren mag, kommt von Gott. Ich gehe
ohne viel Besorgnis. Ich denke oft an Dich und den lieben
Henry, und bitte Euch beide um Verzeihung, wenn ich je
ein unfreundliches Wort geäußert haben sollte. Ich liebe
Euch beide mehr als mich selbst. Die Turkmenen verhalten
sich mir gegenüber sehr respektvoll.

Dein dich liebender Ehemann
Joseph Wolff

Er schrieb auch an Grover und bat ihn eindringlich, falls die Geiseln tot waren und er selbst den Märtyrertod sterben sollte, etwas für die zweihunderttausend Perser zu tun, die als Sklaven in Buchara gehalten wurden. Ein weiterer Brief, adressiert an »Die Philanthropen Europas«, enthielt die gleiche Bitte. *Etwas* Gutes, schien er damit zu sagen, muß sich doch aus all diesen Mühen ergeben.

Bei Merw überquerte Wolff den Oxus und lief dann durch das letzte Stück Wüste vor den grünen Feldern der Oasen von Buchara. Seine Soutane schleifte im Sand, und sein ausgebleichter Schaufelhut bot kaum noch Schutz vor der Sonne. In der Türkei hatte er, als er sich durch die Schneewehen kämpfte, Gedichte seines Freundes Graf Stolberg rezitiert. Nun las er laut aus der Bibel, die er vor sich hielt. Nacheinander verschwanden seine Begleiter, weil sie nicht zusammen mit einem dem Untergang geweihten Reisenden gesehen werden wollten. Aber der christliche Derwisch stapfte weiter und deklamierte trotzig das Wort Gottes, so als wollte er Böses abwehren und die näher kommende Stadt exorzieren. »Ich spürte, daß meine Kraft in dem Buch war und daß seine Macht mich wohl stärken werde«, schrieb er.

»Diese ungewöhnliche Art des Reisens zog von Shah Islam bis Buchara die Menge an, was für mich von Vorteil war – denn wenn ich mein Leben verlieren sollte, dann würde es weithin bekannt werden; und die Folgen konnten sich auch für den Emir als ernst erweisen, sollte er sich an einem geweihten Mann vergreifen, der mit dem Buch von Moses, David und Jesus gewappnet ist, den das Wort des Khalifa von

Merw beschützt und der vom Sultan, dem Shah von Persien, dem russischen Botschafter und dem Gouverneur von Meschhed unterstützt wird.«

Wenn ein möglichst auffälliges Verhalten der Schlüssel zum Überleben war, so zeigte sich Wolff der Sache gewachsen. Zu dem Zeitpunkt, da er die Stadt erreichte, hatte bereits die ganze Einwohnerschaft Wind von der »fränkischen« Erscheinung bekommen, die da heranrückte. Die Menschen strömten auf die Straßen und drängten sich auf den flachen Hausdächern. Als der Große Derwisch in voller Amtstracht mit der Doktorkappe aus scharlachroter Seide und in den Händen das kleine schwarze Buch erschien, brüllten sie alle »Salaam Aleikum«. »Bestimmt zwanzigtausend Leute waren in den Straßen und riefen Willkommen, Herzlich Willkommen.« Buchara lag an der Kreuzung von Asiens großen Handelswegen; in der Menschenmenge befanden sich Usbeken, Kirgisen, Kasachen und Afghanen, Sinti von Indien, Tataren aus Rußland und Tungesen aus China; es war nur eine Frage der Zeit, bis sich von Konstantinopel bis nach Kalkutta und Kanton die Nachricht von seinem triumphalen Einzug verbreiten würde.

Selbst der Emir war verblüfft. Stoddarts Schwierigkeiten hatten offensichtlich damit begonnen, daß er sich weigerte, die üblichen Huldigungen darzubringen. Wolff hatte da keine Bedenken. Bei der Audienz strich er mit würdigem Ernst seinen Bart und rief immer wieder aus: »Zuflucht der Welt, Friede dem König«. Er nährte sich der dreißigsten Wiederholung, als sich die böse Miene des Emirs endlich aufhellte.

»Genug, genug«, sagte er und murmelte etwas, was Wolff so verstand: »Du exzentrischer Mensch, du Stern mit einem Schweif, weder wie ein Jude noch wie ein Christ oder Hindu, weder ein Russe noch ein Usbeke – du also bist Joseph Wolff«.

Das schien ein guter Anfang zu sein. Wolff beschloß, die Wahrheit herauszufinden, solange der Emir ihm noch gewogen war. Als er in die Stadt einzog, hatte er sich nach allen Seiten umgesehen in der Hoffnung, Stoddart und Conolly zu entdecken. »Aber vergebens.« Nun kam er ohne Umschweife zur Sache. Die ganze Welt erwartete eine Antwort auf die Frage, was mit den beiden britischen Offizieren geschehen war. Als wäre er erleichtert, sich einer solchen Nebensächlichkeit rasch entledigen zu können, erklärte der Emir ohne Ausdruck, er habe die beiden hinrichten lassen. Stoddart »hatte ihm nicht den angemessenen Respekt erwiesen«, und Conolly »hatte eine lange Nase (d.h. er war allzu hochmütig)«.

Der Doktor wußte nie wirklich, was er von Emir Nasrullah halten sollte. Einerseits war er ein grausamer und selbstherrlicher Tyrann, dessen Weg zur Macht mit Leichen gepflastert war und der seine Autorität durch eine Schreckensherrschaft aufrecht erhielt. Bei plötzlichen Wutausbrüchen verfiel sein ganzer Körper in Zuckungen, und in solchen Momenten war er »der ekligste Kerl, den Wolff je sah«. Andererseits war der Emir um seine ärmsten Untertanen stets besorgt, war unbestechlich und aufrichtig bekümmert, als es Wolff schließlich gelang, ihn von der allgemeinen Empörung über seine Taten zu überzeugen. Drei Tage lang saß Nasrullah gedankenverloren, seinen Kopf in den Händen haltend, da. »Wie außerordentlich«, sagt er zu einem seiner Berater. »Ich habe hier zweihunderttausend persische Sklaven, und niemand kommt ihretwegen. Aber um zweier Engländer willen kommt eine Person aus England und fordert auf eigene Faust ihre Freilassung.« In einem Anfall von Reue fragte er sogar, ob der christliche Derwisch die beiden irgendwie wieder ins Leben zurückbringen könnte. Zweifellos wollte er die Beziehungen zu Großbritannien verbessern und stimmte daher sogleich Wolffs keineswegs autorisiertem Vorschlag zu, mit ihm einen Botschafter nach London zu schicken.

Das Problem war nur, daß der Emir wie die meisten Tyrannen äußerst argwöhnisch war. Während der folgenden Wochen ließ er Wolff immer wieder von Offizieren verhören. Die Nachricht, daß sein Botschafter in Teheran als Garant für Wolffs Sicherheit festgehalten wurde, vergrößerte den Verdacht des Emirs, daß der seltsame Derwisch eine gewisse politische Stellung haben mußte. Doch als Wolff aufgefordert wurde, die »vier Großwesire‹ und »die zwölf kleinen Wesire [Minister] Englands« zu nennen, gab er eine völlig andere Liste von Namen als die von Stoddart und Conolly. Wolff versuchte zu erklären, daß sich das Kabinett seit 1841 geändert hatte, und wagte eine Beschreibung der Funktionsweise der britischen Demokratie. »Aber dieser Versuch endete in einem solchen Durcheinander, daß am Ende weder der König noch Wolff selbst etwas verstanden.«

Wenn Nasrullah bis zu einem gewissen Grad das Opfer seiner beschränkten Vorstellungen vom Königtum war, konnte eine solche Entschuldigung für einen seiner Hauptberater nicht angeführt werden. Er hieß Abdul Samut Khan und war als der Naib (Stellvertreter) bekannt. Wie schon zuvor Stoddart und Conolly pflegte auch Wolff Umgang mit diesem Mann und nahm seine Gastfreundschaft als Zuflucht vor dem unberechenbaren Emir gerne an. Der Naib lieferte ihm die ganze Geschichte vom Tod der Geiseln, und Wolff schrieb danach an Grover in London, um ihm mitzuteilen, daß das Rätsel gelöst und er im Begriff sei, nach Hause zurückzukehren. Das war Anfang Mai. Dreimal wurde der Tag seiner Abreise festgesetzt, und dreimal verstrich er, ohne daß Wolff freigelassen wurde. »Ich fand bald heraus, daß ich von einem nahezu beispiellosen Ausmaß an Heimtücke umgeben war.«

Nasrullah verlangte mehr und mehr belanglose Informationen: Warum gab es keine Kamele in England? (»Ich mußte sehr viel schreiben, bevor er unsere Art des Reisens mit der Eisenbahn verstand.«) Warum ließ die Königin nicht mehr Leute hinrichten? Praktizierten die Engländer Zauberei? Und wie viele Farsakhs [ca. 6 Kilometer] pro Stunde schaffte ein Dampfschiff? Auch fand er zusehends Gefallen an Wolffs Niedergeschlagenheit. Auf die Bitte, die Skelette von Stoddart und Conolly mitnehmen zu dürfen, erhielt Wolff die Antwort, daß die einzigen Knochen, die nach England gehen würden, die von ihm selbst seien. Mit der Zeit zeigte auch der Naib sein wahres Gesicht. Der Preis für seine Freundlichkeit war Geld, und als Wolffs Guthaben zu Ende ging, hörte auch die Gastfreundschaft des Naib auf. Und schlimmer noch, irgendwann gab er zu, daß er derjenige war, der dem Emir geraten hatte, die Geiseln umzubringen.

Schließlich verlor Wolff die Geduld, hatte einen furchtbaren Streit mit dem Naib und machte einen vergeblichen Fluchtversuch. Er wurde in das Haus überführt, in dem Stoddart und Conolly ihre letzten Tage verbracht hatten. Der Juni verstrich, im Juli war es tagsüber unerträglich heiß, und Wolff versuchte, sich selbst aufzumuntern, indem er laut deutsche Lieder sang. Der Emir gewährte ihm kein Gespräch mehr und ging auf einen Feldzug. Seine Wächter und Diener zeigten unverhohlen ihre Schadenfreude bei jedem neuen Gerücht, das Wolffs baldiges schlimmes Ende ankündigte. Der Naib sprach sich nun offen für seine Hinrichtung aus. Wolffs Gesundheit verschlechterte sich, seine Zuversicht war erschüttert, und jede Hoffnung auf Flucht schwand dahin. »Was ich alles während der Abwesenheit des Königs erlitt, kann ich nicht beschreiben.« Um sich der Verzweiflung zu erwehren, schrieb er einen Abschiedsbrief an Lady Georgiana.

> Mein liebstes Weib und Kind,
> niemals, niemals hört auch nur für einen Augenblick auf, Jesus Christus zu lieben, ihm zu gehorchen und an ihn zu glauben; und betet für mich, daß ich ihm treu sein werde in der Stunde der Prüfung. Ersucht die Kirchen in England darum, für mich zu unserem heiligen Erlöser, Jesus Christus, zu beten. Grüßt alle meine Freunde.
>
> Euer Euch herzlich liebender Ehemann und Vater
> *Joseph Wolff*

Am nächsten Tag kam ein Mullah zu ihm und forderte ihn auf, zum Islam überzutreten. »Niemals, niemals, niemals«, antwortete er. Der Mullah ging, und seinen Platz nahm ein Henker ein, »derselbe Mann, der Stoddart und Conolly hingerichtet hatte«. Er sei gekommen, erklärte er, um sein nächstes Opfer in Augenschein zu nehmen.

> »Ich bereitete mich auf den Tod vor und hatte Opium bei mir, damit ich keinen Schmerz spürte, falls man meine Kehle durchschnitt. Jedoch warf ich es schließlich weg und betete und schrieb in meine Bibel diese Worte.«
>
> > »Meine liebste Georgiana, liebster Henry,
> > ich habe Euch beide bis zum Ende geliebt,
> > In Liebe, Euer Ehemann und Vater, *J. Wolff*«

Angesichts des drohenden Todes war er offensichtlich dem völligen Zusammenbruch nahe. Später wurde ihm vorgeworfen, er habe die Gefährlichkeit seiner Lage übertrieben; aber seine Aufzeichnungen aus jenen Tagen lassen eine solche Deutung nicht zu. Er stand Todesängste aus und suchte verzweifelt nach geistlichem Trost.

Als ob seine Gebete erhört worden wären, nahmen die Ereignisse jäh eine neue Wendung. Seit einiger Zeit schon hatte ein Botschafter aus Persien im Namen des Schahs und des Obersten Sheil auf seine Freilassung gedrängt. Anfangs machten diese Vorstellungen aus Teheran wenig Eindruck auf den Emir. Aber eine Reihe militärischer Rückschläge an der nördlichen Grenze und ein weiteres drohendes Schreiben des Schahs änderten seinen Sinn. Eine Kraftprobe mit seinem mächtigsten Nachbarn war ihm Wolff einfach nicht wert. Um möglichst sein Gesicht zu wahren, gab der Emir vor, Wolff die ganze Zeit über als seinen geehrten Gast angesehen zu haben. Er wurde nun mit Geschenken beladen und durfte einige persische Sklaven freikaufen. Ein Botschafter wurde ernannt, der Wolff nach London begleiten und Königin Victoria die Geschehnisse erklären sollte. Am 3. August 1844 verließen die beiden Männer Buchara. Für Wolff war der Alptraum zu Ende.

Eine Karikatur von Wolff während der Zeit seiner Heirat mit Lady Georgina Walpole.

Ohne Aufsehen kehrte er auf dem gleichen Weg zurück, und neun Monate später landete er in Southampton. Wieder versammelten sich viele Menschen, und diesmal jubelten sie. Dort am Kai waren auch Lady Georgiana, der junge Henry und der gute Captain Grover. »Die Freude«, schrieb Wolff, »findet keine Worte.« Er versprach seinen Lieben, nie wieder zu reisen, sondern seine Tage friedlich in England zu beenden. Er setzte sich in der Somerset Gemeinde Ile Brewers zur Ruhe und lebte und arbeitete dort weitere fünfzehn Jahre, von allen sowohl seiner Exzentrizitäten und als auch seiner Berühmtheit wegen geliebt. Er lernte es nie, sich selbst zu rasieren, und als er einmal vor einer fünftägigen Reise daran erinnert wurde, täglich die Wäsche zu wechseln, kehrte er mit einem makellosen Hemd zurück, aber mit vier getragenen darunter. Der Reporter einer Lokalzeitung, der einen seiner letzten Gottesdienste besuchte, erlebte ihn als einen immer noch feurigen Prediger.

»Als ich die Kirche betrat, begrüßten meine Ohren vom Lesepult Worte in halb gebrochenem Englisch. Dort stand Joseph Wolff, der große Ostreisende, oder ›dieser fabelhafte Vagabund‹, wie er einmal genannt wurde, und schrie fast den Bibeltext. Die Foliobibel und das Gebetbuch, die zu der Kirche gehörten, lagen geschlossen auf dem Lesepult, und über sein eignes kleines Buch gebeugt, las er das Kapitel. Der alte Mann begann, indem er sich über die Kanzel lehnte und uns in schlichter Offenheit sagte, daß er zu denen gehöre, die an die Wiederkehr Christi glauben. Seine lebhafte Einbildung schwelgte in der Vorausschau, die sein Glaube heraufbeschwor, und als die Vision des Neuen Jerusalem – wieder in seiner Glorie, sein altes Volk zurückgerufen in seine Mauern, wie es die Straßen füllt und sich durch die Tore hinein und hinaus drängt – vor seinem geistigen Auge entstand, wurde er ganz aufgeregt, warf seine Arme nach oben, schwenkte die schwarze kleine Bibel in seiner Hand, und als er in heftiger Erregung fast schrie, schien er für einen Moment in Gefahr, seinen Gefühlen in plötzlichem Gesang freien Lauf zu lassen. Es war keine vorgetäuschte Begeisterung, daß er, als er über ein Bild nachsann, das er nicht beschreiben konnte, ausrief: ›Oh fürwahr, es ist ein herrliches Panorama.‹«

Kapitel 6

»So viele verschiedene Charaktere«

William Gifford Palgrave (1826 – 1888)

UM GELD FÜR EIN KARITATIVES VORHABEN zu beschaffen, machte Pater Remigius Normand SJ die Runde durch Montevideos Diplomatengemeinde. Es war das Jahr 1886. Uruguay befand sich am Rande eines Bürgerkriegs, seine Häfen waren wegen Pockengefahr geschlossen – wahrlich schwere Zeiten. Pater Remigius richtete seinen Aufruf auch an die Botschaften nicht-katholischer Regierungen; am schwierigsten, vermutete er, würde sich wohl ein Besuch bei der britischen Gesandtschaft erweisen. Es herrschte ein gespanntes Verhältnis zwischen den Uruguayern und den Briten, deren Botschaft sich drei Meilen außerhalb der Hauptstadt in einem wenig angesehenen Viertel befand. Der Gesandte Ihrer Königlichen Majestät war ein kranker, ungeselliger und verbitterter Sechzigjähriger und hatte den Ruf, geizig zu sein.

Er hieß William Gifford Palgrave, und nach seinem Verhalten zu urteilen, war er nicht gerade ein Karrierediplomat. »Er empfängt keine Gäste, seine Kleidung ist schäbig, und so wie seine Aufmachung ist auch sein Auftreten«, schrieb ein Korrespondent der Zeitung *Nacional*. Zu einem Abendessen, das der französische Gesandte gab, erschien Palgrave »in Tweedhose, Jagdrock und mit einer knallroten Krawatte«. Daß er belesen, ein begabter Sprachwissenschaftler und anscheinend theologisch beschlagen war, bereitete seiner Umgebung eher Unbehagen. Aber selbst Gerüchte über eine abenteuerliche und dunkle Vergangenheit erregten wenig Interesse in der provinziellen Atmosphäre von Südamerikas kleinster Republik.

Gewiß war Pater Remigius nicht auf die Überraschung gefaßt, die ihn erwartete. Statt eines kühlen Empfangs durch einen barschen Briten sah er sich einem alten Kollegen gegenüber. Der Gesandte Palgrave, berichtete er später, war kein anderer als ein »ehemaliger Jesuitenbruder und Mitpriester«. »Das Wiedererkennen war wechselseitig, aber daraus folgte nichts weiter«, fügte er hinzu. Palgrave war offensichtlich über diese Begegnung nicht glücklich. Er hatte nichts zu verbergen, im Gegenteil, es gab vieles, worauf er stolz sein konnte. Aber er schätzte seine Tarnung; wenn sie denn nicht länger zu verheimlichen war, dann wollte er die lästige Sache lieber selbst in die Hand nehmen. Leider gehörte Pater Remigius nicht zu denen, die ein Geheimnis für sich behalten können. Die priesterliche Vergangenheit des britischen Gesandten war bald stadtbekannt.

Vierundzwanzig Jahre zuvor, unter ganz anderen Umständen, war ein anderer Geistlicher bei der Identifizierung des mysteriösen Palgrave weniger erfolgreich gewesen. Der Dekan von Westminster, der den Prinzen von Wales auf einer Reise durch das Heilige Land begleitete, rastete in einem Lager am Ufer des Jordans. Beim Mittagessen in ihren Zelten beobachtete die königliche Gesellschaft eine Gruppe von Arabern, die sich einer nahegelegenen Furt näherten. Sie boten einen malerischen Anblick, wie sie, angeführt von einer großen vornehmen Gestalt, auf ihren Kamelen aus der Wüste auftauchten. Langsam durchquerten sie den Fluß. Ein Reiter trennte sich von der Gruppe und kam hinüber zu den Zelten. Der Scheich, verkündete er, wünsche, mit Dean Stanley zu sprechen. »Das war ein überraschender, aber auch unangenehmer Beweis von Bekanntheit«, schrieb der Dekan rückblickend. Es war auch ein beunruhigender Moment. Doch Neugier überwand schnell jede Vorsicht. Unbewaffnet ging der kleine Mann hinunter zu den Arabern. Der Scheich stieg ab, kam mit würdevollen Schritten auf den Dekan zu und legte ihm beide Hände auf die Schultern. Ihm unverwandt in die Augen schauend, sprach er ihn feierlich an.

»Arthur Penrhyn Stanley.«

Angestrengt versuchte der Dekan, sein Gegenüber zu erkennen, aber es gelang ihm nicht.

»Ich bin Pater Palgrave. Von meinem Bruder erfuhr ich, daß Sie in Palästina sind, und ich hörte, daß sie die Quelle des Jordans suchen.«

Die beiden Männer hatten sich zum letzten mal in Oxford getroffen, als Palgrave Student am Trinity College war. »Was für ein seltsames Zusammentreffen!« notierte Stanley.

Der Dekan machte ebenso wie Pater Remigius Normand viel Aufhebens von dieser Geschichte. Ihr fehlte vielleicht das Ergreifende der Begegnung, die zehn Jahre später zwischen jenem anderen Stanley und Dr. David Livingstone stattfand, aber sie hatte doch ihre eigene Dramatik. Palgraves Verkleidung – oder Verwandlung – war die überzeugendste und erfolgreichste in der Geschichte der Forschungsreisenden des 19. Jahrhunderts. Und das Datum des Zusammentreffens, April 1862, markierte den Anfang seiner ehrgeizigsten und gefährlichsten Reise. Arthur Penrhyn Stanley war für mehr als ein Jahr der letzte Europäer, der Palgrave sah oder von ihm hörte.

Arabien wird man kaum als einen besonders exotischen Schauplatz für Erforschungen ansehen. In der Wüste ist alles harsch, eintönig und feindselig; glühend heiße Tage wechseln ab mit eisigen Nächten, und das Fortkommen wird von der Kraft der Kamele und dem Wasservorrat der Oasen bestimmt. Und dieser kargen Umwelt drückt eine radikale Gruppierung des orthodoxen Islams das Brandzeichen eines rigiden Puritanismus auf. Was auch immer an den verlockenden Phantasien vom Harem wahr gewesen sein mag, nur wenige Europäer erhaschten einen flüchtigen Blick darauf. Die Rituale der Gastfreundschaft, die weitschweifigen Gespräche und das unaufhörliche Trinken von Kaffee erschienen dagegen nur als ein schwacher Ausgleich.

Und doch kann sich Arabien einer erstaunlichen Anzahl klassischer Reiseberichte rühmen, nicht zuletzt ist da Palgraves eigener »Persönlicher Bericht einer einjährigen Reise durch das mittlere und östliche Arabien«. Jeder Reisende, den dieses karge Land anzog, hatte etwas von einem Dichter, der auf die Fata Morgana mit eigenen Visionen reagierte. Meist von tiefer Gelehrsamkeit und noch tieferer Leidenschaft, spürten sie in der Einfachheit des Wüstenlebens sowohl Inspiration als auch Befreiung. In der Tat scheinen Männer wie Richard Burton, Charles M. Doughty und T. E. Lawrence die Feuertaufe durch brennenden Sand als eine Art Selbstkasteiung gebraucht zu haben. Ob sie sich nun finden oder verlieren wollten, sie reisten aus komplexen psychologischen Gründen und projizierten diese in ihre Reiseerzählungen. In den Büchern dieser berühmten Abenteurer findet sich kaum ein Abschnitt, in dem sich nicht ihre übergroße Persönlichkeit zeigt. Jeder von ihnen ist als ein exzentrischer Reisender beschrieben worden. Kein Zweifel, um an Arabien Gefallen zu finden, mußte man ein wenig »verrückt« sein.

In diese illustre Gesellschaft gepeinigter Seelen scheint William Gifford Palgrave nicht zu gehören. Liest man sein Buch, dann ist der Autor nur gegenwärtig als ein wagemutiger Reisender und sprachmächtiger Schriftsteller. Andere Erforscher Arabiens mögen, wie er es taktvoll ausdrückt, »allzu sehr mit ihren eigenen Gedanken und Neigungen beschäftigt gewesen sein, um das Denken und die Sitten anderer Nationen als der eigenen richtig würdigen zu können«; und »oft hat ihre begeisterte Einbildungskraft ein allzu buntes Kolorit auf den verblaßten Osten geworfen.« Das lag dem redlichen Palgrave völlig fern. Er erzählte eine geradlinige Geschichte, gespickt mit Abenteuern, und hoffte, derart etwas zum Verständnis des Landes und seiner Leute beizutragen. Von den Arabisten des 19. Jahrhunderts ist er sicher der am wenigsten exzentrische, ein Mann, mit dem man sich vielleicht nicht identifiziert, dem man aber erst einmal vertraut.

So wenigstens erging es jenen, die ihn nur von seinem »Persönlichen Bericht« kannten. Aber ob er nun Priester, Scheich, Botschafter oder Autor war, die Leser hatten immer das Gefühl, daß hinter Palgrave mehr steckte, als sich unumwunden enthüllen ließ. Er war offensichtlich nicht ein gequälter Mensch, sondern einfach schwer zu fassen. Und seine Exzentrik äußerte sich nicht in Manifestationen einer außergewöhnlichen Persönlichkeit, sondern lag in der verblüffenden Vielfalt von Masken, hinter denen er sich versteckte.

Palgrave begann als Gelehrter und *Homme de lettres*. Er wurde in eine Familie von großen Talenten hineingeboren, und der Junge enttäuschte nicht. Benannt wurde er nach seinem Paten, William Gifford, Herausgeber der *Quarterley Review*. Bereits mit achtzehn Monaten hatte er das halbe Alphabet gelernt, und der Dreijährige buchstabierte und schrieb mühelos. Mit fünf konnte er eine Landkarte von Asien mit den geographischen Namen ausfüllen. Im folgenden Jahr verlegte er sich auf Botanik; als Lehrer hatte er die Wahl zwischen seinem Onkel, Sir William Hooker, dem Gründer von Kew Gardens, und seinem Cousin, dem großen Joseph Dalton Hooker. Den Sechsjährigen hörte die Mutter über das chinesische Alphabet »schwärmen«, und mit sieben hatte er das erste Buch der *Aeneis* plus langer Passagen von Xenophon und Sallust auswendig gelernt. Der junge Schüler kam in das berühmte Internat Charterhouse, und als Vorbereitung auf den Lateinpreis begann er damit, einige Dutzend Verse aus Miltons *Paradise Lost* in lateinische Hexameter zu übertragen. Theologie gefiel ihm so sehr, daß er sie in seiner Freizeit studierte; und in Mathematik überholte er bereits seinen älteren Bruder Francis Palgrave, der weniger eifrig lernte und sich Jahre später einen Namen als Kompilator der Standardanthologie englischer Poesie, *Palgrave's Golden Treasury*, machte.

Ihr Vater war Sir Francis Palgrave, Verfassungshistoriker und Gründer des Britischen Nationalarchivs. Tatsächlich war er der erste Palgrave, denn geboren wurde er als Francis Ephraim Cohen. Den neuen Namen nahm er vor seiner Konversion zur anglikanischen Kirche und seiner Heirat an und erleichterte damit zweifellos den Wechsel von dem neureichen jüdischen Haushalt in Kentish Town zu dem literarischen Zirkel in 50 Albemarle Street, wo der bekannte Verleger John Murray wohnte; Palgrave Senior verfaßte Murrays *Handbook for Travellers in Northern Italy*. Die Palgraves waren eine Familie mit starkem Zusammenhalt, der nicht nur aus der gegenseitigen Liebe kam, sondern auch aus dem Bewußtsein, soziale Aufsteiger zu sein. Dem jungen Gifford war diese gespannte Atmosphäre förderlich. Aber anders als seine Brüder schätzte er auch die weniger konventionellen und eher fremdartigen Stränge in der Familiengenealogie.

Mit dem mühelos erlangten Stipendium ging es von Charterhouse zum Trinity College, und Gifford brillierte auch als Student. Innerhalb von zweieinhalb Jahren machte er sehr gute Examen in den klassischen Sprachen *und* Mathematik. Das war gewiß eine ganz besondere Leistung, sie wurde aber von einer Entscheidung des jungen Mannes überschattet, für die seine ihn abgöttisch liebenden Eltern keine Erklärung finden konnten. »Giffy«, ihr Liebling, das klügste ihrer Kinder, hatte sich entschieden, seine außergewöhnlichen Talente der britischen Armee in Indien zur Verfügung zu stellen. Er hatte sich bereits intensiv mit Hindustani und militärischer Strategie beschäftigt, und bald schon würde er ganz aus dem Gesichtskreis der Eltern verschwinden und einer Profession nachgehen, die ihnen ebenso fremd und unverständlich war wie das ferne Indien. Was war nur in den armen Jungen gefahren? Der Armeedienst in Indien war keineswegs etwas Anrüchiges, aber für die Palgraves eine völlig fremde Welt, und ihr intellektueller Gifford schien der am wenigsten geeignete aller Kandidaten zu sein.

In der Tat qualifizierten ihn seine akademischen Auszeichnungen nicht gerade für einen Kadetten in der Bombay Infantry. Aber er hatte nicht nur in der Studierstube gesessen. In Oxford ruderte er, spielte Fußball und unternahm botanische Wanderungen. Für seine plötzliche Kehrtwendung nannte Palgrave keine Gründe, aber zweifellos war es auch eine Reaktion auf die intellektuelle Überspanntheit zu Hause.

Er verpflichtete sich zu einem tätigen Leben in der Ferne, und so segelte der 20jährige 1846 nach Indien. Aber es kam ganz anders als erhofft. Von seiner Ankunft in Bombay bis zu seiner Entlassung aus der Armee zwei Jahre später war Palgrave nie voll diensttauglich und verbrachte die meiste Zeit im Bett. Welch bittere Ironie! Sein Schwert und seine Pistolen hingen an der Wand, sein Gewehr war geölt, sein Bullterrier kratzte jaulend an der Tür, und draußen im Schatten warteten Pferd und Stallbursche. Es gab Leoparden und Wildschweine zu jagen (in seiner neuen Rolle mußte die Botanik der Hetzjagd weichen), und im Norden stellten die Sikhs die Armee des britischen Indiens auf ihre bis dahin härteste Probe. Doch er, der so gerne ein Mann der Tat geworden wäre, wälzte sich schweißgebadet in seinem Bett, plapperte im Delirium und war so schwach wie ein Kind. Gelegentlich, zwischen Fieberanfällen, nahm er an Drillübungen teil und lernte weiter Hindustani. 1848 wurde er zum Hauptmann befördert und nach Raikot in die entlegene Provinz Saurashtra abkommandiert. Bald wurde er wieder krank, und als der zweite Sikh-Krieg – und damit auch jede unmittelbare Aussicht auf aktiven Dienst – endete, schied Palgrave freiwillig aus der Armee aus.

Das war an sich schon ein dramatischer Schritt; aber weitaus ungewöhnlicher war die alternative Karriere, die er nun einschlagen wollte. Im Jahr zuvor hatte Palgrave die Hiobsbotschaft nach Hause gesandt, daß er im Begriff sei, zum römischen Katholizismus zu konvertieren. Seine Eltern waren außer sich. Soziales Ansehen galt viel im anglikanischen Haushalt der Palgraves. Sie konnten nur hoffen, daß sich Giffys Unbedachtheit als eine zeitweilige Verwirrung, hervorgerufen durch die Selbstbeobachtung während der langen Genesung, herausstellen würde. Es wurde viel gebetet, verzweifelte Briefe gingen nach Indien, und anderen gegenüber verschwieg man die Sache. Und dann, als wollte er die Peinlichkeit noch steigern, entschied Palgrave, ausgerechnet dem Orden der Jesuiten beizutreten.

Man konnte ihm nicht gerade Klassenverrat vorwerfen, aber viele in England und Indien werden die Stirn gerunzelt haben. Die Gesellschaft Jesu war schließlich mehr als eine religiöse Gemeinschaft; sie war ein missionierendes und äußerst umstrittenes »Regiment« mit dem Ruf, arglistig politischen Einfluß zu nehmen. Die Bezeichnung Jesuit war zum Synonym für Verschlagenheit geworden. Der Orden war erst wenige Jahre zuvor in katholischen Ländern wie Frankreich und Spanien verboten und vertrieben worden. Für Außenstehende mußte es so aussehen, als würde der junge Palgrave einer dubiosen und weitgehend verachteten Sekte beitreten. Seine Familie begann, über ihn in der Vergangenheitsform zu schreiben, und wappnete sich gegen die unabwendbare soziale Schande; seine Mitoffiziere müssen sich mit Grausen abgewandt haben. Nur die Patres des Kollegs San Giuseppe in Negapatam (an der Südostküste Indiens) freuten sich unverhohlen über ihren ersten und unleugbar bemerkenswerten englischen Rekruten.

Palgrave war sich des Aufsehens, das seine Entscheidung hervorrief, durchaus bewußt. Aber falls er in einen Konflikt der Loyalitäten geraten sein sollte, so ist davon schriftlich nichts überliefert. Mit jener Unbeirrbarkeit, die sicher ein Merkmal exzentrischen Verhaltens ist, folgte er seinen Geboten von Logik und Gewissen, wohin auch immer sie ihn führen mochten. Doch trotz der zahlreichen und abenteuerlichen Verwandlungen, seine Aufrichtigkeit wurde nie angezweifelt. Jede neue Gestalt lebte Palgrave mit vollkommener Überzeugung und rücksichtsloser Hingabe.

Auf vier Jahre der Zurückgezogenheit im Kolleg von Negapatam folgten zwei Jahre Ausbildung und Studium im Hauptquartier des Jesuitenordens in Rom. Hier besuchten ihn sein Vater und sein Bruder Francis. Jener fand ihn »verändert und unverändert zugleich«.

»Das Kind, der Schuljunge, der Oxford Student, der Soldat, der Jäger und der Priester – so viele verschiedene Charaktere, und alle sind für mich eindeutig sichtbar und beeinflussen sich gegenseitig auf eine äußerst merkwürdige Weise. Doch alles ist ganz von seiner Berufung bestimmt, der er sich mit Herz und Seele hingibt. Es ist ein selbst auferlegtes Gelübde. Er kennt den Preis und bezahlt ihn gerne.«

Palgraves Kenntnis der orientalischen Sprachen war »phänomenal«; inzwischen studierte er Arabisch. Und da er selbst die italienischen Sommer seiner Gesundheit für abträglich hielt, »sehnte er sich nach Syrien«.

Tief in seinem vielschichtigen Wesen erwachten Erinnerungen an die jüdische Herkunft. »Nach so häufigem Wechsel von Wohnort, Gefährten, Sprachen etc.«, schrieb er, »fühle ich mich überall zu Hause, oder, wenn man so will, überall als Fremder und Gast, wie es meine Väter waren.« Er sah sich nun als den wandernden Juden, der nach dem Vorbild des Heiligen Francisco de Xavier für das Christentum missionierte. Es war die Rolle, die auch der christliche Derwisch Joseph Wolff angenommen hatte. Aber während Wolff mit extravaganter Unbekümmertheit das Evangelium verkündete und das nahe Ende der Welt prophezeite, war Palgrave ein Muster an Rechtgläubigkeit und Besonnenheit, der perfekte Missionar, der mit großer Gelehrsamkeit und in meisterhafter Verkleidung agierte. Da Wolff von den Arabern wenig Ermutigung erhielt, zog er auf der Suche nach leichterer Beute in andere Regionen und versuchte sich besonders bei den verfolgten jüdischen Gemeinden Asiens. Palgrave dagegen war von der Literatur und Geschichte Arabiens fasziniert. Für den Gelehrten und Missionar stellte diese Wiege der Gelehrsamkeit und Religion die größte Herausforderung dar. Er wollte sein Leben nur noch damit zubringen, neben der Arbeit für die katholische Sache die Geheimnisse dieser Kultur zu ergründen.

1856 wurde er zu der Jesuitenmission im Libanon entsandt und in Beirut als Père Michel Sohail ordiniert. Er lehrte und predigte die nächsten vier Jahre unter den libanesischen Christen. Da er fließend Arabisch sprach, bekam Palgrave den Auftrag, neue Möglichkeiten der Mission zu erkunden. Verkleidet als Scheich spähte er die Konversionsaussichten unter den Ismailiten, Drusen und griechisch-orthodoxen Christen von

Damaskus aus. Aber 1860 explodierte dort die seit langem schon angespannte Situation. Die Drusen massakrierten ganze christliche Gemeinden, die Missionen wurden überfallen, und ihre Priester brutal gefoltert. Père Michel Sohail gehörte zu den wenigen Überlebenden.

Gegen Ende des Jahres – er war immer noch als Araber gekleidet, nannte sich nun aber Pater Palgrave – tauchte er bei seiner Familie in Hampstead auf. Er war auf dem Weg nach Irland, um Gelder für den Wiederaufbau der syrischen Mission zu beschaffen. Für sich selbst hegte er bereits eine weitaus aufregendere Ambition.

Im Libanon hatte er den westlichen Rand der syrischen Wüste besucht, und dabei kam ihm die Idee, jenseits davon das wenig bekannte Königreich von Zentralarabien und den Persischen Golf zu erforschen. Es bestand kaum Aussicht, Konvertiten inmitten eines Volkes zu gewinnen, das nichts vom Christentum wußte und sich als den Hüter islamischer Orthodoxie betrachtete. Und die Gesellschaft Jesu konnte es sich nicht leisten, für so ein gefährliches und spekulatives Unternehmen ihre Geldmittel – und einen ihrer gebildetsten Missionare – zu opfern. Aber der entschlossene Palgrave umging diese Einwände auf geschickte Weise. Waren in Arabien auch keine Proselyten zu machen, so hatte es doch ein großes politisches Potential. Die Existenz einer Machtbasis im Hochland von Zentralarabien war seit fünfzig Jahren allgemein bekannt. Napoleon hatte als Teil seines großen Indienplans erfolglos versucht, Kontakte zu der Hauptstadt Riad herzustellen. Vor kurzem waren auf Wüstenwegen Nachrichten durchgesickert, daß die Wahhabiten-Prinzen von Riad mit den Beherrschern der Provinz Jabal Shammar einen ernsthaften Rivalen bekommen hatten. Derartige regionale Streitigkeiten hätten kaum europäisches Interesse geweckt, wäre da nicht der Suezkanal gewesen, mit dessen Bau gerade erst begonnen worden war. Plötzlich wurde die Existenz eines ernst zu nehmenden, aber praktisch unbekannten und offensichtlich instabilen Königreichs an der Ostseite der neuen Wasserstraße eine Angelegenheit von internationaler Bedeutung. Und niemand hatte daran ein größeres Interesse als der Hauptinvestor des Unternehmens, die französische Regierung.

Palgrave, der sich nun Père Cohen nannte – zu dieser Zeit wechselte er die Namen häufiger als die Verkleidung –, bot seine Dienste an. Kaiser Louis Napoleon, »vivement intéressé«, gewährte ihm eine Audienz. Palgrave erhielt zehntausend Francs und den Auftrag, die arabische politische Szene zu beobachten und Berichte darüber zu verfassen. Die jesuitischen Oberen, die nie abgeneigt waren, einem katholischen Monarchen zu Diensten zu sein oder bei politischen Intrigen mitzumischen, gaben ihren Segen. Palgrave legte seine letzten Gelübde als Missionar ab, wurde von Papst Pius IX. empfangen und brach im Juni 1861 nach Ägypten auf.

Mit Begeisterung schlüpfte der Gelehrte, Offizier und Priester in die Rolle des politischen Agenten. In Kairo unterstützte Palgrave eine Palastrevolution, die auf nichts Geringeres abzielte, als Frankreich zur beherrschenden Macht in Ägypten zu machen. Das scheiterte, und er kehrte zu seiner alten Wirkungsstätte im Libanon zurück; aber Palgrave schrieb weiterhin regelmäßig Berichte für das französische Außenministerium. Im Herbst 1861 machte er gewissermaßen als Generalprobe eine Reise durch die syrische Wüste nach Palmyra und zum Euphrat. Seine Verkörperung eines Beduinen war ein uneingeschränkter Erfolg, aber der Jesuitenorden bestand darauf, daß er zukünftig mit einem Mitbruder reiste. Dieser Rolle war kein Priester aus seinem Umkreis gewachsen. Aber es gab im Land einen ehemaligen Schüler von ihm, ein griechischer Schullehrer, der sein ganzes Leben im Nahen Osten verbracht hatte und der leicht für einen Araber gehalten werden konnte. Gegen die erforderliche Priesterweihe hatte der Lehrer keine Einwände, und im Frühling 1862 war er als Pater Geraïgeri alias Barakat-esh-Shamee bereit, Palgrave zu begleiten.

Vom Libanon brachen die beiden Männer nach Gaza im Süden auf. Père Cohen alias Michel Sohail alias Captain Palgrave gab sich nun als Seleem Abou Mahmoud-el-Eys aus, ein angesehener arabischer Arzt aus Damaskus. Zur Bekräftigung seiner neuen Rolle versah er sich mit zwei französischen Medizinwerken (sorgfältig in seinen Satteltaschen versteckt), ein paar medizinische Abhandlungen auf arabisch (auffällig ausgestellt, wann immer sich die Gelegenheit bot) und fünfzig kleinen Dosen mit Tabletten, »die nötigen Mittel, um die Hälfte der Kranken Arabiens zu heilen oder zu töten«. Er trug das lange lockere Wüstenhemd, eine weite Baumwollhose, rote Lederstiefel und das arabische Kopftuch mit einem Stirnband, »um einen gewissen Anspruch auf Eleganz zu erfüllen«. Dazu kam ein großer schwarzer Umhang, der den Eindruck des Interessanten verstärkte; in diesem Aufzug hatte er für ein Foto posiert, das Louis Napoleon erhielt. Wenn man das üppige Blattwerk (des Fotostudios) im Hintergrund ignoriert, sieht Palgrave höchst überzeugend aus. Das Kopftuch verdeckt seine hohe Stirn, läßt die Nase markanter und die Augen noch wilder erscheinen. Ein schütterer, schon leicht ergrauter Bart verbirgt jede verräterische Linie des Mundes oder Kinns. Einen ähnlichen Eindruck vermittelt sein Profilportrait im Jesuitentalar. Auf allen Bildern aus jenen Jahren ging von Palgrave etwas Verschwörerisches aus. Zwanzig Jahre später jedoch verwandelte er sich – kurzgeschnittenes weißes Haar, gepflegter Schnurrbart und in einem hohen Kragen mit Goldlitzen – in das getreue Modell eines aristokratischen Diplomaten und pensionierten Offiziers der Indienarmee. Verkleidung bedeutete für Palgrave stets einen Wechsel der Persönlichkeit.

Barakat, der frisch ordinierte griechische Schullehrer, wurde meist als sein Schwager ausgegeben oder » trat manchmal als ein Warenhändler, ... manchmal als Schüler oder Gehilfe in meinem angenommenen medizinischen Beruf auf«. Alle diese Rollen spielte er überzeugend. Er war von Natur aus zurückhaltend und äußerst zuverlässig. Palgrave hatte nie einen Grund zur Klage; der Mann, der so unverhofft zum Priester geweiht worden war, wurde später ein Patriarch der griechisch-orthodoxen Kirche.

Die beiden, und einige echte Araber als Führer, bildeten jenen Trupp, den Dean Stanley am oberen Jordan traf. Sie erreichten Jaffa Anfang Mai, zogen weiter nach Gaza und wandten sich dann gen Osten in die Wüste. Ihr letzter Halt war Ma'an in Südjordanien.

»Wir befanden uns bei Einbruch der Nacht vor dem östlichen Tor von Ma'an, unsere Führer und Reisegefährten füllten als Vorbereitung auf die lange Reise, die vor uns lag, ihre Wasserschläuche aus einer sprudelnden Quelle dicht vor den Stadtmauern und machten die Sättel und Ladungen ihrer Kamele fest. Es war am Abend des 16. Juni 1862; die größten Sterne waren schon in der dunkelblauen Tiefe eines wolkenlosen Himmels sichtbar, während der zunehmende Mond hoch im Westen so hell schien, wie er nur in dieser Gegend scheint, und uns für einige Stunden unseres nächtlichen Marsches Beistand versprach. Bald saßen wir auf unseren mageren, langhalsigen Tieren, ›als wären‹, nach dem Ausdruck eines arabischen Dichters ›wir und unsere Männer auf Mastspitzen‹, und nun richteten wir unseren Blick nach Osten. Hinter uns lagen in einer Masse dunkler Silhouetten die Mauern und die Burg von Ma'an, seine Häuser und Gärten, und weiter in der Ferne die hohe kahle Kette der Shera'a Berge, die in die Küstenebene von Hejaz übergehen. Um uns herum dehnte sich eine weite Fläche, die von unzähligen Kieseln aus Basalt und Flint geschwärzt war, außer dort, wo die Mondstrahlen auf vereinzelten Flecken hellen Sands oder auf gelblichen Streifen verwelkten Grases, das dürftige Erzeugnis des Winterregens und nun zu Heu vertrocknet, weiß glänzten. Über allem lag ein tiefes Schweigen, welches selbst unsere arabischen Gefährten scheinbar nicht zu brechen wagten; wenn sie sprachen, geschah es nur im Flüsterton und mit wenigen Worten, während der geräuschlose Tritt unserer Kamele verstohlen, aber schnell durch das Dunkel eilte, ohne die Stille zu stören.«

Es gab bereits genug Grund zur Vorsicht. Ihre schwer bewaffneten Führer waren selbst nach Maßstäben der Beduinen ein Haufen Schurken. Die Oasen von Jouf lagen noch gut zweihundert Meilen entfernt, und in der dazwischenliegenden Wüste wimmelte es von Räubern. Gleich auf der ersten Seite seines Buches entwarf Palgrave die Szenerie für die gesamte Reise. Er beabsichtigte, das Zentrum der arabischen Halbinsel vom Mittelmeer bis zum Golf zu durchqueren. Kein Europäer hatte das bis dahin getan, und keiner hatte die zentralarabische Hauptstadt Riad betreten. Durch die Wüste zu ziehen, war schon gefährlich genug, aber die größte Gefahr bestand in der Aufdeckung ihrer wahren Identität.

Als Christen gingen sie ein hohes Risiko ein. Zentralarabien war die Hochburg der Wahhabiten, eine strenggläubige, fundamentalistische Sekte, die selbst orthodoxe Sunniten als libertär betrachtete. Palgrave hielt sich möglichst an die islamischen Praktiken. Ein Mann aus Syrien konnte allerdings Christ sein, und wenn er direkt befragt wurde, leugnete Palgrave nie seinen Glauben. Als Priester, Jesuit und Missionar dagegen befand er sich in einer ganz anderen Kategorie. Wenn man noch hinzunahm, daß er ein ehemaliger Offizier der britischen

Armee und jetziger französischer Agent war, so stand jemand wie er auf der arabischen Liste der Feinde ganz oben. Die Entdeckung auch nur einer seiner Professionen hätte den sicheren Tod bedeutet.

William Gifford Palgrave bevor er nach Arabien einreiste.

Palgrave war sich dessen bewußt, ließ sich aber davon nicht abschrecken. Sein Glaube und dazu der spezielle Segen des Papstes erfüllten ihn »mit einer Kraft und einem Mut über alles Menschliche hinaus«. So zeigte er sich in kritischen Momenten gelassen bis zur Unbekümmertheit. Tatsächlich fand er Gefallen an solchen Situationen. Die heimliche Freude, daß ihm die Vermischung mit der arabischen Welt so gut gelang, durchdringt seinen ganzen Reisebericht. Mit Liebe zum Detail werden dort die Ungeheuerlichkeit der Täuschung, eine atemberaubende Atmosphäre von Heimlichkeit und List und die immer gegenwärtigen Drohungen von Gefahr beschrieben. Zum erstenmal war der sonst so schwer zu fassende Palgrave in seinem Element.

Östlich von Ma'an bereitete die harsche Realität des Wüstenreisens die erste schwere Herausforderung. Während der heißesten Jahreszeit achtzehn Stunden unterwegs zu sein, bedeutete für Palgrave und Barakat, daß sie sich als so zäh und anpassungsfähig beweisen mußten wie ihre Beduinen-Führer. »Die Tage gingen dahin wie ein wirrer Traum, und oft waren wir uns nicht mehr der Gegend bewußt, durch die wir zogen, und auch nicht der Reise, an der wir teilnahmen.« Das Essen bestand nur aus Mehl und Datteln; fünf Tage lang passierten sie keine Wasserstelle. Doch mehr als der Durst setzte Palgrave der fehlende Schlaf zu. Luftspiegelungen flirrten vor seinen Augen, die Landschaft nahm phantastische Gestalten an. In »diesem trostlosen Land des Todes« waren die einzigen Lebewesen Eidechsen, »ohne einen Tropfen Feuchtigkeit in ihrem häßlichen Körper«, Ratten und ein Krautgewächs, »die bittere und giftige Koloquinte der Wüste«.

Zur Selbstermutigung rezitierte er Verse von Tennyson; Zeilen wie »Die vielen scheitern, der eine erreicht sein Ziel« und »Vertraue darauf, du wirst etwas Schönes finden« bekamen nun für ihn eine besondere Bedeutung. Der Dichter Alfred Tennyson war ein alter Freund der Familie. Erinnerungen an die Kindheit und Schulzeit kehrten zurück – eine willkommene Ablenkung. Als die Gruppe sich endlich der ersten Oase von Jouf näherte, wurde sie von dem gefürchteten *Simoon*, einem Staubsturm, eingeholt. Der Himmel verfinsterte sich, und um sie tobte ein glühend heißer Wirbel aus Luft und Sand. Durch einen glücklichen Zufall stießen sie auf ein einzelnes Zelt und krochen dort unter, bis der Sturm über sie hinweggegangen war. Am nächsten Tag stiegen sie in das Wadi hinab, das nach Al Jouf hineinführte.

Der Ort war eine der wichtigsten Stationen in der weiten Wüste, die sich von Damaskus nach Riad erstreckte. Längs des Wadis, außerhalb seiner Bepflanzungen, hatten die Sherarat-Beduinen ihre Lager aufgeschlagen. Solange Palgraves Reisetrupp ihr Gast war, studierte er gründlich ihre Sitten und Eigenschaften. Diese Beschreibungen der arabischen Gesellschaft gehören zu seinen bemerkenswertesten Leistungen, und daß sie ihm ungehindert möglich waren, beweist den Erfolg seiner Verkleidung und Anpassung. Er scheint das völlige Vertrauen aller, die er traf, genossen zu haben, und erwarb so ein tieferes Verständnis dieses Stammes als jeder andere europäischer Reisende zuvor. Die Sherarat konnte sich Palgrave weder als mögliche Verbündete westlicher Mächte noch als zukünftige Konvertiten vorstellen. Sie waren arm, in Clans geteilt und unglaublich ignorant. Doch abgesehen von ihren derben Späßen und dem dauernden Fragen und Fordern fand er in ihrer rauhen Einfachheit auch manches zu bewundern. So waren sie beispielsweise nicht blutrünstig, geschweige denn kriegerisch.

> »Der Beduine kämpft nicht für sein Haus, denn er hat keines; nicht für sein Land, das überall ist; nicht für seine Ehre, er hat nie davon gehört; nicht für seine Religion, er hat keine und bekümmert sich nicht darum. Sein einziges Ziel im Krieg ist die zeitweilige Inbesitznahme eines Stücks öden Weidelands oder die Benutzung eines Brunnens mit brackigem Wasser, vielleicht noch der Wunsch, eines anderen Pferd oder Kamel in seinen Besitz zu bringen – alles Dinge, die wenig Feindseligkeit hervorrufen, die, wenn sie nicht in einem Feldzug zu bekommen sind, leicht auf andere Weise erlangt werden können und die nicht die Erbitterung und Grausamkeit zur Folge haben, die mit Bürgerkrieg oder religiösem Streit einhergehen.«

Die Gastfreundschaft der arglosen Beduinen wurde von den kultivierten Bewohnern der Oase noch übertroffen. Man überschüttete Palgrave und Barakat mit Angeboten für Unterkünfte, und in den zwei Wochen der Erholung speisten die beiden nie allein. Üppige Obstplantagen, zahlreiche Palmenhaine und sprudelnde Bewässerungsanlagen machten Jouf zu einem wahren Paradies. Wieder beschrieb Palgrave detailliert die Anlage und Gesellschaft des Ortes, und betonte, dabei an Louis Napoleon denkend, seine strategische Bedeutung als »den Vorhof Arabiens«. Aber politisch war Al Jouf der Region Jabal Shammar und ihrem Herrscher Telal Ibn Rashid von Haïl untergeordnet. Jabal Shammar war Palgraves nächstes Ziel, der zweite Halt auf der Wüstenstraße nach Riad. Dazwischen lag die Furcht erregende Nefud, weitere zweihundert Meilen Wüste, diesmal nicht eine steinige Ebene, sondern ein windgepeitschtes Meer aus feinstem Sand.

In Al Jouf hatten die beiden Reisenden zu ihrer angenehmen Überraschung ziemlichen Erfolg als Kaufleute. Palgrave spielte seine medizinischen Fähigkeiten herunter und überließ das Feld Barakats Handelsgeschick. Eine ganze Kamelladung Kaffeebohnen wurde schnell verkauft, und dem folgte ein reges Geschäft mit Taschentüchern, Stoffballen, Kämmen und Perlen. Jouf war ein blühender Umschlagplatz, aber nun war Hochsommer, und der Handel ruhte. »Denn man muß verrückt oder zumindest nahe davor sein«, schrieb Palgrave selbstironisch, »während der Hitze des Junis und Julis in der riesigen Wüste herumzuhetzen.« Er jedenfalls, fügte er hinzu, wollte einen solchen Fehler niemals wiederholen.

Die Oase von Jouf auf der Route Palgraves nach Riad.

Die Schwierigkeit, einen Führer oder Begleiter für die Durchquerung der Wüste Nefud zu finden, hätte ihm eine Vorwarnung sein sollen. Die einzigen Leute, die die Durchquerung wagen wollten, waren eine Gruppe flüchtiger Beduinen unter der Führung eines Mannes, der einer Heuschrecke sehr ähnlich sah – »ein halbverrückter Araber, weder Bauer noch Beduine, aber etwas Anomales dazwischen, namens Djedey, und ein Eingeborener aus dem Grenzland von Jabal Shammar, der am Vormittag in unserer Tür stand und uns anwies, unsere Sachen zu packen und uns bereitzuhalten, da wir noch an demselben Tag abreisten.«

Früh am nächsten Morgen, »während die Venus noch wie ein Tropfen geschmolzenen Silbers am schieferblauen Himmel leuchtete«, bestiegen sie die umgebenden Hügel von Jouf, und dann begann der lange Ritt durch die Wüste.

»Viel hatten wir von Landsleuten und Beduinen über die Nefud gehört, so daß wir auf etwas Schreckliches und schwer zu Überwindendes gefaßt waren. Aber die Wirklichkeit, besonders in diesen Hundstagen, ließ alles, was uns erzählt worden und was wir uns vorgestellt hatten, weit hinter sich zurück.

Wir sollten nun ein ungeheures Meer aus lockerem rötlichen Sand durchqueren, der zu gewaltigen, für das Auge unbegrenzten Bergreihen aufgehäuft ist, die parallel zueinander von Norden nach Süden verlaufen, Welle auf Welle, jede zwei- bis dreihundert Fuß hoch, mit schrägen Seiten und abgerundeten Kämmen und in allen Richtungen von den launischen Stürmen der Wüste durchfurcht. In den Tiefen dazwischen glaubt sich der Reisende in einer erstickenden Sandgrube gefangen und auf jeder Seite von brennenden Mauern umschlossen; wenn er sich den Abhang hinaufschleppt, überblickt er etwas, was wie ein großes Feuermeer aussieht, das unter einem heftigen Monsunwind anschwillt und das sich durch einen seitlichen Windstoß in kleine rotglühende Wellen kräuselt. Kein Schutz noch Ruhe für die Augen oder Glieder inmitten der Ströme von Licht und Hitze, die sich von oben auf eine grell strahlende Fläche ergießen.«

Ihre Wasserschläuche, sorgfältig rationiert und vor zu schneller Verdunstung geschützt, reichten höchstens für vier Tage. Da sie innerhalb dieser Zeit den ersten Brunnen in Jabal Shammar erreichen mußten, konnten sie sich nur drei Stunden pro Tag für Essen und Schlaf leisten. Am dritten Tag wurde die Pause auf eine Stunde reduziert. Ihre Gefährten waren der wildeste Haufen, dem die beiden Männer je begegnet waren. Sie waren gut bewaffnet, aber in Lumpen gekleidet, die »für eine Vogelscheuche oder einen Iren bei der Totenwache geeignet« waren.

Anfänglich zeigten sie »eine gewisse freche Vertrautheit«. Palgrave und Barakat meinten, daß dies nichts Gutes verhieß, und beschlossen, Abstand von ihnen zu halten. Nach drei Tagen waren selbst die Beduinen von der Härte der Reise überwältigt. Der Trupp brach auseinander und folgte nur noch dem Ruf: Rette sich, wer kann. Unbekümmert um die anderen, trieb jeder sein Kamel voran.

An dem Abend entdeckte Palgrave einige Sperlinge unter einem Strauch. Er erinnerte sich an Lagerfeuer-Geschichten über Kolumbus, der Dankgebete darbrachte, als sich der erste Vogel von einer noch unsichtbaren Küste in der Takelage seines Schiffs niederließ. Rettung mußte nahe sein. Barakat »fiel schreiend vor Freude auf den Boden«. Doch »der Morgen brach an, und wir schleppten uns immer noch durch den Sand.«

> »Bei Tageslicht sahen wir unsere Reisegefährten wie schwarze Flecken hier und da verstreut; der eine auf einem noch kräftigen Dromedar weit voraus, ein anderee, der zurückgeblieben war, zwang sein gestürztes Kamel, sich zu erheben, indem er ihm ein Messer zolltief in die Flanken stieß, in weiter Ferne schleppte sich ein Dritter dahin. Jeder für sich und Gott für alle! – so beschleunigten wir unser Tempo, gespannt Ausschau haltend nach den Hügeln von Djobbah, die nun nicht mehr fern sein konnten. Gegen Mittag erblickten wir sie auf einmal, wilde und phantastische Felswände, die steil am Rande des Sandmeers aufragten.«

Dort begann der Najd, das Hochland. Nach einem Ruhetag in der ersten Siedlung setzten sie ihren Weg durch die Berge hinauf nach Haïl, der Hauptstadt der Region, fort. Nun waren sie endlich in Zentralarabien, und Palgrave staunte über das fruchtbare Land und den Wohlstand. In Jabal Shammar zeugte jedes Dorf von dem Fleiß der Bewohner und der strengen, aber nicht fanatischen Herrschaft ihres Fürsten. Alles, was Palgrave über Telal Ibn Rashid gehört hatte, überzeugte ihn davon, daß dieser Mann seine beste Chance darstellte, die Interessen von Paris und Rom in Arabien zu fördern.

Der erste Eindruck von Haïl, seine Mauern und Festungstürme in der Abendsonne, fand Palgraves uneingeschränkten Beifall; »die Stadt bot den gleichen Anblick von Frische und selbst eine Art unregelmäßiger Eleganz, die uns zuvor schon in den Dörfern aufgefallen war.... Hier herrschte ein gedeihliches Leben in Sicherheit, und es war einfach schön anzusehen.« In Hochstimmung betraten die Reisenden die Stadt und fanden ihren Weg zu dem großen Hof vor dem Fürstenpalast.

Opfer der Hitze und des Flugsands.

Es war die abendliche Stunde der Entspannung und Geselligkeit. Ein Stimmengewirr erhob sich über dem Platz, wo dichtgedrängt Menschen in weißen Gewändern und schwarzen Umhängen herumliefen. Beim Erscheinen der Fremden machte sich eine leichte Unruhe bemerkbar. Doch bald schon wurden Begrüßungen ausgetauscht, Fragen folgten, alles auf die höflichste Weise. Nach kurzer Zeit erschien der Sejf, der Oberkammerherr, der einen versilberten Stab trug. Es gab weitere Begrüßungen, die mit äußerster Förmlichkeit ausgeführt und unter peinlich genauer Beachtung der Feinheiten arabischer Komplimente beantwortet wurden. Der Sejf strahlte, und Palgrave tauschte mit Barakat ein triumphierendes Lächeln aus. Aber in diesem Moment »erhob sich plötzlich die Nemesis, um ihren Anteil zu fordern.«

In Ma'an, selbst noch in Al Jouf, hatte stets die Gefahr bestanden, daß die beiden Missionare zufällig jemanden trafen, der sie von ihrer Arbeit in Syrien oder im Libanon wiedererkannte. Doch nun, da sie sicher die Wüsten durchquert hatten, war eine solch fatale Begegnung sehr unwahrscheinlich. So hatten sie zumindest gedacht. Während sie sich glücklich umschauten, sah Palgrave auf einmal ein Gesicht, »das mir kaum sechs Monate zuvor in Damaskus wohlbekannt war«. Man kann sich seinen Schrecken vorstellen. Der Besitzer des Gesichts, ein angesehener Kaufmann, »schlau, unternehmend und rührig, ... ein Kerl, der sich nichts so leicht vormachen läßt«, begrüßte ihn wie einen alten Freund und erkundigte sich verwundert nach seinen Geschäften in Haïl.

Palgrave starrte kühl zurück. Aber die Umstehenden müssen sich gefragt haben, ob der Fremde Verblüffung oder wirkliches Unverständnis zeigte. Bevor sie sich entscheiden konnten, trat ein anderer Mann vor. Auch er behauptete, den Fremden in Damaskus gesehen zu haben, und gab deutliche Hinweise, daß er ein Europäer sein müsse. Palgrave zögerte. Wahrscheinlich kannte er auch diesen Mann, konnte sich aber nicht mehr an ihn erinnern.

> »Aber ehe ich noch eine Antwort ersinnen oder mich entschließen konnte, was zu tun war, kam ein Dritter hinzu, der, indem er über das Ziel hinausschoß, das Spiel in unsere Hände gab. Auch er begrüßte mich als einen alten Freund und sagte dann, sich an die Umstehenden wendend, deren Neugier nun bis zum höchsten Grade gespannt war: ›Auch ich kenne ihn sehr gut. Ich bin oft mit ihm in Kairo zusammen gewesen, wo er in großem Reichtum in einem schönen Haus nahe dem Kasr-el-Eynee wohnt. Sein Name ist Abd-es-Saleeb, er ist verheiratet und hat eine sehr hübsche Tochter, die ein kostbares Pferd reitet.‹«

Dieses Lügenmärchen war ein Geschenk des Himmels. Nichts war geeigneter, Palgraves Selbstvertrauen wiederherzustellen, als einer Imitation beschuldigt zu werden, die er nie versucht hatte. Der professionelle Stolz des Meisters der Verkleidung fühlte sich herausgefordert. Und als Seleem Abou Mahmoud-el-Eys, der große Doktor von Damaskus, klang seine Empörung darüber, daß man ihn mit einem ägyptischen Geldsack verwechseln konnte, überzeugend.

»Aslahek Allah – Möge Gott dich belehren. Niemals lebte ich in Kairo, noch bin ich mit Töchtern gesegnet, die auf Pferden reiten.«

Auch der zweite Mann wurde gleichermaßen scharf abgewiesen, während er den ersten weiterhin mit »einem möglichst dummen Gesicht« anstarrte. Die Menge, der die Bemerkung über die jungen Pferdeliebhaberinnen gefallen hatte, war nun offenkundig auf seiner Seite. Schließlich beendete der Sejf die Szene, indem er mit den lästigen Fragern schimpfte und die beiden Fremden unter vielen Entschuldigungen in den Palast geleitete.

Telal, der Fürst von Jabal Shammar, übertraf alle Erwartungen Palgraves. Die dunkle, kräftige Gestalt strotzte vor Energie; er war freundlich, großzügig und besonnen, aber zeigte sich auch als scharfsinnig, mutig und standhaft. »Unter allen Herrschern, sei es in Europa oder Asien, mit denen bekannt zu sein ich je die Ehre hatte, kenne ich nur wenige, die ihm in der Kunst des Regierens gleichkommen.« Telal bemerkte schnell, daß seine Gäste mehr waren, als der Augenschein verriet. Aber sein Vermutungen ergingen sich nicht weiter als bis zu dem Verdacht, daß der Arzt aus Syrien wohl auch gekommen war, um Pferde für eine fremde Macht zu kaufen. Er hatte jedenfalls keine Einwände, daß die Besucher eine Praxis für ambulante Kranke eröffneten, und besuchte sie regelmäßig, um ihren Ruf zu etablieren.

Sechs Wochen lang behandelten Palgrave und Barakat die Kranken von Haïl und erstellten dabei ein höchst anschauliches und umfassendes Dossier über die Lebensverhältnisse in einer arabischen Stadt. Palgrave hatte nicht den Auftrag, mit Telal zu verhandeln oder Missionsarbeit zu verrichten. Er sollte nur Informationen beschaffen und sein Inkognito auf keinen Fall preisgeben. Aber er betrachtete zweifellos Haïl als geeigneten Ausgangspunkt für christliche Bemühungen und Telal als einen geeigneten Verbündeten, falls sich Louis Napoleon zu einer Einmischung in arabische Angelegenheiten entschließen sollte. Diese starke und fortschrittliche Gegenmacht zu dem Herrscherhaus der Wahhabiten in Riad gefunden zu haben, rechtfertigte Palgraves Meinung nach allein schon die hohen Risiken, die er einging.

Am 8. September brachen die beiden Männer zusammen mit einer großen Karawane, die nach Buraida unterwegs war, zu dem vorletzten Abschnitt der Reise auf. Die schlimmsten Wüsten lagen nun hinter ihnen, aber je näher sie Riad kamen, desto gespannter wurde die politische Atmosphäre. Die Wahhabiten waren von Haus aus fremdenfeindlich. Ihr Fanatismus und ihre Isolation hatten ein tiefes Mißtrauen gegen jeden Außenstehenden erzeugt. »Dies ist der Najd«, erklärte ein alter Mann Palgrave, »wer ihn betritt, kommt nicht wieder heraus.« Außerdem befanden sich die Wahhabiten 1862 im Krieg mit der Nachbarprovinz Qasim, wo sie ihre Herrschaft wiederherstellten. Um den Feindseligkeiten auszuweichen, mußten Palgrave und Barakat weite Umwege machen. Aber schlimmer waren die daraus resultierenden Verdächtigungen, die jeden Reisenden aus der Außenwelt trafen. Auch nur zuzugeben, daß sie aus Damaskus kamen, war gefährlich, denn konnten sie nicht Spione des Osmanischen Reiches sein? Und die waren ebenso unwillkommen wie Europäer.

Palgrave hatte nun kaum noch die Möglichkeit, Notizen zu machen. Sein Reisebericht wird teilweise konfus, was Forschern, die später das Land bereisten, reichlich Anlaß bot, seinen Wahrheitsgehalt anzuzweifeln. In Buraida erregte die Ankündigung der Fremden, nach Riad weiterzuziehen, noch mehr Verdacht. Niemand fand sich bereit, zwei so dubiose Gestalten zur Hauptstadt zu führen; eine Zeitlang sah es so aus, als ob sie den Plan ganz aufgeben müßten.

Am Morgen des 22. September saß Palgrave in ihrer Unterkunft und las die Gedichte von Ibn al-Farid, »der Lieblingsgefährte meiner Reisen«. Barakat war zu dem Zeltlager einiger persischer Pilger gegangen, die auf dem Weg nach Mekka waren. Da Riad in der entgegensetzten Richtung liegt, glaubte Palgrave, sein Gefährte vergeude nur seine Zeit. Aber Barakat war ein fähiger Kundschafter. Als er endlich zurückkehrte, lächelte er triumphierend. Er hatte tatsächlich den einen Kontakt hergestellt, der sich in Palgraves Worten »als der entscheidende Moment unserer ganzen Reise erwies«.

Der Mann, den Barakat zufällig getroffen hatte, war ein gewisser Abu Isa, ein Syrer, der von Riad zum Begleiter persischer Pilger ernannt worden war. Er hatte gerade seine Dienstzeit beendet und befand sich auf dem Rückweg zu seinem Haus in Hufhuf. Er war bereit, mit seinen zwei syrischen Landsleuten nach Riad zu gehen. Abu Isa stand bei den Wahhabiten hoch in der Gunst, und er war ein Mann nach Palgraves Herzen.

In seinem veröffentlichten Reisebericht läßt Palgrave bewußt alle Hinweise auf politische und religiöse Absichten aus. Er erwähnt mit keinem Wort, daß er Priester ist, und behauptet, wissenschaftliche Interessen, nicht zuletzt die Geographie, seien die einzige Gründe für seine Reise gewesen. Doch trotz solcher unumgänglichen Täuschungsmanöver kann man sich unmöglich dem Eindruck entziehen, daß Palgrave, wie gewissenhaft er auch war, großes Vergnügen an dem Versteckspiel fand. Er genoß nicht nur den Nervenkitzel der verdeckten Arbeit, sondern die ganze Aura des Fremden und Abenteuerlichen. Befreit von den Beschränkungen, denen er sich in Oxford, Indien und Rom unterwerfen mußte, reagierte er auf Menschen und Orte mit einer Wärme, die sich kaum mit jesuitischen Lehren vertrug. Die langen Abende unter einem sternenübersäten Himmel – die Kaffeekanne machte unter den Männern die Runde, die Gespräche mäanderten durch das Reich der Poesie und Phantasiewelten – hatten seine Liebe zum Abenteuer und ein tiefes Gefühl für die Gemeinschaft mit Menschen aus fremden Ländern und anderen Glaubens geweckt. Die einfachen Überzeugungen des Missionars müssen ihm mit der Zeit merkwürdig unzulänglich erschienen sein. Palgrave schaute auf seine unwahrscheinliche Leistung zurück und fühlte sich zusehends zu neuen Bekannten hingezogen, deren Laufbahn und Lebensweise seine Erfahrungen und Einsichten spiegelten. Ein solcher war Abu Isa, ein wirklicher Freigeist. Er hatte häufiger noch als Palgrave die Berufe und Identitäten gewechselt. Seine Reisen führten ihn von Istanbul bis Indien. Und wenn er auch durch Intrigen und Unglück immer wieder alles verloren hatte, Abu Isa zeigte sich als ein großzügiger, treuer und äußerst unterhaltsamer Gefährte.

In solcher Gesellschaft vergingen die Reisetage bis Riad wie im Flug. Es war um den 15. Oktober, als sie die letzte Steigung überwanden, und endlich sahen sie »das Hauptziel unserer Reise – die Kapitale des Najd und halb Arabiens, sein eigentliches Herz im Herzen des Landes«.

»Vor uns erstreckte sich ein wildes offenes Tal und im Vordergrund, unmittelbar unter dem kiesigen Abhang, an dem wir standen, lag die Hauptstadt, groß und viereckig, von hohen Türmen und starken Schutzmauern gekrönt, eine Masse von Dächern und Terrassen, die alle von Feisals gewaltiger Königsburg überragt wurden, und dicht daneben erhob sich der kaum weniger auffällige Palast, den sein Sohn Abdullah erbaut hatte und bewohnte.... Rings herum bis zu einer Entfernung von drei Meilen wogte ein Meer von Palmen über grünen Feldern und gut bewässerten Gärten; noch dort, wo wir stehen geblieben waren, erreichte uns das dröhnende Knarren der Wasserräder.... In all den Ländern, die ich besucht habe – und deren sind viele – habe ich selten eine Landschaft gesehen, die dieser an Schönheit und historischer Bedeutung gleichkommt.«

Riad war für die Entdecker des 19. Jahrhunderts eine der letzten großen »Verbotenen Städte«. Über die Jahrhunderte waren Medina und Mekka wiederholt auch von Europäern besucht worden. Selbst weit entfernt liegende Orte wie Lhasa, Buchara und Timbuktu hatten vor einigen Jahrzehnten schon ihre Geheimnisse preisgegeben. Palgrave konnte sich zu Recht in Hochstimmung fühlen. Nur widerwillig riß er sich von dem Anblick los und stieg hinab zu der Stadt; er wußte, daß er sich in »die Höhle des Löwen« begab.

Wie in Haïl gingen sie sogleich zu dem Platz vor dem königlichen Palast. Abu Isa verschwand unverzüglich hinter den wuchtigen Toren und ließ Palgrave und Barakat wartend davor zurück. Vorübergehende starrten sie an; diesmal näherte sich niemand. »Dieser ungewöhnliche Mangel an Vertraulichkeit, deren Ursache wir nicht vollständig kannten, befremdete uns einigermaßen.« Schließlich wurden sie von einem redegewandten Individuum angesprochen, das sich als der Verantwortliche für den Empfang der Gesandten von fremden Höfen entpuppte, und in den Palast hineingelassen. Dessen düstere Fassade und labyrinthische Gänge erinnerten Palgrave an das Gefängnis von Newgate in London. »Negerwächter« lehnten an den Mauern, Kaffee wurde ausgeschenkt, aber die bunte Menge der Besucher erschien irgendwie bedrückt. »Tatsache ist, daß in dieser Stadt und natürlich mehr noch im Palast niemand, der mit heiler Haut schlafen will, seiner Zunge freien Lauf lassen kann.«

Unterdessen hatte die Nachricht von ihrer Ankunft weitreichende Auswirkungen. Der blinde und altersschwache König Feisal hatte sich bereits wie eine Spinne, deren staubiges Netz unerwartet zerrissen worden war, in einen sicheren Schlupfwinkel auf dem Land zurückgezogen. Aus Angst vor einem Mordanschlag – das übliche Schicksal wahhabitischer Monarchen – wollte er kein Zusammentreffen mit den Neuankömmlingen riskieren, deren angebliche medizinische Profession doch nur zur Verschleierung ihrer magischen Kräfte diente und die aufgrund ihrer syrischen Herkunft wahrscheinlich Spione und Häretiker waren.

Aber bevor entschieden werden konnte, wie man sich dieser Verbrecher entledigen sollte, war es wichtig, ihre genaue Mission zu erfahren. Dementsprechend erhielten sie eine gute Unterkunft, und alles wurde getan, was sie glauben ließ, willkommene Gäste zu sein. Sie durften eine Praxis eröffnen und sich frei in der Stadt bewegen. Palgrave nutzte die Gelegenheit und stellte ein weiteres umfängliches Dossier zusammen; es umfaßte einen Stadtplan von Riad, Einzelheiten seiner Befestigungsanlagen, eine Aufschlüsselung der Streitkräfte der Wahhabiten und Charakterskizzen der führenden Größen. Palgrave erfuhr so gut wie keine Beschränkungen, weil die Obrigkeit wußte, daß die von ihm gesammelten Informationen wertlos waren; welches Schicksal auch immer ihn erwartete, Palgrave würde Riad lebend nie wieder verlassen.

Er wurde von Mitgliedern einer Art revolutionärer Garde beobachtet und von zahlreichen überfreundlichen Besuchern und »Patienten« befragt. Ein einfacher Betrüger wäre unter solchem Druck wahrscheinlich irgendwann zusammengebrochen, aber Palgrave hatte sich inzwischen so stark mit seiner Rolle als Seleem Abou Mahmoud-el-Eys identifiziert, daß er darin ganz aufging. So genoß er es, in Debatten mit den fanatischen Wächtern seine Korankenntnisse zu zeigen und seine Beherrschung arabischer Redewendungen zu verfeinern, und es gelang ihm, seine Befrager durch eine perfekte Verbindung von Frömmigkeit und Höflichkeit immer wieder zu täuschen.

Wenn er überhaupt einen Irrtum beging, so war es die Zurschaustellung eines übersteigerten Selbstbewußtseins. In dem freudlosen Glauben der Wahhabiten war Tabak genauso tabu wie Alkohol. Doch Palgrave und Barakat zündeten auch weiterhin ihre Wasserpfeifen an, sobald die Türen ihrer Unterkunft geschlossen waren. Und als Abdullah, Feisal ältester Sohn, einmal nach einem Mittel gegen Zahnschmerzen fragte, empfahl »Doktor« Palgrave Tabak, »gekaut und dann mit einer brennenden Pfeife an den Zahn gelegt, um die Wirkung zu befördern«. Das war so, als verschriebe man einem Brahmanen Rindfleischbrühe. »Der Wahhabit sagte nichts, aber sein Stirnrunzeln sprach deutlich genug, und ich spürte, daß ich zu weit gegangen war.« Als Palgrave gebeten wurde, in Abdullahs

Ställen als Tierarzt zu fungieren, teilte er dem Prinzen unerschrocken mit, daß er in Riad »Esel, nicht Pferde« zu behandeln pflege. Wiederum »verstand er (Abdullah) den Seitenhieb und war nicht gerade erfreut.«

Nach seinem Vater war Abdullah der mächtigste Mann im Königreich. Dennoch konnte Palgrave seinen Abscheu und seine Verachtung gegen ihn nicht verbergen. Für ihn verkörperte Abdullah alles, was in dem wahhabitischen Staat falsch und verabscheuenswert war; eine Konfrontation schien unvermeidlich. Dazu kam es schließlich, als der Prinz den Arzt um eine Dosis Strychnin bat. Palgrave vermutete sofort, daß Abdullah, wenn er Gift verlangte, auch ein Opfer im Sinn hatte und daß dieses Opfer er, Palgrave, sein müsse. Deshalb verweigerte er die Bitte. Sie wurde hartnäckig wiederholt, jedesmal in nachdrücklicherem Ton. Palgrave verlor die Geduld und erklärte dem Prinzen, daß er sehr wohl wisse, warum er das Gift verlangte. »Sein Gesicht wurde buchstäblich schwarz und schwoll vor Wut; ich habe nie davor oder danach einen so vollkommenen Dämon gesehen.«

Spät an jenem Abend klopfte ein Bote an die Tür ihrer Unterkunft. Palgrave wurde in Abdullahs Palast gerufen, wo ein improvisiertes Gericht zusammengekommen war. Zum erstenmal bezichtigte Abdullah ihn, in Wahrheit ein Christ, ein Spion und ein Unruhestifter zu sein; die Strafe dafür war der Tod. Palgrave gab das erste zu, leugnete die anderen Beschuldigungen und forderte Abdullah auf, seine Drohung auszuführen. Das war ein geschickter Schachzug und unter den Umständen auch ein außerordentlich mutiger. In seinem Buch schildert Palgrave anschaulich, was weiter passierte: Abdullah sagte auf die herausfordernden Worte nichts, sondern befahl nur, Kaffee zu bringen. Ein Neger trat aus dem Dunkel hervor und ging auf Palgrave zu. Er trug eine einzige Tasse.

> »Natürlich war von einem so ungewöhnlichen Trank in einem einzelnen Gefäß das Schlimmste zu erwarten. Aber ich hielt es für höchst unwahrscheinlich, daß die Sache so genau vorbereitet sein sollte; überdies war ja die Hauptveranlassung zu seinem Ärger gerade die Verweigerung des Gifts, eine Tatsache, aus der geschlossen werden durfte, daß er keines zur Hand hatte. Ich sagte also ›Bismillah (Im Namen Allahs)‹, nahm die Tasse, sah Abdullah scharf an, trank sie aus

und sagte dann zu dem Sklaven: ›Gieß mir noch eine ein‹. Er tat es; ich schlürfte sie aus und sagte: ›Jetzt kannst du die Tasse wegnehmen‹. Der gewünschte Zweck war vollständig erreicht.«

Vorläufig war Palgrave sicher. Aber Abdullah war nun entschlossen, seinen Tod herbeizuführen. Flucht war ihre einzige Hoffnung, und sie wurde mit Abu Isas unschätzbarer Hilfe ausgeführt. Zur Stunde des Abendgebets am 24. November schlichen sich Palgrave, Barakat und Abu Isa aus ihrem Quartier, eilten durch Nebengassen und Durchgänge zu einem kleinen unbewachten Stadttor und hielten dann auf die Hügel zu. Abu Isa kehrte im Schutz der Dunkelheit zurück, um eine falsche Spur zu legen, und stieß später wieder zu ihnen in ihrem Wüstenversteck. Von dort machten sie sich auf dem schnellsten Weg zum Persischen Golf.

Weihnachten 1862 erreichten sie die Küste gegenüber der Insel Bahrain. Barakat zog weiter Richtung Norden, Abu Isa kehrte zurück, um wieder persische Pilger zu begleiten, und Palgrave segelte die Küste entlang nach Oman. Er hatte Riad besucht, die erste Durchquerung der Arabischen Halbinsel vollendet und lebte, um seine Geschichte erzählen zu können. Aber erst einmal zog er es vor, weiter zu reisen. Drei Monate später, nach zwei Schiffbrüchen und mit einer akuten Typhuserkrankung, nahm ihn ein Dampfschiff der Britischen Indienarmee auf und beförderte ihn auf dem Tigris nach Bagdad. Dort blieb Palgrave, bis er sich erholt hatte, und traf dann auf Umwegen über Syrien und Ägypten im Oktober 1863 schließlich wieder in Rom ein. Sein Reisebericht endet mit einem für diesen geheimnisvollen Mann typischen Satz – »Vieles, wie vieles! ist noch unerzählt.«

Rastlos wie er war, wollte Palgrave so bald wie möglich nach Syrien, Ägypten oder Arabien zurückkehren. Zahlreiche Pläne für neue Missionsanstrengungen und politische Zusammenschlüsse beschäftigten seinen Kopf. Aber weder die Franzosen noch die Jesuiten zeigten sich interessiert. Er zog sich in ein Kloster in Deutschland zurück, um sein Buch zu schreiben, das 1865 in zwei Bänden unter dem Titel *Personal Narrative of a Year's Journey through Central and Eastern Arabia* erschien. Während er daran arbeitete, wuchs in ihm die Überzeugung, daß seine Zukunft bei den Arabern lag. Selbst mit Rom verlor er die Geduld. Er begann, sich anderswo nach einem Gönner umzuschauen. 1865 erschien in der britischen Presse eine Anzeige, in der mitgeteilt wurde, daß William Gifford Palgrave aus der katholischen Kirche ausgetreten sei und den Posten als Preußens Generalkonsul in Bagdad angenommen habe.

Aus der neuen Stelle wurde wie aus vielen anderen in den folgenden Jahren nichts. In letzter Minute besann sich Palgrave anders und bot seine Dienste dem Britischen Außenministerium an. Der schreckliche König Theodor II. von Äthiopien hatte einen britischen Konsul und mehrere Missionare als Geiseln genommen. Palgrave sollte sich dorthin begeben und ihre Freilassung aushandeln. Aber er kam nicht weiter als bis nach Ägypten. Die Anweisungen wurden widerrufen, und er wurde als Konsul Ihrer Majestät nach Suchum-Kale beordert. Dieser Posten war kaum der richtige für einen der fähigsten Arabisten seiner Zeit – Suchum lag an der östliche Seite des Schwarzen Meers im Schatten des Kaukasus. Aber er willigte ein in der Hoffnung auf etwas Besseres.

Dieses Bessere war zuerst das nahegelegene Trapezunt, von dort ging es zu der Insel Saint Thomas in der Karibik, dann rund um die Welt nach Manila auf den Philippinen. Zwischendurch, während eines Heimaturlaubs, heiratete Palgrave und wurde seinen drei Söhnen ein guter Vater. Manila verließ er mit der wohlbegründeten Aussicht, endlich der britische Gesandte in Kairo zu werden. Wieder wurde er enttäuscht. Ostrumelien, eine Provinz, die nun teilweise zu Bulgarien gehört, benötigte einen Generalkonsul. Und so war es 1880 auch in Siam, dem heutigen Thailand.

Vielleicht versäumte Palgrave es, seine Ansprüche mit genug Nachdruck vorzubringen. Vielleicht war das Außenministerium wegen seiner eigenwilligen Art, die Probleme im Nahen Osten anzugehen, beunruhigt. Oder man befürchtete möglicherweise, daß er immer noch irgendwelche jesuitischen Ambitionen hegte. Was auch immer die Gründe gewesen sein mögen, gewiß wurde selten ein Talent so sinnlos verschwendet wie das Palgraves.

Um sich abzulenken und zu vergessen, stürzte er sich bei jedem seiner bizarren Auslandsposten mit aller Kraft in die Arbeit, und nie gab es Klagen. Aber der Makel der Exzentrik beeinträchtigte zunehmend sein Fortkommen. In Bangkok reagierte er ein wenig zu freundlich auf seine erste Erfahrung mit dem Buddhismus. Als Palgrave erkrankte, wurde er nach Japan geschickt, und dort, wie immer in Zeiten der Genesung empfänglich für alles Neue, verfiel er dem Zauber des Shintoismus. Während er dessen einfache Verehrung der Natur verstehen lernte, begann er, ein episches Gedicht – *A Vision of Life* – zu schreiben. Er arbeitete noch daran, da bewies das Außenministerium erneut seinen feinen Sinn für das Absurde und versetzte ihn nach Montevideo. Palgrave beendete das Epos, kurz bevor er 1888 starb. Es ist autobiographisch und schildert seine spirituelle Suche in allegorischen Begriffen. Überflüssig zu sagen, daß das Werk wenig von dem Mann preisgibt, der es stets vorzog, »vieles – wie vieles – ungesagt« zu lassen. Aber es enthält Hinweise auf eine Stetigkeit der Absicht und ein Gefühl vollkommener Erfüllung, was dann ein so unglaublich bewegtes Leben doch verständlich macht.

Kapitel 7

»Man sollte auf keinen Fall Notiz von ihm nehmen«

Dr. Gottlieb Wilhelm Leitner (1840 – 1899)

IN DEN SECHZIGER JAHREN DES 19. JAHRHUNDERTS entstand am Stadtrand von Woking in Surrey ein weitläufiger Palast. Aus rotem Backstein und in neo-elisabethanischem Stil gebaut, stand er mitten auf einem welligen Gelände und hatte einen Speisesaal, der so groß wie ein Hangar war – wofür er dann auch während des Ersten Weltkriegs benutzt wurde. »The Royal Dramatic College« benannt, war seine ursprüngliche Funktion »eine Anstalt für altersschwache Schauspieler und Schauspielerinnen«. Viktorianische Philanthropie kannte offensichtlich keine Grenzen; Charles Dickens war einer der Förderer. Aber die laufenden Kosten erwiesen sich als hoch – und vermutlich gab es auch nur wenige Schauspieler und Schauspielerinnen, die zugaben, sich im Zustand körperlichen und geistigen Verfalls zu befinden; bald schon geriet das Royal Dramatic College in finanzielle Schwierigkeiten, und 1883 stand das Gebäude zum Verkauf.

Ein Schulleiter aus dem indischen Lahore riß es sich unter den Nagel und schließlich wurde es unter dem nicht weniger grandiosen Namen »Oriental University Institute, Woking« wieder eröffnet. *Ex Oriente Lux, ex Occidente Lex* lautete sein Motto. Wo zuvor die verlöschenden Stars des Varietétheaters ihren Erfolgen nachgeträumt hatten, debattierten und studierten nun bärtige islamische Geistliche und freundliche indische Gurus. Der riesige Saal beherbergte eine Dauerausstellung von Gegenständen und Skulpturen aus dem Himalaya, und auf dem Grundstück erhoben sich die Kuppeln und Türmchen einer

Moschee. Sie war die erste in England und wurde für Architekten, die mehr mit Rathäusern als muslimischen Gebetshäusern vertraut waren, zum Albtraum. Derweil verband sich das Institut mit der Punjab University und verlieh bald auch akademische Titel. Man könnte sie durchaus die erste der »Red Brick Universities« nennen – Universitäten, die nach Cambridge und Oxford Ende des 19. Jahrhunderts im Vereinigten Königreich gegründet wurden.

Was die ehrenwerten Bürger von Woking davon hielten, ist nicht überliefert. Zweifellos wird es Äußerungen der Besorgnis gegeben haben. Aber das bißchen Unruhe war nichts gegen das bewegte Leben des Institutsgründers, des distinguierten und weitgehend verachteten Dr. Leitners.

Die Zeiten waren hart für Exzentriker, was Dr. Leitner schmerzhaft erfahren mußte. Der britische Imperialismus befand sich auf dem Höhepunkt seiner Macht. Die exotischen und liebenswerten Gestalten, die sich in der ersten Hälfte des Jahrhunderts in jeden Winkel der Erde vorgewagt hatten, waren verschwunden. Die Gesellschaft zeigte weniger Nachsicht mit Außenseitern, und das britische Volk nahm seine kolonialen Pflichten sehr ernst. Für Reisende mit unabhängigem Geist, aber fragwürdigen Referenzen gab es nur noch wenige Zufluchtsorte und noch weniger Bewunderer.

Ihre Namen waren nicht mehr in aller Munde, und um die Verstreuten zu finden, muß man weiter schauen als auf eine Fähre im Ärmelkanal und auf ein Schiff in den Docks von Gravesend. Gottlieb Wilhelm Leitner war, wie man sich denken kann, nicht aus Woking. Er wurde in Budapest als Sohn deutscher Eltern geboren und erhielt seine Schulausbildung in Istanbul und dann in dem nicht weit entfernten Bursa. Seine Geburtsdaten sind nicht ganz sicher, neuere Artikel über ihn geben den 14. Oktober 1840 an. Wie viele Selbstdarsteller hielt sich Leitner über sein Privatleben sehr bedeckt. Wir wissen nichts über seine Eltern, warum sie etwa von Ungarn in die Türkei zogen oder welche Art von Erziehung sie dem jungen Gottlieb gaben. Das ist um so bedauerlicher, da in diesen Jahren ein wahres Wunderkind heranwuchs.

Seinem Nachruf in *The Times* zufolge, »hatte er als Sprachenkundiger zu seiner Zeit wahrscheinlich keinen Rivalen«. Er lernte fünf Sprachen im Kindergarten, konnte zehn weitere, als er die Schule verließ, und fügte danach jedes Jahr eine neue hinzu. Über lange Zeit müssen sein Alter und die Zahl der von ihm beherrschten Sprachen in etwa einander entsprochen haben. Nach dem Ausbruch des Krimkriegs suchte Leitner seine erste offizielle Ernennung und erhielt, seinen Fähigkeiten entsprechend, den Posten eines ersten Dolmetschers in der britischen Armee. Das brachte ihm gleichzeitig den Rang eines Ehrenobersten ein. Auf diese Auszeichnung war er stets ungemein stolz – und zu Recht; damals war er gerade fünfzehn.

Nach dem Krieg kehrte Leitner nach Bursa zurück und begann eine Laufbahn als Lehrender. In diese Zeit fiel auch das erste seiner pädagogischen Experimente, die er sein Leben lang verfolgte. Leitner glaubte leidenschaftlich daran, daß »dem dürren Gerippe der Konjugation und Deklination Leben eingehaucht werden muß«. Es war sinnlos, eine Sprache nach Papageienart stur auswendig zu lernen. »Der Einfluß von Klima und Religion müssen genauso in Betracht gezogen werden wie der Charakter eines Volkes, wenn wir wollen, daß eine gelernte Sprache wirklich beherrscht wird.« So wie der Wortschatz die Lebensweise eines Volkes widerspiegelte, so schlugen sich in den grammatikalischen Strukturen ihre Denkmuster nieder. Sein erstes Experiment war recht bescheiden: Er kleidete sich als Demosthenes und sprach mit seinen Studenten nur in Altgriechisch. Später entwickelte er diese Theorie bis zu dem Punkt, daß Sprache gleichbedeutend mit Ethnologie wurde. Wenn Leitner von seinen Vorgesetzten gebeten wurde, eine unbekannte Sprache zu erforschen, so lieferte er ein genaues Verzeichnis der Geschichte, des Landes, der Kultur und Wirtschaft derjenigen, die diese Sprache sprachen.

Als ihm die akademischen Institutionen von Bursa nichts mehr bieten konnten, ging er 1858 nach London und setzte seine Studien am King‘s College fort. Zuerst war er Assistent, dann nacheinander Dozent für Arabisch, Türkisch und Neugriechisch. Rasch bestand wieder die Gefahr, daß dem Wunderkind das Nest zu klein wurde. Um seine Fähigkeiten zu bündeln, aber auch um seinen Ehrgeiz zu befriedigen, begann er damit, eigene Posten zu kreieren; er gründete die Orientalische Abteilung des King‘s College und wurde 1861 ihr erster Dekan und Professor. Als ob das noch nicht reichte, studierte er nebenher Jura. Mit fünfundzwanzig wurde der Professor, Dekan, Magister Artium und Doktor der Literaturwissenschaft zum Doktor des Rechts promoviert.

Dr. G. W. Leitner, Ethnologe, Pädagoge und Forscher.

Ex Occidente Lex; nun zum *Ex Oriente Lux*. 1864 erschien in London eine Anzeige der Regierung von Indien, in der ein Direktor für das neugegründete »Government College« in Lahore gesucht wurde. Leitner bewarb sich und erhielt trotz seiner Jugend und deutschen Staatsangehörigkeit den Posten. Zweifellos gaben seine außergewöhnlichen Qualifikationen den Ausschlag; aber im Kontext von Britisch-Indien stellte Lahore auch einen besonderen Fall dar. Die Hauptstadt der Provinz Pundschab war erst seit fünfzehn Jahren Teil der britischen Besitzungen und stand noch im Ruf, ein dynamischer und experimentierfreudiger Ort zu sein. Leitner begeisterte die Idee, das dortige Erziehungswesen nach seinen Vorstellungen aufbauen zu können, und die Verantwortlichen in der Zivilverwaltung freuten sich darauf, einen Kollegen zu bekommen, auf den sie stolz sein konnten.

Unglücklicherweise stellte sich bald heraus, daß die Autoritäten des Pundschabs mit Leitner mehr bekommen hatten, als das, worauf sie gefaßt waren. Was die Verwaltung von der Universität erwartete, war eine unerschöpfliche Bereitstellung von gebildeten, englisch sprechenden Pundschabi, die die unteren Stellen in der Beamtenhierarchie besetzen sollten. Diese Vorstellung war Leitner aber ein Greuel. Bei universitärer Erziehung ging es nicht darum, einen Strom von Beamten zu produzieren, sondern darum, den einzelnen Studenten zu ermutigen, daß er seine Kultur schätzen lernte und irgendwann selbst etwas dazu beitrug. Sanskrit und Arabisch, die klassischen Sprachen der Hindus und Muslime waren genauso wichtig wie Englisch. Die Rolle des Pädagogen in Indien zielte auf nichts Geringeres ab, als die Kulturen zu verschmelzen und eine indoeuropäische Renaissance herbeizuführen.

Unter großzügiger Auslegung seiner Pflichten machte sich der Leiter des Government College daran, die öffentliche Meinung zu mobilisieren. Seine ersten Veröffentlichungen umfaßten drei arabische Grammatiken, eine Geschichte des »Mohammedanismus«, eine Übersetzung von *Macbeth* in Urdu, Zeitschriftenartikel über Werke in Sanskrit und Arabisch, und er war Herausgeber zweier Wochenmagazine und einer Tageszeitung (diese wurde später die *Civil and Military Gazette*, für die Rudyard Kipling schrieb). Er hielt auch regelmäßig Soireen, die deswegen bemerkenswert waren, weil ganz bewußt Briten und Inder dazu eingeladen wurden, um einen sozialen und intellektuellen Austausch zwischen den Gemeinschaften zu ermutigen. Die Sahibs betrachteten diese Abendgesellschaften mit Argwohn, aber die indischen Aristokraten verhehlten nicht ihre große Bewunderung für den Doktor. Als er sie um Geld für das College bat, war ihre Reaktion beeindruckend. Durch private Spenden wurde die gewaltige Summe von 32000 £ beschafft. So entwickelte sich die Ausbildungsstätte schnell zu der eigenständigen Punjab University, und das wird noch heute für eine von Leitners größten Leistungen gehalten. Aber sie war nur eine von fast einhundert Schulen und Colleges, die gegründet zu haben er beanspruchen konnte, was er dann auch oft tat.

Hätte sich Leitner damit begnügt, wäre vielleicht über seinen unerträglichen Egotismus hinweggesehen worden. Niemand konnte seine Hingabe bezweifeln oder seine Erfolge leugnen; gegen ein junges Genie ließ sich nachsichtig sein. Aber leider fehlte Leitner jedes selbstkritische Urteilsvermögen; er wußte nie, wann es genug war. So wie das Studium einer Sprache eine umfassende Beschäftigung mit der jeweiligen Gemeinschaft bedeutete, so mußten auch bei den Studenten, um deren Bildungsbedürfnisse er sich kümmerte, alle Aspekte ihres Wohlergehens berücksichtigt werden. Also ernannte sich Leitner selbst zum Sprecher der Einheimischen. Er eröffnete eine Bank und eine landwirtschaftliche Kooperative und versuchte sogar, das Eisenbahnwesen neu zu organisieren. Ein solches Verhalten war nicht populär. Der Groll gegen den mitteleuropäischen Intellektuellen, der sich anmaßte, die Leute besser zu kennen als sie sich selbst, und der es wagte, Männern, die doppelt so alt waren wie er, zu sagen, wie sie ihre Arbeit zu machen hatten, wurde durch seine rechthaberische Art verschärft. Die kühle Gelassenheit des aristokratischen Engländers war seine Sache nicht. Er schien nicht fähig zu sein, ein Gespräch unterhalb des Niveaus einer Debatte zu führen oder einen Satz in derselben Sprache zu beenden, in der er ihn begonnen hatte. Ob er recht hatte oder nicht, war unerheblich. Diese Verbindung von Hochmut, Bissigkeit und Exhibitionismus, die den berüchtigten »Leitnerischen Wutausbruch« charakterisierte, rief Feindseligkeit oder Spott hervor, aber selten Sympathie.

In keiner der Welten, in denen er sich gewohnheitsmäßig einmischte, hatte diese unselige Verhalten verheerendere Folgen als in der der Erforschung. 1865, während seines ersten Sommerurlaubs, besuchte er das Himalayatal von Kashmir und fand, daß es ein fruchtbares Feld für linguistische und antike Forschung sei. Der westliche Himalaya besitzt noch heute eine große Vielfalt an Stämmen, Religionen und Sprachen. Damals war diese Region kartographisch kaum erfaßt, und große Teile des Gebietes zwischen Tibet und Afghanistan waren noch unerforscht. Einen zusätzlichen Anreiz bildete die jüngste Entdeckung einiger unverkennbar klassischer oder »hellenistischer« Skulpturen in den angrenzenden Gebirgstälern. Eine der größten Kontroversen in der indischen Kunst bahnte sich an –

und keiner hatte einen besseren Riecher für Kontroversen als der Doktor. Er hatte für sich entschieden, daß es genug Gründe gebe, um möglichst bald in die Berge zurückzukehren.

Das akademische Jahr endete im April. Am 1. Mai 1866 um 7 Uhr morgens waren Leitner und ein Begleiter auf ihrem Weg nach Kashmir. Ihre Route war so ehrgeizig, wie nur der Doktor sie sich ausdenken konnte. Statt der üblichen zweihundert Meilen leichter Etappen und allmählicher Steigungen (auf eine maximale Höhe von sechstausend Fuß über dem Meeresspiegel) hatte er einen ganz besonderen Reiseweg ausgearbeitet, der etwa sechshundert Meilen lang war und über bis zu achtzehnhundert Fuß hohe Pässe führte. Der Plan entsprach genau Leitners Begabung, alles ins Extreme zu treiben. Damit niemand auf die Idee käme, seinen Trip für weniger als eine Pioniertat zu halten, entschied er, noch als zusätzliche Komplikation die Route zwei Monate früher zu bewältigen, als es allgemein für praktikabel gehalten wurde. Mr. Henry Cowie, sein Gefährte, wird sich vermutlich über die Unzulänglichkeiten von Leitner als Reisebegleiter im klaren gewesen sein, aber man fragt sich, ob auch nur einer von ihnen die Gefahren des Unternehmens richtig beurteilte.

»Die Pfade waren an vielen Stellen von Erdrutschen versperrt. Die schlüpfrigen und beweglichen Planken über die Bergflüsse waren weggeschwemmt, die Seilbrücken waren noch nicht repariert worden, und Schneeverwehungen behinderten ständig unser Fortkommen.... Am Singun [der Shingo-La Paß nach Zanskar hinein], wo wir vom Weg abkamen, erlitten wir die üblichen Folgen fortgesetzten Kletterns und der verdünnten Luft, während fast alle unsere fünfzig Kulis, Männer und Frauen, schneeblind wurden.«

Leitner gab der Härte des vorherigen Winters die Schuld, obwohl die Bedingungen, die er schilderte, zu der Jahreszeit keineswegs ungewöhnlich waren. Weder schneeblinde Träger noch reißende Flüsse vermochten sein Vorwärtskommen zu verlangsamen. Nach wenig mehr als einem Monat ritten die beiden Reisenden in Leh, dem Hauptort von Ladakh, ein.

»Trotz unserer Gewaltmärsche sahen wir eine Menge von dem, was selbst so ein guter Beobachter wie General Cun-

> ningham [die große Autorität auf dem Gebiet Ladakh] übergangen hatte, und dazu wurden uns mannigfaltige Informationen gegeben, einmal in Anerkennung unseres freundlichen Umgangs mit den ausgezeichneten Bewohnern des mittleren und südlichen Tibets und dann auch als Gegenleistung für Geldgeschenke, billige Messer, Scheren etc., unter deren rasch schwindender Last eine Anzahl Kulis die Berghänge hoch und runter gestolpert waren.«

Es ist nicht klar, wen Leitner mit »den ausgezeichneten Bewohnern« meinte, jedenfalls bestand er darauf, in den Tälern von Lahul, Zanskar und Ladakh die großen buddhistischen Klöster zu besuchen. Ihn interessierten ihre Rituale und ganz besonders ihr Heimatland Tibet, dessen Grenze weniger als fünfzig Meilen von Leh entfernt lag. Seit Thomas Mannings Besuch ein halbes Jahrhundert zuvor waren die einzigen Europäer, die Lhasa erreicht hatten, zwei französische Missionare gewesen. Leitner meinte, es sei höchste Zeit für einen weiteren Erkundungsversuch, und war erfreut, als der »Abt« von Phuktal in Zanskar sogar anbot, zwei seiner Verwandten in den Gewahrsam der Briten zu geben – »als eine Garantie für unsere Regierung, daß er einen englischen Reisenden in Sicherheit nach Lhasa führen wird«. Nach seiner Rückkehr machte Leitner dieses Angebot weithin bekannt. Er konnte nie ganz verstehen, warum sein diplomatisches Geschick keinen Beifall fand und warum von der Offerte nicht Gebrauch gemacht wurde. Vermutlich war den Verantwortlichen in Indien mittlerweile klargeworden, daß es viel schwieriger war, von Lhasa zurückzukehren als dorthin zu gelangen. Hätte Leitner sich bereit erklärt, selbst zu gehen, wären sie von dem Vorhaben möglicherweise begeisterter gewesen.

Entdeckungen von altertumskundlichem Interesse gab es auf dieser Reise nur wenige, aber er fand ein Skulpturenfragment, das Buddha zu zeigen schien, der inmitten von Palmwedeln auf einem Esel ritt. War das ein Beweis für den Einfluß der Jesuiten, die im siebzehnten Jahrhundert nach Tibet gekommen waren? Er brachte auch einen langen zylindrischen Stein mit, der sich als die anatomisch korrekte Kopie eines Phallus herausstellte. Nachdem eine Reihe von Hindupriestern das religiöse Objekt nicht als Geschenk haben wollten, fügte Leitner es seiner eigenen Sammlung von Kuriositäten hinzu.

Insgesamt betrachtete er die kurze, wenn auch strapaziöse Reise als vollen Erfolg. »Unsere Erfahrung bewies, daß die tibetischen Pässe von der indischen Seite schon Anfang Mai überquert werden können.« Es *war* eine beachtliche Leistung, aber wie sich bald zeigen sollte, bewies sie nichts. Risiken einzugehen, die erfahrene Reisende für wahnsinnig und selbst Forscher für untragbar hielten, war eine gefährliche Art und Weise, sich einen Namen zu machen.

Von Leh wandten sich die beiden Reisenden nach Westen für den letzten Abschnitt hinab ins Kaschmirtal. Die Pässe waren nun niedriger, und sie befanden sich auf der Hochstraße zwischen Kashmir und Tibet. Frühling lag in der Luft, und die ersten einheimischen Karawanen brachen zu ihren langen Wanderungen auf. Die beiden Reisenden passierten Kargil, »wo immer noch der unglückliche Prinz lebt, den der Maharaja von Kaschmir in einen Käfig eingesperrt hatte, in dem er weder stehen noch sitzen oder liegen konnte«. Dann kam der Fluß Dras. Eine Plankenbrücke, ohne Geländer und mit Steinen und Schlamm bedeckt, überspannte den von der Schneeschmelze schäumenden Strom. Leitner saß ab und rief Cowie zu, es auch zu tun. Wie gewöhnlich hatte er völlig recht, aber Cowie schien es offensichtlich leid zu sein, herumkommmandiert zu werden.

> »Trotz meiner Warnung bestand mein Gefährte darauf, die Brücke auf seinem Pony zu überqueren, das abrutschte und mit seinem Reiter in den Fluß stürzte. Es gelang mir nicht, ihm zu helfen, wie bei einer früheren Gelegenheit; und obwohl er einmal nur einen Yard von mir entfernt war, wurde Mr. H. Cowie in die Mitte des Stroms fortgerissen, von wo er in einen Wasserfall geschleudert wurde und verschwand.«

Armer Mr. Cowie. Er war der Bruder des Kronanwalts von Bengalen, aber außer dieser Nebensächlichkeit hatte Leitner kein weiteres Wort, weder im Guten noch im Bösen, über ihn zu sagen. Die Leser mußten daraus schließen, daß Cowie ein trauriger und vom Unglück verfolgter Mensch gewesen war. Aber wenn ihm auch in Leitners Reisebericht Anerkennung versagt blieb, sein Tod eröffnete allerhand neue Möglichkeiten. Wie der Zufall es wollte, wurde sein Leichnam einen Fluß hinabgeschwemmt, der nicht südlich zu der indischen Ebene floß, sondern nach Norden in einen Nebenfluß des Oberen

Indus. Die Bergung des Leichnams war daher die ideale Rechtfertigung, um Kundschafter in das Industal in Baltistan (oder Kleintibet) zu schicken. Eine so beträchtliche Ausweitung seines Erkundungsgebietes war Leitner höchst willkommen.

Der Paß auf dem Weg nach Gilgit.

Der letzte Paß nach Kaschmir war der Zoji-La, nur 3500 Meter hoch, aber wegen seiner außergewöhnlichen Wetterbedingungen gefürchtet; der Schneefall war dort weitaus heftiger als auf den höheren, aber trockneren Pässen im Norden und im Osten. Leitner hatte es nun eilig mit der Rückkehr; was auch immer er von Cowie dachte, sein Tod bedrückte ihn doch, und er muß gespürt haben, daß für diesmal genug Ungutes passiert war. Infolgedessen war er »weniger vorsichtig als sonst«. Prompt schlug das Unglück wieder zu. Eine Herde von Zwergziegen, die Leitner in Ladakh gekauft hatte, wurde auf dem Paß »an der Seite ihres erfrorenen Hirten« tot aufgefunden. Am nächsten Tag stürzten »zwei Maulesel mit ihren Lasten und Führern« durch eine Eisbrücke und wurden nie wieder gesehen. Der Ziegenhirte, notierte Leitner, hielt noch *»in seinen Händen«* die Strümpfe, die extra beschafft worden waren. Wenn die Leute doch nur auf ihn hören würden. Er gestand ein, daß die Reise zu »einem Debakel« geworden war, konnte aber nicht verstehen, warum er dafür verantwortlich gemacht werden sollte. Und in der Tat, so wie er davon erzählt, wurmte ihn der Verlust der Ziegen und Maulesel mehr als der Tod der Männer.

Von Kaschmir ging er geradewegs zurück nach Lahore. Jeder durchschnittlich sensible Mensch hätte sicher das gleiche getan. Aber in Leitners Fall war es keine Flucht aus den Bergen, um das ganze verfehlte Unternehmen zu vergessen, sondern er kehrte heim, um seine großen Leistungen zu verkünden. Nach seiner Ankunft wurde rasch eine halboffizielle Abendveranstaltung organisiert, und Leitner erzählte einer hingerissenen Zuhörerschaft seine Version der Ereignisse. Er zeigte auch verschiedene »ethnologische Erwerbungen« vor und erfreute sein Publikum mit einem Vortrag einiger tibetischer Lieder, die er »wegen ihrer Süße, Originalität oder Ähnlichkeit mit unserem Chorgesang für bemerkenswert« hielt.

Zweifellos waren jene, die Leitner zuvor unangenehm fanden, nach diesem Auftritt überzeugt, daß er ein Scheusal sei. Eine ausgewogene Beurteilung einer so umstrittenen Gestalt ist beinahe unmöglich. Selbst seine Bewunderer räumten ein, daß ihm liebenswerte Züge fehlten. Aber Bewunderer gab es – und nicht nur unter denen, die ihm nie begegnet waren. Die aufgeklärtesten Mitglieder der Pundschab-Verwaltung, einschließlich des Vizegouverneurs und einer der führenden Persönlichkeiten in der »Asiatic Society«, glaubten, daß Leitner ein einzigartiges Verhältnis zu der einheimischen Bevölkerung hatte und wirklich an ihren Lebensverhältnissen interessiert war. Sie bewunderten auch seinen Forschungsdrang und sahen in seinen Aktivitäten eine gewisse politische Nützlichkeit. Leitner wollte nach Kaschmir zurückkehren und seine linguistischen Untersuchungen auf die nördlichen und westlichen Bergregionen ausdehnen. Das bedeutete unvermeidlich auch die Erkundung und Aufdeckung der Zustände längs der umstrittenen und gefährdeten Grenze Kaschmirs – ein Vorhaben, dem die Regierung in Kalkutta aus Angst vor Komplikationen mit ihrem Verbündeten, dem Maharaja von Kaschmir, ablehnend gegenüberstand. Für die Provinzverwaltung im Pundschab dagegen war diese Grenze weder so fern noch so sakrosankt. Ihr ungeklärter Verlauf stellte für die politische Stabilität eine Bedrohung dar, und das Rätsel der dortigen Bewohner, von denen manche angeblich blauäugig und hellhäutig sein sollten, hatte bereits zwei Generationen von Forschern fasziniert. Die Royal Geographic Society in London betrachtete dieses Gebiet ebenfalls mit außergewöhnlichem Interesse; es war eines der letzten Stücke unerforschten Territoriums; die Gegend, wo Himalaya, Karakorum und Hindukusch zusammentreffen, bildete immer noch eine bedauerliche Leerstelle auf den Landkarten Asiens.

Es gab keinen Grund für die Annahme, daß Leitner mit seinen Forschungen erfolgreicher sein würde als frühere Reisende. Aber zumindest ließ sein Ruf als Gelehrter das Unternehmen ziemlich harmlos aussehen. So lautete auch seine offizielle Anweisung, als er nur zwei Monate nach »dem Debakel« wieder nach Kaschmir aufbrach, er solle die Sprache und Geschichte eines Ortes namens Chilas erforschen. Experten der »Asiatischen Gesellschaft« fragten sich, ob der Ort irgendwelche Beziehungen zu dem Berg Kailas hatte, der in der Hindu-Mythologie als der Wohnsitz der Götter galt. Die Politiker dagegen bemerkten mit Befriedigung, daß das Gebiet gerade jenseits des Indus lag, der hier die angenommene Kaschmir-Grenze markierte. Vorausgesetzt, daß er sich unauffällig verhielt, lag es an Leitner, was er aus der Gelegenheit machte.

Nach einer wiederholten Zusicherung »des tiefen Interesses seitens der Regierung und der Asiatic Society« fügte sich der Doktor mit einem Seufzer der Eitelkeit seiner Aufgabe. Ihm war empfohlen worden, sich zunächst um die Mitwirkung des Maharajas zu bemühen. Das geschah mehr aus Höflichkeit denn in Erwartung irgendeiner nennenswerten Hilfe; ein Mann, der seine Feinde in Käfige einsperrte, kam für Leitner kaum als ein annehmbarer Partner in Frage. Aber der Maharaja äußerte ohnehin keinen Wunsch, bei dem Unternehmen mitzuhelfen, sondern schien vielmehr entschlossen zu sein, Leitners Bemühungen zu vereiteln. So verweigerte er ihm das Gespräch mit zwei Gefangenen aus Chilas, die in der Hauptstadt festgehalten wurden, und ließ jeden von jenseits seiner Grenze festnehmen, der es wagte, mit dem Besucher zu sprechen.

> »Ich gab schon fast die Hoffnung auf, daß ich je in der Lage sein sollte, die Arbeit auszuführen, zu der ich von der Regierung beauftragt worden war, und schließlich teilte ich Seiner Hoheit, dem Maharaja, mit, daß ich die Sprache in Bunji am Indus erforschen wollte; das war damals die äußerste Grenze seines Landes, gemäß dem Vertrag, der 1846 mit Lord Hardinge geschlossen wurde.«

Den Widerstand des Maharajas schrieb Leitner der Tatsache zu, daß der Herrscher jenen Vertrag ignorierte und immer wieder seine Truppen über den Indus schickte, um die Stämme auf der anderen Seite anzugreifen. Gerade damals gab es Gerüchte über einen Krieg mit Gilgit, das noch weiter jenseits des Stroms lag als Chilas. Die Möglichkeit, einen eklatanten Vertragsbruch und vielleicht sogar einige Greueltaten aufzudekken, reizte natürlich den streitlustigen Doktor. In Bunji, von wo eine Fähre über den Indus den einzigen Zugang zu den beiden Orten Chilas und Gilgit ermöglichte, war er nicht nur am richtigen Ort, um die neuen Sprachen zu studieren, sondern auch um die politische Lage auszuspionieren.

Die Reise nach Bunji schloß die Überquerung zweier gewaltiger Pässe durch die Hauptbergkette des Himalaya ein. Sie führte Leitner um die Flanke des Nanga Parbat und durch einige der grandiosesten Landschaften, die man sich vorstellen kann. Aber er verliert darüber kaum ein Wort. Was Zeitgenossen »ein phantastisches Gebilde der Natur« nannten, interessierte ihn wenig. Sein Kopf war mit Dingen von größerer Bedeutung beschäftigt. Der Maharaja war darauf aus, ihn aufzuhalten. Jeder Fels konnte einen Heckenschützen verbergen, und jeder, der ihm begegnete, mochte ein Spion sein. Als Führer und Leibwächter hatte er zwei Männer aus Gilgit angeworben. Aber an dem Morgen, da er aufbrach, waren sie verschwunden und durch zwei Soldaten aus Kaschmir ersetzt.

> »Ich entließ sie [die Kaschmiri], sobald ich herausfand, daß sie die Männer waren, die einen englischen Obersten, der unbedingt nach Gilgit wollte, zwei Monate lang kreuz und quer durch die Berge geführt und ihn am Ende auf einer anderen Route wieder zurück nach Srinagar gebracht hatten. Ich könnte einen Band mit dem Bericht darüber füllen, welche Härten allein schon in dem wohlbekannten Gelände zu ertragen waren, bevor wir die wenig erforschten Gegenden erreichten; wie meine Helfer bedrängt und die Nachlieferung von Vorräten behindert wurden; wie versucht wurde, mich in einen Streit hineinzuziehen, dessen wohlüberlegtes Ziel meine Ermordung sein sollte. Für mich, dessen Kenntnis und höfliche Behandlung der Einheimischen, wie ich in aller Bescheidenheit sagen darf, allgemein bekannt ist, wäre dies alles unter gewöhnlichen Umständen ein Rätsel gewesen.«

In der Gedankenwelt des Doktors bewiesen diese Schwierigkeiten nur, daß der Maharaja wegen der Grenzgeschichten ein schlechtes Gewissen hatte. Mehr Rätsel gab jedoch das Verhalten des Maharajas im Fall des toten Cowie auf. Im Juli war einer von Leitners Kundschaftern aus Baltistan mit der Nachricht zurückgekehrt, daß Cowies Leichnam endlich an Land geschwemmt worden war. Als Leitner aber um Erlaubnis bat, den Toten bergen zu dürfen, erhielt er die Antwort, daß man ihn offensichtlich falsch unterrichtet habe; der Körper sei nicht gefunden worden und befinde sich bestimmt schon auf dem Weg zum Indischen Ozean. Der Maharaja zeigte sich davon so fest überzeugt, daß Leitner die Sache auf sich beruhen ließ.

Als er nun auf seinem Weg nach Bunji hoch in den Bergen lagerte, erhielt er einen unerwarteten Besuch von einem reisenden Mullah. Der Mann tauchte plötzlich an seinem Lagerfeuer auf und verriet im Laufe des Abends, daß in Baltistan allgemein bekannt sei, daß der Leichnam des Sahibs aus dem Fluß gefischt und im Sand verscharrt worden war. Er deutete auch an, daß der Maharaja versuchte, die Nachricht zu unterdrücken. Was in aller Welt der Maharaja damit bezwecken wollte, sagte der Fremde nicht. Und auch Leitner gab keine Erklärung. Vorfälle und Verwicklungen von nicht näher bestimmter Bedeutung spielen eine wichtige Rolle in Leitners Bericht. Sie geben seiner Reise eine zusätzliche Dimension des Gefährlichen und Geheimnisvollen, und was immer auch ihr Wahrheitsgehalt war, für ihn war die Bedrohung real genug. Das heißt nicht, daß er nicht Gefallen daran fand. Im Gegenteil, er war entschieden auf Konfrontation aus. Denn nach Erhalt dieser neuesten Mitteilung über Cowies Verbleib brach er auf der Stelle sein Lager ab, machte kehrt und ging nach Baltistan. Der Abstecher bedeutete zweihundert weitere Meilen über ein ödes Bergplateau. Aber was war das schon angesichts der Möglichkeit, die Überreste seines ehemaligen Gefährten bergen und mit einem christlichen Begräbnis zur letzten Ruhe betten zu können?

»Ich marschierte Tag und Nacht, um den Postläufern des Maharajas zuvorzukommen, traf zufällig einen englischen Offizier von einem Peschawar Regiment, der über Cowie Nachforschungen angestellt hatte und dem gesagt wurde, er sei nicht gefunden worden, und suchte spät abends den Mun-

schi [Sekretär] des Gouverneurs von Skardu [Baltistan] auf, den ich umgehend aufforderte, die Leiche herauszugeben. Auf seine Antwort hin, daß er das nicht tun könne, weil sie vier Tagesmärsche entfernt begraben sei, war ich beruhigt, denn nun waren meine Informationen bestätigt, und ich schickte ein Dutzend Männer mit der Anweisung los, den ganzen Block Erde zu holen, in dem der Leichnam begraben lag, und ihn mir zu bringen. Die Männer unterstanden Mr. Cowies Träger, Kerem Beg, der seinem verstorbenen Herrn vollkommen zugetan und mir auch in der Hoffnung gefolgt war, den Leichnam zu bergen. Als er dann von den Männern gebracht wurde, entfernten wir beide mit unseren eigenen Händen die Erde, fanden das Skelett, ein Stück Schal, aber keine Spur von seinem Ring, der Uhr etc. Dann geschahen höchst seltsame Dinge, die ich jetzt nicht und vielleicht niemals berichten werde. Es reicht wohl, wenn ich sage, daß wir in dem offiziellen Kalender des Gouverneurs eine Notiz fanden und kopierten, in der er dem Maharaja ordnungsgemäß die Bergung des Leichnams am 2. Juli 1866 berichtete, während wenige Wochen später, am 17. August, jener Potentat mir die Mitteilung irgendeiner Neuigkeit zu dem Thema verweigerte!
Ich legte dann die Gliedmaßen in einen leichten Sarg, nachdem ich sie in Schalwolle und Leinen eingewickelt hatte. Ein Versuch wurde unternommen, den Leichnam wegzuschaffen, den ich verhinderte und gegen dessen Wiederholung ich mich schützte, indem ich den Sarg während der restlichen Reise unter meinem Feldbett aufbewahrte.«

Wie üblich war Leitners Verhalten gerechtfertigt. Mit neuer Zuversicht und frischer Kraft kehre er zu dem Hauptzweck seiner Reise zurück. Kurz vor Bunji bestätigten sich die Gerüchte über kriegerische Handlungen zwischen den Kaschmiri und der Bevölkerung von Gilgit. Die Feindseligkeiten hatten zeitweilig aufgehört, aber Gilgit wurde immer noch von den Kaschmiri besetzt, und das Schicksal der Gefangenen auf beiden Seiten war eine ergiebige Quelle für Spekulationen. Von den Stammesangehörigen wurde behauptet, daß sie ihre Gefangenen als menschliches Feuerwerk benutzten und die grausige Vorstellung krönten, indem sie ihre Herzen herausrissen und roh aßen. Leitner wollte von solchen Geschichten nichts hören.

Aber seine Lastträger waren nicht aus so hartem Holz geschnitzt und machten sich heimlich davon. Schließlich kündigten auch sein Sekretär und sein Träger ihren Dienst. Als Grund gaben sie an, sie hätten die Nachricht bekommen, daß ihre beiden Mütter lebensgefährlich erkrankt seien. Sogleich durchschaute »der Kenner der Denkweise der Einheimischen« diese kleine Täuschung. »Ich erteilte ihnen eine Lektion und entließ sie als treulose Gesellen; ich zog allein weiter, als sie zu meiner großen Freude nach ein, zwei Meilen wieder auftauchten und mich baten, sie zurück in meinen Dienst zu nehmen.«

Ein Abstieg von zweitausend Metern brachte sie schließlich von der kalten Luft der Berge hinab in die glühende Wüste des Industals. Bei nur tausend Meter über dem Meeresspiegel betrug hier im August die Temperatur etwa 40 Grad. Sand und Fels schimmerten in dem harten weißen Licht, und die umliegenden Höhen dienten nur dazu, die Hitze einzuschließen. Hinter den Reisenden hing eine Staubwolke in der schweren Luft. In keiner Gegend der Erde findet man einen drastischeren Wechsel der Temperaturen. Leitner jedoch bekümmerte das Klima so wenig wie die Landschaft. Endlich zeigten sich vereinzelte niedrige Lehmhütten, das war Bunji. Er betrat den ersten Stall, an dem sie vorbeikamen, und war hocherfreut, daß sein Besitzer die Sprache sprach, zu deren Studium er von so weit her gekommen war.

Ob der Mann tatsächlich von Chilas kam, ist nicht klar. Leitner hatte inzwischen entdeckt, daß Chilasi nur eine von zahlreichen Sprachen war, die die Leute jenseits des Flusses sprachen. Im Hindukusch war anscheinend jedes Tal ein selbständiges politisches Gebilde mit besonderen Bräuchen und eigener Sprache. Deshalb weitete Leitner sein Forschungsgebiet auf alle diese Stämme aus und faßte sie für die Wissenschaft unter dem Namen »Darden« zusammen. So wurde die gesamte Himalaya Region, die heute Pakistan heißt, zu »Dardistan«. Er hatte diese Bezeichnungen nicht frei erfunden. Schon antike Geographen hatten ein Himalaya-Volk erwähnt, daß sie die Daradae nannten, und Reisende jüngeren Datums hatten den Namen wiederbelebt, um die hellhäutigen Völker des westlichen Himalaya von ihren indischen (Kaschmiri) und mongolischen (Tibeter) Nachbarn zu unterscheiden. Aber Leitner war sicher der erste, der das Wort populär machte, und der erste, der die Dard-Sprachen ernsthaft studierte.

Selbst für einen Sprachwissenschaftler »ohne Rivalen zu seinen Lebzeiten« stellten diese unbekannten Sprachen eine gewaltige Herausforderung dar. Vor allem, sie hatten keine Schrift. Leitner ging so vor, daß er zuerst ein Grundvokabular aufbaute, indem er auf Dinge zeigte. So lernte er schnell mehrere Dard-Wörter für Finger und eine Anzahl anderer Ausdrükke, von denen sich später herausstellte, daß sie Drohungen und Flüche bedeuteten. Die Darden fanden schnell heraus, worum es Leitner ging, und so sammelte sich ein beträchtlicher Wortschatz an.

Durch entsprechende Gesten lernte er auch »Ausdrücke für die einfachsten körperlichen Bedürfnisse«. Die Grammatik stellte das größte Problem dar. »Es war schwieriger, der Form der Imperative bei den Befehlen, die meine Gefährten gaben, zu folgen und in ihren Antworten eine Bejahung oder den Indikativ der Gegenwart oder Zukunft zu erkennen.« Ein besonderes Merkmal all dieser Sprachen war, daß jedes Verb eine unterschiedliche Form hatte, die nicht nur von Tempus, Kausalität, Gewohnheit, Möglichkeit etc. abhing, sondern auch von dem Geschlecht der Person, die es benutzte, und der Nähe zum Gegenstand, über den sie gerade sprach. Die sich daraus ergebende Vielfalt der Flexionen übertraf alles, was Leitner bis dahin kennengelernt hatte; die Wurzel des Verbs war meist nicht mehr zu erkennen.

> »Oft, wenn ich bei einer Form schon fast sicher war, habe ich bemerkt, daß die angesprochene Person meine Frage nicht verstand oder mit einer Redewendung oder ausweichenden Antwort reagierte. Doch indem ich dieselbe Frage mehreren Leuten stellte, sie sich auch untereinander befragen ließ und dabei ihre Antworten aufmerksam notierte, erreichte ich allmählich jene annähernde Gewißheit, die bei einer so komplizierten Sache allein erreichbar ist. Wenn man bedenkt, daß ich schließlich fähig war, Lieder, Legenden und Fabeln aufzuschreiben; daß die Dialoge über jedes Thema, das man mit einem Darden diskutiert, in der Praxis idiomatische Abweichungen zeigen; daß diese Dialoge, Vokabularien und Lieder sich nicht auf eine, sondern auf vier Sprachen und vier Dialekte beziehen, dann muß man zugestehen, daß ich der Sprachwissenschaft einen guten Dienst erwiesen habe.«

In Bunji war Leitner noch nicht über das frühe Stadium der Wortschatzsammlung hinausgekommen, als der Gouverneur des Ortes von seiner Anwesenheit Wind bekam. Unverzüglich tauchten Kaschmiri-Soldaten bei ihm auf und sorgten dafür, daß seine neuen Freunde aus Dardistan verschwanden. Da reichte es dem Doktor. Er versuchte vergeblich, den Gouverneur zu sprechen; wütend kehrte er zur Unterkunft zurück, packte seine Sachen und begab sich mit den beiden Begleitern zum Flußufer. Zufällig lag die Fähre an der Anlegestelle. Die drei Männer bestiegen einfach das Boot, und es gelang ihnen, den Fluß zu überqueren, weil die Kaschmiri von einem so impulsiven Verhalten völlig überrascht wurden. Auf diese Weise kam Leitner als zweiter Europäer nach Dardistan; und da der Vorgänger über sein Abenteuer nichts Schriftliches hinterlassen hatte, wurde Leitners Beschreibung die erste der Völker jenseits des Indus.

Das andere Ufer, tatsächlich das ganze Gebiet bis Gilgit, war noch in kaschmirischer Hand. Als die Soldaten den Sahib selbstsicher in ihrem einzigen Boot durch das wirbelnde Wasser paddeln sahen, nahmen sie natürlich an, daß sein Besuch offiziell genehmigt worden war. Leitner wurde mit »fast königlichen Ehren« empfangen. Er drängte weiter, um die kargen Berge zu erreichen, bevor die Nachricht von seiner Grenzverletzung ihn einholte.

> »Ich kam durch verbrannte Dörfer und über Pfade, neben denen Skelette von Leuten hingen, die Aufrührer gegen den Maharaja gewesen sein sollen, aber die Einheimischen erklärten mir, daß sie friedliche Bauern waren, die gehängt wurden. So wollte man falsche Gerüchte von Siegen erhärten. Ich trug meine Korkmatte, die leicht wie eine Feder war, selbst, und war wie mein Sekretär und mein Träger mit zwei Revolvern bewaffnet, während meine Taschen mit Portionen von Liebigs Extrakt gefüllt waren.«

Eine Korkmatte und abgepackter Fleischextrakt – das entsprach nicht ganz dem Bild, das sich die viktorianische Öffentlichkeit von ihren unerschrockenen Forschungsreisenden zu machen beliebte. Aber dies war ja auch nicht ein gewöhnlicher Streifzug durch eine terra incognita. Leitner war auf der Flucht und bereute wahrscheinlich schon sein ungestümes Handeln.

Um nicht im Tageslicht gesehen zu werden und um ihre Lage besser beurteilen zu können, versteckten sich seine Begleiter und er in einer kleinen Steinhütte am Straßenrand. Kurz danach näherte sich ein Postläufer der Kaschmiri und warf einen Brief durch die offene Tür. Die Hütte diente offensichtlich dem Militär als Zwischenstation; zufällig – und das konnte nur Leitner passieren – war der Brief an den Gouverneur von Gilgit gerichtet; er warnte ihn vor der Ankunft des Sahibs und ordnete seine Festnahme an. Der Brief erreichte seinen Adressaten nicht. Leitner sah diesen Zufall als ein glückliches Omen an und entschied, schnellstens nach Gilgit zu kommen.

Sie überquerten den Gebirgskamm zwischen dem Indus und dem Fluß Gilgit und biwakierten zwischen herabgestürzten Felsblöcken. In der Nacht schreckte ein Schußwechsel den Doktor von seiner Korkmatte hoch. Eine bewaffnete Bande unter dem Kommando eines Darden – »dessen Aussehen, gelber Schnurrbart und katzengleiche Augen, erinnerte mich an einen Bekannten aus dem Russischen Krieg von 1855« – hatte versucht, sie zu überfallen, war aber von den beiden Dienern zurückgeschlagen worden. Leitner war erleichtert, als er erfuhr, daß der Mann im Sold der Kaschmiri stand; es wäre äußerst unangenehm gewesen, wenn ihm das Volk, dessen Sache zu fördern er gekommen war, ihm mit Feindseligkeit begegnete.

> »Am nächsten Morgen trat ich auf eine Steinfalle, die bewirkt, daß sich der Berghang lockert und einen in den Abgrund reißt – eine List, die oft erfolgreich von den Darden gegen die eindringenden kaschmirischen Truppen angewandt worden ist. Ich wurde nur gerettet, weil ich zufällig nach hinten fiel.«

Das Glück war immer noch auf seiner Seite. Weiter auf ihrem Weg fanden sie zwei verirrte Ponys. Leitner und sein Sekretär stiegen auf und ritten die restlichen Meilen zum Fort von Gilgit. Das triste Holzgebäude wurde kaum bewacht; zur der Zeit diente es als Krankenhaus. Verletze Soldaten füllten den Hof; »der Gestank war abscheulich«. Empört über den allgemeinen Zustand der Verwahrlosung rief Leitner nach dem Kommandanten, der »mit trüben Augen von einer Opium-Siesta« erschien.

»Obwohl ich wie ein Mullah aus Buchara gekleidet und mit einer vielfach signierten Beglaubigung als Geistlicher versehen war, nahm ich die erste und einzige Gelegenheit, die mir möglicherweise eine Verkleidung gegeben hätte, nicht wahr, denn ich erklärte sogleich, daß ich ein Europäer bin, und forderte ihn auf, den Ort gründlich zu säubern.«

Leider versäumte es Leitner auch zu erklären, wie sich der tags zuvor noch bewaffnete Sahib mit Taschen voll Fleischextrakt in einen akkreditierten Mullah aus Buchara verwandelt hatte. Eine Abbildung in einem seiner Bücher zeigt ihn, rundlich und mit langem Bart, in dem Turban und Gewand seiner Verkleidung. Aber auch die Bildunterschrift gibt keine Erklärung. Ist es möglich, daß diese Sachen Teil seiner gewöhnlichen Reisekleidung waren? Oder gab es einen wirklichen Mullah, der irgendwo zwischen Bunji und Gilgit in Unterwäsche seinem Schicksal überlassen worden war?

Der Kommandant des Forts klagte, daß er keine Anweisungen bekommen habe, einen Mullah oder einen Sahib einzuquartieren – »den Grund dafür«, notierte Leitner in Parenthese, »kannte ich.« Doch von ihm werde wohl erwartet, daß er den Ankömmlingen Schutz bietet, und ja, er werde das Fort säubern lassen. Leitner verbrachte die Nacht in der Moschee des Forts, aber fand den Gestank der nur teilweise beerdigten Leichen unerträglich. Am nächsten Morgen zog er in ein nahegelegenes zerstörtes Dorf um. Die Darden, mit denen er doch unbedingt zusammenkommen wollte, waren nirgendwo zu sehen, und daran würde sich wahrscheinlich auch so lange nichts ändern, wie er die Protektion der Kaschmiri akzeptierte. Außerhalb des Forts aber befand er sich auf neutralem Boden. Und mit einer Naivität, über die man nur staunen kann, beschloß er, die Einheimischen zu einem Abendfest einzuladen. Eine Trommel wurde von den Soldaten ausgeliehen, und Leitners Träger marschierte den ganzen Tag hin und her durch das verwüstete Tal und verkündete trommelnd die gute Nachricht von dem Fest – »auch wenn da nur Wüstenluft zu sein schien«. Aber hoch in den felsigen Berghängen und tief in den überwucherten Obstgärten lagen Darden im Hinterhalt und beobachteten und erwogen die Sache. Das Hantieren mit dem Kochgeschirr und der Duft von gebratenem Schaf gaben schließlich den Ausschlag. Im Schutz der Dunkelheit versammelten sich

Gruppen schwerbewaffneter Krieger in Leitners Lager. Erstaunlich, es hatte geklappt. »Etwa einhundertfünfzig Männer kamen, die ich bewirtete und die tanzten.«

Der Tanz der Darden. Leitner sitzt auf der Veranda und klatscht zur Musik in die Hände. An anderer Stelle schreibt er, daß er »die Pistole in der einen Hand, in der anderen die Schreibfeder« hielt.

Es war der aufregendste und folgenreichste Abend seines Lebens. Die Darden – Männer aus Chilas und Gilgit, von Hunza und Yasin im Norden und von Chitral an der afghanischen Grenze im Westen – stopften sich mit Hammelfleisch und Aprikosen voll, dann erhoben sie sich einzeln und in bestimmten Gruppen, um ihre schwermütigen Lieder zu singen und im langsamen Rhythmus die Tänze des hohen Hindukusch zu tanzen. Goldzähne und Waffen funkelten im Schein des Feuers. Die Musik von Querpfeife und Trommel tönte durch die stille Luft, und Leitner, die Pistole in der einen Hand, in der anderen die Schreibfeder, lächelte vor sich hin, während er intensiv mit seinen Wortlisten beschäftigt war. Für ihn waren die wilden, wie Piraten aussehenden Gestalten wahre Freiheitskämpfer. Er glaubte, daß sie von den Ariern abstammten und ihre Sprache und Kultur ebenso alt waren. Aber nun bedrohte die brutale Unterdrückung durch einen britischen Vasallen ihre Existenz. Wie konnte er sich für das Vertrauen, das sie ihm entgegenbrachten, anders revanchieren, als daß er ihre Notlage der übrigen Welt schilderte?

»Da ich fürchtete, daß ein weiterer Anschlag auf mein Leben erfolgreich sein mochte« und »bestrebt war, für die Mordtat keinen festen Ort oder eine bestimmte Zeit zu geben«, eilte er am nächsten Tag zurück nach Bunji. Er war gerade einmal drei Tage in Dardistan gewesen. Diejenigen, die ihn in Mißkredit bringen wollten, machten viel Aufhebens von der Tatsache, daß seine Auslassungen auf einem Aufenthalt von weniger als zweiundsiebzig Stunden beruhten. Aber der Doktor hatte seine Antwort schon parat. Er beanspruchte nicht, eine Autorität auf dem Gebiet der Geographie zu sein; ihn interessierte nur das Volk der Darden. Und fortan wurde sein Haus in Lahore für sie eine dauernde Zufluchtsstätte. Seine ersten neuen Mitbewohner begleiteten ihn nun zurück über den Indus nach einem beinahe blutigen Abschied von ihren Familien.

> »Einen von ihnen, ansonsten ein netter Kerl, mußte ich davon abhalten, seiner Mutter den Kopf abzuschlagen. Der gute Sohn wollte bloß verhindern, daß sie nach seinem Weggang vor Kummer starb.«

Die Rückreise nach Srinagar, die Hauptstadt von Kaschmir, war wie immer voll mit Ereignissen. Im Fort von Astor war er »in Schwierigkeiten verwickelt«, während er versuchte, das Schicksal einiger Dard-Frauen aus Yasin (»ihre Haut so hell wie die einer Engländerin«) aufzuklären. Kaschmiri hatten sie nach der Ermordung ihrer Männer gefangen genommen; wie Leitner befürchtete, sollten sie an den Meistbietenden verkauft werden. In Astor fand er auch den Sarg wieder, der Cowies sterbliche Überreste enthielt; überraschenderweise hatte sich niemand daran zu schaffen gemacht. Zwei Tagesmärsche weiter wurde er von kaschmirischen Heckenschützen aus dem Hinterhalt überfallen, es gelang ihm aber, »ihnen eine Lektion zu erteilen, die sie nie vergessen werden«. Als nächstes begegnete er einem Mann, der behauptete, ein Lehrer aus dem Pundschab zu sein, der aber nach Gilgit verschleppt worden war, weil die Kaschmiri ihn für einen Arzt hielten. Leitner konnte sich nicht zurückhalten, einem Lehrer – »und ein britischer Untertan noch dazu« – zu Hilfe zu kommen. »Wegen dieses Mannes bekam ich einigen Ärger.«

In Srinagar empfing ihn der Maharaja öffentlich mit Ehren, aber ließ sich verleugnen, als Leitner versuchte, wegen der Vorfälle an der Grenze zu protestieren, und bot ihm heimlich eine stattliche Bestechungssumme an. Leitner wies sie mit dem Hochmut des Ehrbaren zurück. Dann schadete er sich selbst, als er sich auf einen erbitterten Streit mit dem britischen Residenten in Kaschmir einließ. Der Resident wollte den Reisenden von der Last befreien und Cowies Sarg umgehend beisetzen. Leitner lehnte das kategorisch ab. Es gebe keinen Pfarrer in der Gegend, und er habe den Sarg nicht von so weit mitgebracht, um ihn wieder in fremder Erde ohne Beisein eines Geistlichen zu bestatten. Der Vertreter der britischen Regierung bestand darauf, daß er so wie ein Kapitän auf See zu diesem Akt ermächtigt sei. Leitner blieb ungerührt. Der Sarg war wie die Schar der Darden, zahlreiche Geräte, Waffen, Kopien von Inschriften und eine Tibet-Dogge namens Chang Teil seiner Ausbeute an Raritäten. Nichts davon wollte er weggeben, bevor er das Ende seiner Reise erreicht hatte.

Da er in wenigen Tagen im Pundschab erwartet wurde, brach Leitner eiligst auf und »trug Cowies Leichnam selbst, als ich nicht sogleich Kulis bekommen konnte«. Durch ununterbrochenes Marschieren legte er die letzten zweihundert Meilen in vier Tagen zurück, und am Abend des 20. Oktobers fand er sich in der Residenz des Vizegouverneurs vom Pundschab ein. »Ich wurde mit großer Freundlichkeit empfangen, trotz meines schäbigen Aussehens und der Anwesenheit einer kleinen Gesellschaft in Abendkleidung.«

Die offizielle Anerkennung seiner »großen Anstrengungen« folgte zur gegebenen Zeit. Cowies sterbliche Überreste wurden endlich zur letzten Ruhe gebettet, die Darden wurden auf dem Gelände seines Bungalows untergebracht, und Leitner erhielt weitere drei Monate Urlaub, um die übrigen Geheimnisse der Dard-Sprachen zu entschlüsseln und sie in einem Buch darzustellen. Das reichte natürlich nicht für eine so schwierige Aufgabe, und in den folgenden Jahren bat er wiederholt um mehr Zeit. Jedoch »war es entschieden angenehmer, unter einem Windfächer an einem Tisch sitzend niederzuschreiben, was sie sagten, als draußen mit einer Hand am Revolver und in der anderen die Feder zu stehen oder herumzulaufen oder schlimmer noch halb blind vom Rauch des Lagerfeuers dazusitzen und Lieder zu notieren, während mit einer unangenehmen

Überraschung oder dem Verrat alter oder neuer Freunde zu rechnen war.«

1867 erhielt die Regierung vom Maharaja von Kaschmir einige weitere gefangene Darden und überließ sie Leitner – als Zeichen ihres Interesses an seinen Forschungen. Unter ihnen befanden sich zwei Chilasi und vier Kafiri, Vertreter des ältesten aller Hindukusch-Stämme. Leitner selbst warb Männer von Baltistan und Yarkand an, dem heutigen Sinkiang in China. Andere – Dichter, Musiker und Gelehrte aus ganz Zentralasien – kamen in sein Haus, wenn immer ihre Reisen sie nach Lahore führten. Der Wohnsitz des Doktors wurde nicht nur ein Zentrum dardischer Studien, sondern auch »ein ethnischer Jahrmarkt«. Während andere Sahibs für die Kamera stolz zwischen Fellen, Hörnern und Geweihen posierten, stand Leitner nicht weniger stolz inmitten seiner ausgewählten Darden. Er führte sie sogar der Londoner Gesellschaft vor; 1868 nahm er einen Yarkander mit auf die Insel, 1873 einen Kafir und 1887 einen Einheimischen aus Hunza; alle drei waren die ersten Vertreter ihrer Völker in England.

Leitners Kritiker beklagten solche Zurschaustellungen, aber der Doktor hatte wie immer seine Gründe. So hatte die Veröffentlichung seiner linguistischen Studien nicht die Anerkennung gefunden, die sie verdienten. Die ersten Dard-Vokabulare und Dialoge erschienen in den späten 1860er Jahren unter dem Titel *Results of a Tour in Dardistan*. Es wurden nur einhundert Exemplare gedruckt und kaum welche verkauft.

> »Leider glaubte ich anfangs noch, daß Gelehrte nur die Ergebnisse sehen mußten, um deren Wert durch Vergleich und innere Evidenz zu beurteilen. Stattdessen wurde gefragt, wie es möglich sei, daß ein Mann innerhalb so kurzer Zeit so viel zusammengetragen hatte – als ob ich für die Langsamkeit des Verstehens anderer oder ihrer Unfähigkeit, einen Laut korrekt zu erfassen, verantwortlich gemacht werden könnte.«

Man wollte auch wissen, warum er keinen Bericht von seiner Reise veröffentlicht hatte. Zuerst verwahrte er sich auch dagegen, »als ob ich gearbeitet hätte, um den gewöhnlichen Leser zu unterhalten und nicht, um den Gelehrten zu unterrichten«. Und begriffen die Leute denn nicht, daß er mit einer offiziellen Mission betraut gewesen war und daher nicht die Freiheit hatte zu publizieren, was ihm gefiel? Später vergaß er vermutlich wegen der allgemeinen Gleichgültigkeit gegenüber seiner ersten Publikation diese Einwände und verfaßte einen »Groben Überblick über eine Reise« (*Rough Outline of a Tour*); dieser Text wurde wie alles andere, was er in den folgenden Jahren über die Darden schrieb, in seinen Büchern über Dardistan nachgedruckt. Nur sieben Seiten lang, ist er kaum ein Klassiker der Reiseliteratur. Aber auch diese Kurzfassung blieb unbeachtet, und nicht nur bei dem gewöhnlichen Leser, sondern selbst bei späteren Besuchern der Region.

Jeder mit einer weniger hohen Meinung von seinem Genie wäre über diese Zurückweisung verzweifelt. Vornehmlich britische Autoritäten schienen entschlossen zu sein, alles, was er tat, geringzuschätzen. Ob es sich um Fragen der Ausbildung, Erforschung, Wissenschaft oder Politik handelte, stets begegnete man ihm mit dem gleichen nachsichtigen Lächeln und den gleichen ausweichenden Antworten. Verhielt man sich so, weil er nicht dazu gehörte, kein Mitglied des anglo-indischen Establishments war, nicht einmal die britische Staatsbürgerschaft hatte? 1872 wechselte er die Stelle und reiste ein Jahr als Schulinspektor des Pundschabs durch die Berggegend. Er entdeckte noch eine weitere Familie von Himalaya-Sprachen und sammelte eine große Menge an »indo-hellenistischen« Skulpturen (heutzutage zählt man sie zu der Gandhara-Kultur). Diese zusammen mit einer Figur der Kafiri brachte Leitner 1873 nach Europa.

Der Hauptzweck seines Europabesuchs scheint gewesen zu sein, jene Anerkennung zu finden, die ihm in Indien versagt blieb. Deshalb nahm er 1873 an der Weltausstellung in Wien teil und gewann gegen die Konkurrenz mehrerer nationaler Erziehungsministerien eine begehrte Urkunde für die Förderung der Bildung. Das war eine bedeutende Auszeichnung und wohlverdient. Seine Exponate umfaßten neben der Auslage all seiner Publikationen und einer Liste seiner Schulgründungen 1000 alte Münzen, 184 Skulpturen, 3200 Schmetterlinge und Käfer aus dem Himalaya (vermutlich ausgeliehen, da es keinerlei Berichte darüber gibt, daß er auch Entomologe war), 25 seltene Manuskripte, 197 »gewerbliche Artikel« etc. etc. Und das alles wurde dem internationalen Publikum in fünfzehn Sprachen präsentiert.

Eine gewisse Anerkennung erfolgte rasch. Dr. Gottlieb Wilhelm Leitner wurde zum Ritter des Ordens der Eisernen Krone ernannt und Ehrenmitglied der Ungarischen Akademie der Wissenschaften, der Pariser Ecole des Langues orientales und des Deutschen Hochstifts. Sogar in England wurde er von mehreren wissenschaftlichen Gesellschaften zu Vorträgen eingeladen und gewann wenigstens einen aufrichtigen Bewunderer. Das war J. H. Stocqueler, Herausgeber einer Zeitschrift namens *The Oriental.* Er machte sich sofort an eine in Fortsetzungen veröffentlichte Biographie des Doktors. »Ein in jeder Hinsicht außerordentlicher Mann«, schloß Stocqueler nach dreißig Seiten überschwenglichen Lobs.

Die einzige Neuigkeit, die *The Oriental* mitteilte, war, daß Leitner 1874 Island – »wo es ihm gelang, eine Runeninschrift zu entziffern« – und Grönland besucht hatte, wo er einen Gletscher von hundert Meilen Länge entdeckte. Wie lange er von Indien wegblieb, ist nicht bekannt, jedenfalls war er zu Beginn der achtziger Jahre wieder auf seinem Posten in Lahore.

1884 muß Leitner erneut einen Englandurlaub bekommen haben, denn damals kaufte er das Royal Dramatic College in Woking als zukünftiges Heim des Oriental University Institute; die Gelder dafür wurden von seinen unverändert treuen indischen Verehrern bereitgestellt. Wahrscheinlich während dieses Aufenthalts wurde Leitner endlich auch britischer Staatsbürger. Beide Entscheidungen spiegeln seine wachsende Desillusionierung über das Erziehungssystem in Indien wider. Dazu kam die Einsicht, daß die Darden von Gelehrten und Philanthropen in Europa mehr Sympathien erwarten durften als von irgend jemandem in Indien.

Ironischerweise wählte die Regierung von Indien gerade diesen Zeitpunkt für eine nachträgliche Anerkennung seiner sprachwissenschaftlichen Forschungen. Er verbrachte seine letzte Dienstzeit nicht am Government College in Lahore, sondern durfte »mit einem Spezialauftrag der Indischen Auslandsabteilung« einen Wortschatz und eine Grammatik für die Sprache der Hunza und den benachbarten Staat Nagar zusammenstellen. Leitner erhielt keine Erlaubnis, dorthin zu reisen, aber er befragte ausführlich die zwei Hunza aus seinem Gefolge und suchte in Kaschmir nach weiteren Angehörigen dieses Volkes. Ihre Sprache, Burushaski, war die schwierigste und faszinierendste aller dardischen Sprachen. Sie schien nur mit dem Ungarischen oder vielleicht Baskischen vergleichbar zu sein, und in ihrer Eigenart, mit nur einem einzigen Konsonanten einen elementaren Gedanken auszudrücken, glaubte Leitner, »den Beginn menschlichen Denkens, übersetzt in Sprache« entdeckt zu haben. Hingerissen von seiner philologischen Begeisterung bemühte er sich bei der Auslandsabteilung um eine Verlängerung seines Dienstes; er erwog weitere Untersuchungen zu allen Sprachen des Hindukuschs, ja ganz Mittelasiens. Das Vordringen des russischen Einflusses nördlich der Berge hatte der Region unerwartet eine enorme strategische Bedeutung verliehen. Wenn die Unterstützung der Darden und ihrer Nachbarn gesichert werden sollte, was konnte dann nützlicher sein als die Kenntnis ihrer Sprachen und das Verständnis ihrer Bräuche?

Die indische Regierung war sich der Ungeschütztheit der Berggrenzen wohlbewußt und wollte keine Belehrungen von Leitner. 1886 wurde eine große Mission zur Erforschung der Gegend entsandt, und Verträge mit den dardischen Stämmen standen vor dem Abschluß. Auf ihre Empfehlung hin wurde Gilgit ein britischer Stützpunkt, und 1889 ließ sich ein britischer Bevollmächtigter dort nieder. In demselben Jahr erschien Leitners *Hunza-Nagyr Handbook*. »Es erinnert uns an den Talmud«, schrieb ein Rezensent in *The Times*; er fand die Vielfalt an Informationen »wirklich wunderbar«. Die Regierung von Indien war weniger beeindruckt. Sie krittelte an den Geldern und der Zeit herum, die das Unternehmen gekostet hatte, und nichts deutet darauf hin, daß einer ihrer Offiziere in Dardistan das Buch je benutzte. Im Handel war zwei Jahre nach der Veröffentlichung nur ein Exemplar verkauft worden.

In der Zwischenzeit hatte sich Leitner nach Woking zurückgezogen. Das Oriental University Institute sollte sein Schaustück sein, ein dauerndes Zuhause für seine ausgewählten Sammlungen und ein Arbeitsmodell, das vorführte, wie die Erziehungssysteme von Ost und West verbunden werden konnten. Die Skulpturen und die Schmetterlinge wurden ausgestellt, gelegentlich zeigte sich auch einer der Darden, Studenten zogen ein, und der Bau der Moschee wurde begonnen. Das Institut war natürlich auch ein Verlagshaus, und für die erste Publikation wählte Leitner eine Neuauflage seines *Hunza-Nagyr Handbook*. Es trug das Impressum des Instituts und machte den Eindruck einer neuen Ausgabe. Aber die Regierung von Indien war sich da nicht so sicher. Nachforschungen wurden angestellt, und es kam heraus, daß hundert Exemplare der Originalausgabe fehlten; der Autor hatte sie sich offensichtlich »als Honorar« angeeignet. Schon wahr, die »neue« Ausgabe hatte einige zusätzliche Anhänge – so viele in der Tat, daß sie in einem Separatband herausgebracht wurden. Aber selbst diese Texte waren nicht wirklich neu, da jeder von ihnen ein Nachdruck aus früheren Artikeln war.

Es wurde in der Sache nichts unternommen, wahrscheinlich weil die Behörden eher wegen der Zeitschrift des Instituts, der *Asiatic Quarterley Review*, besorgt waren. Jede Nummer enthielt neues Material, und wenig davon fand offizielles Gefallen. Zu Beginn der 1890er Jahre begann die indische Regierung – oder vielmehr ihre Offiziere in Gilgit – eine Serie repressiver Maßnahmen, die darauf abzielten, die immer noch aufsässigen Darden-Stämme gefügig zu machen. Leitner opponierte gegen diese Politik mit wütender Energie. Auf öffentlichen Versammlungen, in der nationalen Presse und in seiner Zeitschrift verteidigte er die Darden und klagte ihre Unterdrücker an. Es war schlimm genug gewesen, als er die Einmischung des Maharajas von Kaschmir in Dardistan aufdeckte. Aber dieses imperialistische Drangsalieren eines einzigartigen, friedfertigen und leidenschaftlich unabhängigen Volkes war ein Verbrechen gegen die Menschlichkeit.

Wie üblich war der Doktor die Empörung selbst und konnte der Gelegenheit nicht widerstehen, sein außergewöhnliches Wissen über das Gebiet zur Schau zu stellen. Es war diese Freimütigkeit, die die Obrigkeit so aufreizte. Indem er die stets falsch informierten Erklärungen, die die Regierung herausgab, korrigierte, gab er Informationen preis, die als wertvoll für die Russen betrachtet werden konnten. Dem damaligen Vizekönig zufolge »tat er das eindeutig aus illoyalen Motiven«. Der Außenminister riet zur Zurückhaltung. Die *Asiatic Quarterley Review* sei »eine schlecht gehende Zeitschrift«, und Leitners Beiträge seien »egotistisch und nichts wert«; sich mit ihm auf eine Auseinandersetzung einlassen, würde ihm nur die Genugtuung weiterer Publizität geben. Der Ehrenwerte George Curzon, zukünftiger Marquis und Vizekönig, der selbst gerade im Begriff war, nach Dardistan zu gehen, scheint die Angelegenheit mit einem schroffen und vernichtenden Vermerk entschieden zu haben.

»Ich kenne Dr. Leitner und seine Zeitschrift. Diese hat wenig Bedeutung, jener keine. Es wäre ein Fehler, von ihm irgendwie Notiz zu nehmen.«

Während er seine Dossiers über die Darden zusammenstellte, war Leitner zusehends von ihren Legenden und Fabeln fasziniert. Eine von ihnen faßte er in dem aphoristischen Satz zusammen: »Ein Spatz, der einen Berg mit seinem Schnabel treffen wollte, fiel zu Boden.« Es war eine passende Allegorie für seine eigene Situation. Je mehr er die Friedfertigkeit der Darden beteuerte und gegen die Folgen der Zwangspolitik protestierte, desto weniger Gehör fand er. Er wetterte gegen die beflissenen Subalternoffiziere, die ständig auf neue Feldzüge und weitere Medaillen aus waren. Er verspottete die politischen Offiziere, deren Ignoranz nur von ihrer Arroganz übertroffen wurde. Er bot sogar an, selbst nach Dardistan zu gehen und zu vermitteln, um eine friedliche Lösung des Konflikts herbeizuführen. Aber das fand keinerlei Beachtung. 1891 wurde Chilas von den Invasionstruppen besetzt, 1892 Hunza und Nagar und in den Jahren danach Chitral. 1896 war alles vorbei. Dardistan war »befriedet«, die Darden gezähmt und erniedrigt, und Leitner mußte eingestehen, daß sein Kreuzzug gescheitert war.

»Alles vergebens. Wohl niemand hat mehr für die Darden und Kafiri gekämpft als ich über dreißig Jahre, aber die Sache ist verloren, und nun ist ihre einzige Chance zu überleben eine vollkommene und loyale Ergebung in die neue Ordnung der Dinge.«

Drei Jahre später starb Leitner an einer Lungenentzündung. Damit war auch das Oriental University Institute am Ende, und das Gebäude wurde verkauft; nur die Moschee blieb als ein Denkmal zu seinem Gedächtnis.

Dank

Der Vorschlag zu diesem Buch kam, als ich für das Radio die Dokumentarserie gleichen Namens (»Eccentric Travellers«) vorbereitete. Sie wurde von Alan Haydock produziert, dem ich großen Dank schulde; es ist immer ein Vergnügen, mit ihm zu arbeiten. Sein Kollege Barry Carman wies mich auf den erstaunlichen James Holman hin, und Simon Nuttall schlug vor, den schwer faßbaren William Gifford Palgrave einzubeziehen. Für die Radioserie schrieb J-P. de Rohan das Skript zu Charles Waterton. Es war sein leidenschaftliches Eintreten für Waterton, das die ganze Serie anregte und so auch das Buch. Ich danke ihm ganz besonders.

Mein Dank geht auch an Hugh Evan Hopkins dafür, daß er mir Einblick in das Typoskript seiner neuen Biographie über Joseph Wolff gewährte, an Jennifer Fry dafür, daß sie all die Bilder fand, und an Stephen Davies, Toby Roxburgh und John Murray für die Ermutigung während der Arbeit am Buch – und an Julia.

Bibliographie

Kapitel 1:

Thicknesse, Philip; *A Year's Journey through France and Part of Spain*, Dublin 1777, *Memoirs and Anecdotes*, 1788.

Adair, J.M.; *Medical Cautions*, 1787.

Gosse, Philip; *Dr. Viper, The Querulous Life of Philip Thicknesse*, 1952.

Kapitel 2:

Markham, C.R. (Hg.); *Narrative of the Mission of George Bogle to Tibet and of the Journey of Thomas Manning to Lhasa*, 1876. [dtsch. 1909]

Anderson, G.A. (Hg.); *Letters of Thomas Manning to Charles Lamb*, 1925.

Lucas, E.V. (Hg.); *Letters of Charles Lamb*, 1935.

Woodcook, George; *Into Tibet, The Early British Explorers*, 1971.

Kapitel 3:

Holman, James; *Narrative of a Journey through France, Italy etc.*, 1822; *Travels through Russia, Siberia etc.*, 1825; *A Voyage round the World*, 1834.

Jerdan, W.M.; *Men I have Known*, 1866.

Cochrane, J.D.; *Pedestrian Journey through Russia and Tartary to Kamtchatka etc.*, 1825.

Roberts, Jason; *A Sense of the World: How a blind man became History's Greatest Traveller*, 2006.

Kapitel 4:

Waterton, Charles; *Wanderings in South America*, 1825; *Wanderings in South America* (hrg. L. Harrison Matthews), 1973; *Essays on Natural History*, 1838-57.

Waterton, Charles; *Letters* (hrg. R.A. Irwin), 1955.
Hobson, R.; *Charles Waterton, His Home, Habits and Handiwork*, 1866.
Aldington, R.; *The Strange Life of Charles Waterton*, 1949.
Edginton, B.W.; *Charles Waterton. A Biography*, 1996.

Kapitel 5:

Wolff, Joseph; *Researches and Missionary Labours etc.*, 1835; *Travels and Adventures*, 1860; *A Mission to Bukhara* (hrg. Guy Wint), 1969.
Palmer, H.; *Joseph Wolff*, 1935.
MacLean, Fitzroy; *A Person from England and Other Travellers*, 1958.
Keay, John; *When Men and Mountains Meet*, 1977.
Hopkins, H.-E.; *Sublime Vagabond: The Life of Joseph Wolff*, 1984.

Kapitel 6:

Palgrave, W.G.; *Personal Narrative of a Year's Journey trough Central and Eastern Arabia*, 1865. [dtsch. *Reise in Arabien*, 1867. Nachdruck 2004].
Palgrave, W.G.; *A Vision of Life*, 1891.
Allen, Mea; *Palgrave of Arabia*, 1972.
Freeth, Z., and Winstone, H.V.F.; *Explorers of Arabia*, 1978.

Kapitel 7:

Leitner, G.W.; *Results of a Tour in Dardistan*, Lahore 1877; *The Languages and Races of Dardistan*, Lahore 1889; *The Hunza-Nagyr Handbook*, Woking 1893; *Dardistan in 1866, 1886 and 1893*, Woking 1893.
Stocqueler, J.H.; *The Life and Labours of Dr. G.W. Leitner*, Brighton 1875.
Keay, John; *The Gilgit Game*, 1979.

Aus der Reihe Critica Diabolis

21. *Hannah Arendt,* Nach Auschwitz, 13.- Euro
45. *Bittermann (Hg.)*, Serbien muß sterbien, 14.- Euro
47. *Georg Seeßlen*, Tanz den Adolf Hitler, 14.- Euro
55. *Wolfgang Pohrt,* Theorie des Gebrauchswerts, 17,- Euro
57. *Georg Seeßlen,* Natural Born Nazis, 14.- Euro
60. *Guy Debord,* Panegyrikus, 16.- Euro
65. *Guy Debord,* Gesellschaft des Spektakels, 20.- Euro
66. *Fritz Eckenga,* Kucken, ob's tropft, 12.- Euro
68. *Wolfgang Pohrt*, Brothers in Crime, 16.- Euro
77. *Fritz Eckenga*, Ich muß es ja wissen, 12.- Euro
86. Wie Joseph Fischer lernte, die Bombe zu lieben, 15.- Euro
100. *Jon Savage*, England's Dreaming, Punk & Sex Pistols, 14.95 Euro
101. *Hartmut El Kurdi*, Mein Leben als Teilzeit-Flaneur, 13.- Euro
104. *Harry Rowohlt & Ralf Sotscheck*, In Schlucken-zwei-Spechte, 17.- Euro
110. *Guillaume Paoli (Hg.)*, Mehr Zuckerbrot, weniger Peitsche, 14.- Euro
112. *Fanny Müller*, Für Katastrophen ist man nie zu alt, 13.- Euro
115. *Richard Grant*, Ghost Riders. Reisen mit Nomaden, 20.- Euro
116. *Vincent Kaufmann*, Guy Debord – Biographie, 28.- Euro
117. *Klaus Bittermann (Hg.)*, Auf Lesereise, 14.- Euro
118. *Franz Dobler*, Sterne und Straßen, 12.- Euro
119. *Wolfgang Pohrt*, FAQ, 14.- Euro
120. *Wiglaf Droste*, Wir sägen uns die Beine ab und sehen aus wie Gysi, 10.-
121. *Matthias Penzel & Ambros Waibel*, Jörg Fauser – Biographie, 16.- Euro
122. *Alex Bellos*, Futebol – Fußball. Die brasilianische Kunst des Lebens, 18.-
123. *Wolfgang Nitschke*, Bestsellerfressen IV, 13.- Euro
125. *Kinky Friedman*, Ballettratten in der Vandam Street, 14.- Euro
126. *Lucan & Gray*, Die Kunst der dekadenten Küche, 10.- Euro
127. *Klaus Bittermann*, Wie Walser einmal Deutschland verlassen wollte, 13.-
129. *Robert Kurz*, Das Weltkapital, 18.- Euro
130. *Kinky Friedman*, Der glückliche Flieger, 14.- Euro
131. *Paul Perry*, Angst und Schrecken. Hunter S. Thompson-Biographie, 18.-
132. *Fritz Eckenga*, Du bist Deutschland? Ich bin einkaufen, 14.- Euro
133. *Oliver Maria Schmitt*, Hit me with your Klapperstock, 13.- Euro
134. *Sue Townsend*, Downing Street No. 10, 18.- Euro
135. *Ralf Sotscheck*, Der gläserne Trinker, 13.- Euro
136. *Wiglaf Droste*, Kafkas Affe stampft den Blues, 14.- Euro
137. *Greser & Lenz*, Ich lach dich tot, 10.- Euro
138. *Kinky Friedman*, Tanz auf dem Regenbogen, 14.- Euro
139. *Hunter S. Thompson*, Hey Rube, 18.- Euro
140. *Gerhard Henschel*, Gossenreport. Betriebsgeheimnisse der »Bild« 14.-
141. *Klaus Bittermann* (Hg.), Little Criminals, 14.- Euro
142. *Michael Rudolf*, Atmo. Bingo. Credo. Neusprech-Lexikon, 13.- Euro
143. *Wolfgang Nitschke*, Bestsellerfressen V, 13.- Euro
144. *Hartmut El Kurdi*, Der Viktualien-Araber, 14.- Euro
145. *Kinky Friedman*, Katze, Kind und Katastrophen, 14.- Euro
146. *John Keay*, Exzentriker auf Reisen um die Welt, 16.- Euro
147. *Klaus Bittermann* (Hg.), Literatur als Qual und Gequalle, ca. 12.- Euro

http://www.edition-tiamat.de